U0512076

权威 · 前沿 · 原创

皮书系列为
"十二五""十三五"国家重点图书出版规划项目

中国社会科学院创新工程学术出版项目

教育蓝皮书
BLUE BOOK OF
EDUCATION

21世纪教育研究院／编

中国教育发展报告
（2017）

ANNUAL REPORT ON CHINA'S EDUCATION
(2017)

主　编／杨东平
副主编／杨　旻　黄胜利

社会科学文献出版社
SOCIAL SCIENCES ACADEMIC PRESS（CHINA）

图书在版编目（CIP）数据

中国教育发展报告 . 2017 / 杨东平主编 . -- 北京：
社会科学文献出版社，2017.4
（教育蓝皮书）
ISBN 978 - 7 - 5201 - 0552 - 1

Ⅰ. ①中… Ⅱ. ①杨… Ⅲ. ①教育事业 - 研究报告 -
中国 - 2017 Ⅳ. ①G52

中国版本图书馆 CIP 数据核字（2017）第 063372 号

教育蓝皮书

中国教育发展报告（2017）

主　　编 / 杨东平
副 主 编 / 杨　旻　黄胜利

出 版 人 / 谢寿光
项目统筹 / 桂　芳
责任编辑 / 桂　芳　伍勤灿

出　　版 / 社会科学文献出版社·皮书出版分社（010）59367127
　　　　　地址：北京市北三环中路甲 29 号院华龙大厦　邮编：100029
　　　　　网址：www. ssap. com. cn
发　　行 / 市场营销中心（010）59367081　59367018
印　　装 / 北京季蜂印刷有限公司

规　　格 / 开　本：787mm × 1092mm　1/16
　　　　　印　张：22.75　字　数：377 千字
版　　次 / 2017 年 4 月第 1 版　2017 年 4 月第 1 次印刷
书　　号 / ISBN 978 - 7 - 5201 - 0552 - 1
定　　价 / 89.00 元

皮书序列号 / PSN B - 2006 - 047 - 1/1

本书如有印装质量问题，请与读者服务中心（010 - 59367028）联系

教育蓝皮书编委会

摘　要

2016 年是"十三五"的开局之年。按照在 2020 年基本实现教育现代化和全面脱贫的目标，围绕公众对"上好学"的追求，教育发展和改革的基本任务仍然是"促进公平、提高质量"，通过改善教育治理，应对城乡教育出现的新情况、新问题。

在快速城市化过程中，农村地区在进行教育精准扶贫的"攻坚战"，推进县域内城乡义务教育一体化发展。教育部出台学生发展的"核心素养"和中考改革意见，促进素质教育的实施。与此同时，严重的应试教育、课外补习热在危害着青少年的身心健康。城乡之间巨大的发展差距，阻碍了改善公平与提高教育质量。应试教育与创新教育的纠缠，使得教育理想与现实呈现强烈的反差，凸显了在社会利益多元化、教育主体多元化的格局中，教育改革正在进入"深水区"的现实，以及促进教育治理现代化的任务之艰巨。

核心素养已经成为国际教育改革的重要基石，本书分析有代表性的 5 个国际组织和 24 个经济体的 21 世纪核心素养框架，呈现 21 世纪核心素养教育实践可资参考的经验及其支持体系。以建立终身教育体制为前瞻的学制改革，需要厘清学制发展沿革的历史脉络，借鉴国外学制改革的基本经验，更需要立足国情的多样化试验。

2016 年是教育法治发展历史上的重要节点，我国教育立法技术与法治观念迈上了一个新的台阶，第一次采用"一揽子"的特殊机制进行修法活动。修订后的《民办教育促进法》确立了分类管理的基本政策框架，使中国民办教育发展的政策环境发生了重大改变。民办教育行业格局的调整不可避免，地方政策创新大有可为，举办者需要审慎决策。

大班额问题久治不愈，显示这一问题涉及面广，治理面临各种困境。基于对东中西部部分地区大班额现象的调查，本书分析了导致大班额现象的原因并提出解决问题的政策建议。文件太多困扰中小学管理，影响简政放权和学校办

学自主权的落实。经过对样本学校接收文件的情况进行梳理，研究文件发放的基本特征，并对如何减少文件发放提出建议。

通过分析2009年和2012年上海两轮PISA测试的数据，探讨上海城市移民的教育公平问题，结果显示一代移民身份对成绩的不利影响在三年中扩大了。面向2020年全部实现脱贫的奋斗目标，以甘肃省为例，研究教育精准扶贫的思路、措施、路径与方法，为全国推进教育精准扶贫提供借鉴。

21世纪教育研究院举办的第五届地方教育制度创新奖，为认识当前自下而上的教育制度变革提供了鲜活的例证，获奖案例反映出当前地方教育制度创新的主要特征。中考改革对与其相连接的教育起到重要的影响，北京市采取示范性高中指标下放、改革考试内容、降低考试难度、开展综合素质评价等方法来促进教育公平，促进学生个性发展。

系统梳理高校信息公开的由来和依据，以"985"和"211"高校、教育部直属高校、上海高校为视点，分析了高校财务信息公开的现状，提出从管理侧着手加大工作力度的建议。高校自主招生的区域公平问题是公平方面矛盾的集合点，原因主要是具有自主招生资格的高校地域分布不均衡、部分自主招生政策措施和考试评价体系对中西部考生不利，为此应有应对之策。

基于各级教育主管部门、乡村小规模学校、社会组织等主体的实践，本节梳理了在乡村教师队伍补充、稳定和成长，乡村小规模学校教育教学形式、内容和手段探索等方面一些"自下而上"的经验，并针对各个主体提出行动建议。对相关打工子弟学校孩子的追踪调查显示，这一群体面临着返乡或辍学的严峻形势。该群体在升学难、低端就业方面面临的困境，预示其代际传承的边缘生存状态。

通过研究北京市12所高中、初中和小学的学生校园受欺凌现象，发现小学生、男生、外地学生、普通学校的学生以及家庭经济水平较低的学生更易遭受欺凌，亟待采取有效措施。使用2015年清华大学"中国大学生学习与发展追踪研究"调查项目（CCSS）数据，对家庭第一代大学生的大学前经验、大学期间就读经验及其对学校的评价和教育收获进行了分析。

国家及各地《乡村教师支持计划》的出台，为全面、系统解决乡村教师发展问题提供了良好契机。调查发现，乡村教师在生活待遇、职称编制等方面仍面临一定的困境，未来需要切实改善生存及发展条件。研究1715位乡村特岗音体美教师的群体特征、现状及发展，发现特岗音体美教师面临的多元问题并探讨问题成因，提出有针对性的政策建议。

21 世纪教育研究院"家长眼中的学校"调查结果显示，家长对学校教育的满意度不容乐观，家长对民办学校的感受比公办学校更好。半数以上的家长认为孩子所在学校应试教育倾向"严重"。家长期待学校在"注重孩子全面发展"上做出改变的呼声最高。

目 录

Ⅲ 教育新观察

Ⅳ 教育调查

V　附录

皮书数据库阅读 **使用指南**

总 报 告

General Report

B.1

推进公平，提高质量，
走向教育治理现代化

杨东平*

摘　要： 在快速城市化过程中，农村地区在进行教育精准扶贫的"攻坚战"，推进县域内城乡义务教育一体化发展。教育部出台学生发展的"核心素养"和中考改革意见，促进素质教育的实施。与此同时，严重的应试教育、课外补习热在危害着青少年的身心均衡发展。城乡之间巨大的发展差距，成为推进公平与提高教育质量的掣肘。应试教育与创新教育的纠缠，使得教育理想与现实呈现强烈的反差，凸显了在社会利益多元化、教育主体多元化的格局中，教育改革正在进入"深水区"的现实，以及促进教育治理现代化的任务之艰巨。

---

* 杨东平，21 世纪教育研究院院长，国家教育咨询委员会委员。

关键词： 教育改革　农村教育　应试教育　教育治理

　　2016 年是"十三五"的开局之年。按照在 2020 年基本实现教育现代化和全面脱贫的目标，围绕公众对"上好学"的追求，教育发展和改革的基本任务仍然是"促进公平、提高质量"，通过改善教育治理，应对城乡教育出现的新情况、新问题。

一　素质教育与应试教育的纠缠

（一）核心素养和 PISA 测试

　　与世界范围内对 21 世纪技能、核心素养的关注相呼应，9 月，教育部公布《中国学生发展核心素养》。核心素养以科学性、时代性和民族性为基本原则，以培养"全面发展的人"为核心，分为文化基础、自主发展、社会参与三个方面；每方面有两个基本素养，分别为人文底蕴、科学精神、学会学习、健康生活、责任担当、实践创新六大素养，每一素养细化为 3 个要点，共有 18 个基本要点。根据这一总体框架，可针对学生年龄特点进一步提出各学段学生的具体表现要求。相比征求意见稿，正式版本的核心素养体系明显"瘦身"，从总体上减少了 3 大素养，基本要点也减少了 7 个，以更加体现"核心"的价值。

　　继高考制度改革开始试点之后，2016 年 9 月，教育部印发《关于进一步推进高中阶段学校考试招生制度改革的指导意见》，要求进一步完善初中学业水平考试制度和学生综合素质评价制度，克服应试教育取向。主要做法是将初中毕业考试和高中招生考试合二为一，将国家课程方案所设定的科目均列入学业水平考试的范围，录取计分科目的构成上，除语文、数学、外语 3 科之外，其余考试科目并不都纳入总成绩，而是给学生适当的选择性，从中选考 3 门。不纳入总成绩的科目只要合格即可。取消体育、艺术等竞赛类加分项目，将相关表现等计入学生综合素质评价档案，在招生录取时作为参考。综合改革试点从 2017 年之后入学的初中一年级学生开始实施。

由于在 PISA 测试中的优异表现，上海基础教育引起人们的持续关注。2016 年 12 月，经济合作与发展组织（OECD）公布了 2015 PISA 测试结果。在该轮测试中，新加坡以数学 564 分、阅读 535 分、科学 556 分的成绩取得总分第一；由北京、上海、江苏、广东四地组成的中国队，数学排名第 6 位、阅读排名第 27 位、科学排名第 10 位。由于参与测评的地区增加，样本不同，四地整体水平低于 PISA 2009 和 PISA 2012 上海的成绩，是可想而知的。专家认为，真正反映一个国家、地区竞争力的是高水平学生的比例。在 PISA 2015 所有学科成绩达到高水平的学生中，来自中国四地的学生占 13%，在数学、阅读、科学三个领域至少有一个达到高水平的学生占 27.7%，仅次于新加坡、中国台北和中国香港。①

但是，众所周知，中国学生所取得的成绩是建立在"高强度、长时间"训练基础上的。中国教育的核心问题还是过于重视知识教育的应试化倾向，应当关注学生人格和身心的健康发展，减轻学业负担。

（二）应试教育依然凶猛

截至 2016 年 11 月，全国实现义务教育发展基本均衡的县（市、区）累计达到 1456 个，占总数的 49.95%。但是，这个比例距离 2015 年应达到的目标 65% 很远，离 2020 年 95% 的目标有更大的距离。②

在义务教育领域，久治不愈的应试教育倾向依然十分严重。沉重的课业负担、火爆的培训市场、卷土重来的小学生奥数热，损害着青少年的身心健康、想象力和创造力，令无数家长不胜焦虑。学业竞争的"起跑线"不断前移，奥数教育甚至在向幼儿园蔓延。被称为"教育工厂"的"超级中学"模式依然大行其道。应试教育的最新形态，是互联网时代的"数字化生存"，使应试训练更为精细化，并且更为便捷和有趣。其本质依然是将教育窄化为教学、将教学窄化为训练，关注的只是分数和知识点。上海市从 2016 年 9 月起，小学全部实行 A、B、C、D 的"等第制"评价，改变学生对分数的"分分计较"，从重分数转为重素质，是一个可喜的现象。

---

① 《2015 年 PISA 测试结果出炉：新加坡居首大陆第十》，中华网，2016 年 12 月 7 日。
② 邬志辉：《中国农村教育发展报告 2016》新闻发布稿，2016 年 12 月 26 日。

应试教育对青少年的危害，从北京大学心理健康教育与咨询中心徐凯文老师的警示中可见一斑。他发现一些最优秀的学生患上了"空心病"。"这些孩子有强烈的孤独感和无意义感，他们从小都是最好的学生，最乖的学生，他们特别需要得到别人的赞许，但是他们有强烈的自杀意念，不是想自杀，只是不知道为什么活下去，活着的价值和意义是什么？"据调查，北京大学的一年级新生中，30.4%的学生厌恶学习，还有40.4%的学生认为活着没有意义，现在只是按照别人的逻辑活下去而已。在整个国家的自杀率大幅度下降的同时，只有中小学生的自杀率在上升。①

另外，体制内外各种自下而上的教育创新、教育探索越来越活跃，以学习者为中心的理念开始深入人心。在公办学校开展的课程改革不断深入，体制外的教育创新探索和倡导不断深化，有影响力的机构和团体、项目不断涌现，如朱永新领导的新教育研究院、李希贵领导的新学校研究院、重庆的蒲公英教育智库、成都的问对教育、芥末堆举办的 GET 2016 教育科技大会，以及21世纪教育研究院的 LIFE 教育创新项目等。随着网络教育、社会化学习的活跃，具有理想的家长和教育人自办的新学校、小微学校和社会化学习机构不断增多，一些中小学名师脱离体制，自办理想的教育机构，向公办学校传递着变革的压力和信号。

（三）民办教育实行分类管理

2016年，我国教育法制建设进入了一个新的发展阶段。国家发布《依法治教实施纲要（2016－2020年)》，要求以法治思维和法治方法推进教育综合改革，全面推进教育治理体系和治理能力现代化。

全国人大通过一揽子修法的方式，完成《教育法》、《高等教育法》、《民办教育促进法》的修法。其中《民办教育促进法》在修法过程中争议极大，经过三审后才最终通过。决定对民办学校按营利性和非营利性进行分类管理，规定非营利性机构不得获取办学收益。这从法律上破解了困扰民办教育发展的学校法人属性不清、财产归属不明、支持措施难以落实等瓶颈问题，有利于政

---

① 徐凯文：《时代空心病与焦虑经济学》，第九届新东方家庭教育高峰论坛发言稿，中国网教育频道，2016年11月9日。

府通过差别化的扶持政策，促进这两类民办学校各安其位地发展。基于中国市场经济的发展阶段和特点，中国的民办教育大多不是捐资举办而是投资兴办。新法对现有民办学校举办者的权益予以保障，包括在学校停办时可依法获得相应的补偿或者奖励。关于在义务教育阶段不得举办营利性教育的决定，主要是为了保障义务教育的公益性和教育公平，避免在义务教育阶段加剧阶层分化。

二　农村教育"补短板"

（一）教育精准脱贫，推进城乡义务教育一体化发展

在农村教育领域，当务之急是继续补短板，促进教育公平，缩小城乡教育差距。国务院会议通过教育脱贫攻坚五年规划，要求补齐各地贫困县义务教育突出的"短板"。各地开展"教育精准扶贫"行动。贵州省重点实施八大教育精准脱贫计划，即学生精准资助惠民计划、职业教育脱贫富民计划、办学条件扩容改善计划、教育信息化推广计划、教师队伍素质提升计划、农村和贫困地区招生倾斜计划、教育对口帮扶计划、特殊困难群体关爱计划。湖北省聚焦全省 37 个贫困县 4821 个贫困村 76.7 万贫困家庭学龄人口，制定了 1 个行动计划和 26 个配套实施方案。甘肃省教育厅着力构建到村、到户、到人的教育精准扶贫体系，组织实施"9 + 1"精准扶贫教育专项支持计划，即学前教育、义务教育、普通高中教育、职业教育、乡村教师队伍、民族教育、学生资助、高校招生、留守儿童等 9 个专项支持计划和《支持革命老区教育跨越式发展行动计划（2015 - 2020 年)》，帮助贫困家庭从根本上脱贫致富，阻断贫困代际传递。

2016 年 7 月，《国务院关于统筹推进县域内城乡义务教育一体化改革发展的若干意见》发布，要求针对东中西部、城镇类型、城镇化水平和乡村实际情况，因地制宜选择发展路径，同步建设城镇学校，努力办好农村小规模学校，引导学生合理流动。要求实施消除大班额计划，统筹城乡师资配置，改革乡村教师待遇保障机制，改革控辍保学机制，改革随迁子女就学机制，加强留守儿童关爱保护。到 2020 年，基本实现县域义务教育均衡发展和城乡基本公共教育服务均等化。

这一文件有很强的针对性，主要针对在快速城镇化的进程中，农村学校向城镇集中的趋势仍在继续，盲目和强行撤并现有义务教育学校的情况不断发生，造成"城满乡空"的格局。2015年小学教育的城镇化率达69.40%、初中达83.71%，分别比人口城镇化率（56.10%）高出13.30个和27.61个百分点，也比2011年分别提高了10.35个和6.66个百分点。农村义务教育呈现县城大班额学校、乡镇寄宿制学校、乡村小规模学校并存的格局。2015年，全国农村不足100人的小规模学校11.14万所，占村小、教学点总数的55.7%，占全国小规模学校的87.9%。其中，不足10人的乡村校点达3.39万所。农村地区（镇和乡村）义务教育阶段寄宿生总数达2636.5万人，占农村地区在校生总数的27.8%。农村小学生寄宿率为14.4%，初中寄宿生比例达58.6%；而在西部地区，这两个比例分别达到21.1%和67.1%。[①] 促进城乡教育的一体化发展，面临巨大挑战。

（二）关注留守儿童和流动儿童

统计显示，在快速城镇化进程中，进城上学的农民工随迁子女的比率，正在不断逼近留守率。2015年，全国义务教育阶段在校生中，农民工子女的随迁率达40.37%，呈现不断增长的趋势，留守率则接近60%。2015年，义务教育阶段进城务工人员的随迁子女数量为1367.1万人，比2011年增加了8.42%，占城市在校生的比例达到30.30%。这些学生在公办学校就读的比例达8成以上。农村留守儿童的数量则在不断减少。2015年，中国留守儿童数量为2019.2万人，比2011年减少了180.98万人，减幅达8.23%。目前，留守儿童占农村（镇区及乡村）学生的比例保持在27%~30%之间，初中阶段又略高于小学阶段。[②]

对农村留守儿童的关注上升到了中央政府层面。年初出台的《国务院关于加强农村留守儿童关爱保护工作的意见》，作为第一个关于留守儿童教育的政府文件，确定民政部为主管部门，建立了由27个部门和单位组成的"农村留守儿童关爱保护工作部际联席会议"制度。强调家庭在留守儿童监护、关

---

① 邬志辉：《中国农村教育发展报告2016》新闻发布稿，2016年12月26日。
② 邬志辉：《中国农村教育发展报告2016》新闻发布稿，2016年12月26日。

爱中的主体责任；提出标本兼治的目标，要求从源头上逐步减少儿童留守现象，各地要大力推进农民工市民化，同时要引导扶持农民工返乡创业就业。

2016年11月，部际联席会议通报了农村留守儿童摸底排查工作情况：目前全国农村留守儿童总数为902万人。这比此前根据2010年第六次人口普查数据确定的6102万人的数量，减少了5000多万人。据解释，主要是统计口径发生改变。此前的定义是"父母一方外出务工、不满十八周岁"。这次，将农村留守儿童定义为父母双方外出务工或一方外出务工另一方无监护能力、不满十六周岁的未成年人。

虽然农民工随迁子女的比例在慢慢增长，但大城市严控外来人口的政策，使得城市流动儿童的受教育机会受到明显挤压。多地流动儿童的入学门槛大幅提高。北京市出台的"以教控人"等举措，对外地户籍常住人口子女的入学政策骤然收紧。据调查，2016年北京市打工子弟小学在校学生逾6.5万人，相较2014年减少了约2.8万人。许多无法在北京入学也无法回到老家的非京籍适龄儿童，选择"坐在北京的门槛上"、在北京周边河北省的民办学校就读，形成了一条以河北市县为主的"环北京教育带"。流动儿童成为每周长途跋涉、往返于河北和北京之间的"候鸟学生"。

义务教育是政府提供的基本公共服务，接受义务教育是流动儿童最基本的权利，是防止贫困世代传递、防止阶层固化，也是教育扶贫的重要举措。强化政府的公共服务职能，扩大城市教育公共服务的供给，降低流动儿童的入学门槛，是当务之急。大城市强硬的人口控制政策，既绑架和损害了流动儿童的教育权利，也不利于大城市可持续健康发展。

三 地方教育制度创新的新进展

中国的教育变革不仅要靠自上而下的顶层设计，也要靠自下而上的地方探索和实践。在各地的教育创新实践中，开展管办评分离的行政管理改革，以及破解农村教育的老大难问题，成为值得关注的亮点。

（一）促进管办评分离，提高教育治理水平

青岛市以构建现代教育治理体系为目标，全面推行学校管理权限清单制

度。市政府发文提出进一步简政放权，落实和扩大学校办学自主权，从学校干部人事管理、财务和基建管理、教育教学管理三个方面全面梳理学校管理自主权清单，明确将副校长聘任、内部机构设置和中层干部聘任、财政性经费预算管理、内部分配、招生等14个方面的管理权限全面落实和下放给学校。《青岛市中小学管理办法》开了国内学校立法的先河。成都市武侯区在试点学校实行了"教师自聘，管理自主，经费包干"的管理体制改革。将自主选聘教师的权力下放给学校，通过"经费包干"确保教师的绩效工资，加强对教师的激励。重庆市綦江区推进学区自治，成立由辖区内街镇领导、人大代表与政协委员、社会知名人士、家长等方面代表组成的学区教育自治委员会。

（二）解决农村教育的突出问题

在地方因地制宜的改革中，出现了一些重要的案例，在很大程度上解决了困扰农村教育的一些老大难问题。

江西省弋阳县通过办好农村学校，规范城区学校招生，促进农村学生回流，有效减少了城区学校的大班额现象，化解城"挤"乡"空"难题。2015年与2012年相比，乡村学校学生数量增加了9400人，增幅为30.68%；留守儿童比例下降，2800余名父母重新回到孩子身边。通过改变升学率评价，而主要考核"辍学率"和后20%学生的成绩，弋阳县的初中辍学率明显降低，初中3年巩固率提高6.34%。江西省上栗县、河南省内乡县等同样通过强基固本，办好农民家门口的学校，减少了城区大班额现象。

湖南省泸溪县以农村教师岗位津贴制度激励乡村教师，村小教师一年比城里教师多1.44万元收入。此外，采取教师职务评审向农村教师倾斜、建设农村教师廉租房等措施，有效地改善了乡村教师待遇，稳定了乡村教师队伍。

湖南省实施"农村小学教师专项培养计划"，定向、免费、精准培养能够在农村小学安心工作的优秀师资，包括实行高中起点的四年制本科、初中起点的五年制专科、初中起点的六年制本科三种免费师范生的学制。对毕业生实行县来县去、县来乡去、乡来乡去、乡来点去四类计划。这些定向师范生基本功扎实，素质全面，心态稳定，大受基层的欢迎。这一模式有效解决了"中师"消失之后农村教师的培养困境，堪称中师制度的升级版。

山东省通过顶层设计，成功地突破教师编制这一制度瓶颈，在统一城乡中小学教职工编制标准的基础上，编制标准向规模较小的农村学校倾斜。对年级学生数达不到标准班额数的学校，将按班师比配备教师；同时，增加编制弹性，实行提前编制和灵活编制。2016 年 6 月，山东省已经完成中小学教师重新核编，乡村学校按班师比核增 3.76 万名；全省共计增加教师编制约 10 万名。

四　高等教育的发展和改革

随着学龄人口减少、高校招生规模持续扩大，2015 年高等教育在校生总人数达 3647 万人，高等教育毛入学率达 40%，高于全球中高收入国家的平均水平。2016 年 6 月，中国高等工程教育正式加入《华盛顿协议》，中国成为第 18 个成员方。《华盛顿协议》是一个多边工程教育认证的机构，通过学位互认，促进工程技术人员的国际流动。加入这一协议，是对中国工程教育质量的一种认可，是中国高等教育走向世界的一个标志。

据英国 QS 全球教育集团发布的最新"世界大学学科排名"，2016 年中国有 7 所大学的 65 个学科进入全球排名前 50，比 2015 年增加了 15 个，同时，有 88 所大学的学科进入前 400。[1] 但高等教育突出的问题还是"大而不强"，大学课堂从以教为主向以学为主的转变，仍在艰难地进行。

公众最关注的是高等教育招生录取的公平状况，如何提高农村生源比例、扩大中西部招生比例。从 2016 年高校招生数据看，通过实行农村贫困地区定向招生计划、合理调整分省招生计划等措施，情况在继续改善之中。通过国家、地方和高校 3 个专项计划，录取农村和贫困地区学生 9 万名，比 2015 年增长 20% 以上。2016 年清华大学招录的 3300 名学生中，来自县级和县以下高中的接近 1/4。通过清华大学自主招生的"自强计划"和国家专项计划录取的来自中西部农村地区的 384 名新生，占招生总数的 10.2%。[2]

2016 年，国家贫困地区定向招生专项计划招生 6 万人，由以"211 工程"学校为主的高校承担。支援中西部地区招生协作计划安排 21 万人，其中本科

---

① 张家伟：《中国 7 高校 65 个学科进入全球前 50》，《中国教育报》2016 年 3 月 24 日。
② 万玉凤：《清华：近 1/4 新生来自县级以下高中》，《中国教育报》2016 年 8 月 18 日。

14万人，由北京、天津、江苏等14个省份的高校承担，面向河南、广西、贵州、甘肃等10个中西部省份招生。由于湖北和江苏招生计划分别减少4万和3.8万名，引发两地家长的抗议，酿成重大群体性事件。事实上，两地减少的都是民办本科、高职专科的生源，而非一本二本尤其是重点本科生源。"高考减招风波"既暴露了高等教育资源区域均衡问题，也反映了由信息披露不全面和危机应对不及时引发的教育治理问题。

按照国家部署，北京大学实施综合改革方案，从教育体系、人事体系、治理体系、学术体系和资源配置体系5个方面进行。在人事改革方面，将尝试取消院系领导的行政级别，其职务与行政级别脱开，并采用聘用方式。由于院系领导均为具有高级职称的教授，其工资待遇并不会因取消行政级别而受影响，这一改革实施相对容易。

高等教育领域比较实质性的改革，是由中国科学院院士、清华大学副校长施一公等著名科学家创办的西湖大学破冰。作为西湖大学（筹）的探路者，西湖高等研究院正式成立，定位为培养博士研究生、剑指世界一流的高等研究院。筹建中的西湖大学借鉴美国加州理工大学的规模和斯坦福大学的办学理念，培养创新型复合型人才。经费来源主要为基金会募集捐赠和一定的政府资助，以及相关教育科研竞争性经费。

西湖大学的筹办是民间办学热的一个浪花。近年来，企业家办学的热情十分高涨，几年前，新东方的俞敏洪曾接手北京工业大学的独立学院耿丹学院。腾讯主要创始人陈一丹收购了中南财经政法大学的独立学院武汉学院。2015年，武汉学院获批脱离母体，转设为民办本科高校，成为全国第一所公益性质的民办大学。年初，马云举办的以企业家为对象的湖畔大学也风生水起。马云认为湖畔大学并不是教创业者怎么赚钱，而是在新商业文明的时代，发现和训练企业家。这几所新大学各有抱负，办学前景令人期待，显示出民间社会存在的巨大办学热情和能量。

五　走向教育治理和教育价值的现代化

2016年底，国务院通过《国家教育事业发展"十三五"规划》，要求继续把教育放在优先发展的战略地位，推进教育公平，推进教育教学改革，优化教育结构，扩大教育开放合作，鼓励社会力量和民间资本举办学校和教育机构，为国家建设提供人才支撑，推进教育现代化。

按照 2010 年通过的《国家中长期教育改革和发展规划纲要（2010～2020年）》，我国将在 2020 年"基本实现教育现代化"。如何实现这一目标，是我国教育面临的重大挑战。虽然我国已经进入教育普及和高等教育大众化阶段，进入了全球化和互联网环境，但我们的教育治理仍陷入城乡分治的二元体制，实际的教育教学仍在应试教育的轨道上。农村教育不仅需要"补短板"，也存在发展模式上的迷茫和失调。城乡之间巨大的发展差距，成为实现公平与提高教育质量的掣肘，应试教育与创新教育的纠缠和消长，各种矛盾和问题的交织，使得教育理想与现实呈现强烈的反差。

面对城乡教育的巨大差距，我们需要继续强调教育公平的价值，满足农村学生的基本教育需求，弥补农村教育突出的短板；同时，要尽快从应试教育中突围，迎接知识经济和互联网时代世界范围内教育创新的挑战，通过教育创新促进教育公平。在体制内外，新的教育正在自下而上地慢慢生长。教育变革的前景已经依稀可见。我们需要通过持续的教育变革，凝聚面向未来的理想共识，促进形成新的教育现实。这指向了两个方向的努力：教育治理的现代化和教育价值的现代化。

深化教育领域综合改革，促进教育治理体系和治理能力的现代化，核心的命题是重新构建政府、学校、社会的关系，从管理走向治理，通过"管办评分离"的制度创新，通过委托管理、购买服务、第三方评价，建立多元利益主体下新的教育治理结构。它本质上是政府向学校和社会放权的改革，最大限度地减少政府对微观事务的管理，落实学校的办学自主权。

今天，满足人们对好的教育的需求，在很大程度上转化为对个性化、多样化的教育的选择性需求。这需要开展中小学办学体制改革，培育产生教育家和有利于教育创新的环境和土壤，走向教育家办学。其中重要的方面，是放松对于办学的管制，大幅度降低办学的门槛，如同在经济领域支持小微企业那样，支持教育创新创业，将举办小微学校和在家上学合法化。在人口红利消失的背景下，特别需要通过制度创新释放教育红利，解放教育生产力，提高教育品质和人口素质。

需要认识的是，我们不仅面临 2020 年的挑战，也面临 2030 年的挑战——

来自未来的挑战。2015 年 12 月，联合国教科文组织发布的《反思教育：向"全球共同利益"的理念转变?》提出要重新定义知识、学习和教育，显示的是世界范围内教育价值的更新。该报告批判了长期以来居主流地位的功利主义和经济主义的教育价值观："教育的经济功能无疑是重要的，但我们必须超越单纯的功利主义观点以及众多国际发展讨论体现出的人力资本理念。教育不仅关系到学习技能，还涉及尊重生命和人格尊严的价值观，而这在多样化世界中是实现社会和谐的必要条件。"报告强调教育应该以人文主义为基础，尊重生命和人类尊严、权利平等、社会正义、文化多样性、国际团结和为可持续的未来承担共同责任。"维护和增强个人在其他人和自然面前的尊严、能力和福祉，应是二十一世纪教育的根本宗旨"。

对中国教育而言，这一反思更具有针对性。我们必须清理强烈的经济主义和功利主义，既包括把人作为工具的国家功利主义，也包括在发展主义和人力资本的语境中，将教育作为个人谋取地位的工具的就业功利主义。回归本源，走向以人为本的教育，需要恢复教育树人育人的宗旨，从而建立教育在社会中的主体性，以及人在教育中的主体性。

特别关注

Topics of Special Concern

B.2

面向未来的教育：培养21世纪
核心素养的全球经验

刘 坚　魏 锐　方檀香*

摘　要：　20世纪80年代以来，发达国家陆续提出了核心素养的概念。
随着相关研究的不断发酵，越来越多的国际组织和国家、地
区参与进来，核心素养已经成为国际教育改革的重要基石。
本研究从全球范围内选取了有代表性的5个国际组织和24个
经济体的21世纪核心素养框架进行了分析。归纳了培养21
世纪核心素养的三大类共10项驱动力；提炼出21世纪核心
素养的两个维度共18项素养要素；基于这两个框架，比较了
不同驱动力和素养要素被关注的总体情况，以及不同收入水

---

* 刘坚，教授、博士生导师，北京师范大学中国基础教育质量监测协同创新中心副主任，中国
教育创新研究院院长，主要从事课程与教学、评价与诊断、数学教育等相关领域研究。魏锐，
北京师范大学化学学院副教授、中国教育创新研究院副院长。方檀香，北京师范大学中国教
育创新研究院研究部主任。

平经济体关注程度的差异。本研究还从课程、学与教、评价三个方面结合案例呈现 21 世纪核心素养教育实践可资参考的经验，从政府政策支持、加强自主权、利用社会资源、加强教师培养四个方面分析了 21 世纪核心素养教育的支持体系。

关键词： 21 世纪核心素养　驱动力　教育实践　支持体系

20 世纪 80 年代以来，发达国家陆续提出了核心素养的概念。随着相关研究的不断发酵，越来越多的国际组织和国家、地区参与进来，核心素养已经成为国际教育改革的重要基石。对于"核心素养"，不同的国际组织、国家或地区使用了不同的表达，例如美国 21 世纪技能合作组织的 21 世纪技能（21st Century Skills）、经济合作与发展组织、欧盟的关键素养（Key Competences）、澳大利亚的综合能力（General Capabilities）、中国香港地区的共通能力（Generic Skills）、中国大陆和中国台湾地区的核心素养（Core Competencies），等等。这些概念尽管内涵不尽相同，但都体现了所在组织、国家或地区对于未来公民形象的思考。本研究在综合考量了各国际组织、国家和地区的描述后，采用了"21 世纪核心素养"这一名词，希望能够既体现本研究对概念内涵的主张，又符合我国当前深化课程改革的基本理念和语言习惯。

为全面地了解各国际组织、国家和地区提出核心素养的背景，其核心素养的基本框架，落实核心素养的具体措施及典型案例，本研究从全球范围内选取了有代表性的 5 个国际组织和 24 个国家或地区（以下简称经济体）的 21 世纪核心素养框架进行了分析。5 个国际组织是联合国教科文组织、经济合作与发展组织、欧盟、世界银行、亚太经合组织，这些国际组织的教育政策往往代表和引领着国际教育改革的动向和潮流，值得格外关注。在选择国家和地区时，主要考虑到其在所在地区所具有的代表性，包括文化的代表性和经济发展水平的代表性。本研究从全球 6 大洲（南极洲除外）选取了 24 个有代表性的经济体，分别是：①北美洲：美国、加拿大；②南美洲：巴西；③欧洲：英国、法国、芬兰、俄罗斯；④大洋洲：澳大利亚、新西兰；⑤亚洲：中国大陆、韩国、印度、日本、卡塔尔、以色列、中国台湾、中国香港、新加坡、印度尼西亚、马来西亚、菲律宾、斯里兰卡、泰国；⑥非洲：南非。从文化上看，这些经济体受到了基督教文化、儒家文化、伊斯兰教文化等的影响，同时在经济发展水平上，包括了高收入经济体、中等收入经济体和低收入经济体，具有广泛的代表性和多样性。

一 21世纪核心素养提出的驱动力

（一）10项驱动力推动各国际组织和经济体提出21世纪核心素养

本研究从 29 个国际组织和经济体发布的权威教育文件中提取了与驱动力有关的关键词，并将内涵相同或相近的驱动因素合并，如将贫困地区学术成就低、辍学率高等合并为教育公平。之后再根据频次统计，确定出需要重点关注的驱动力。最后，根据各驱动力和内涵及相互间的联系，将之归纳为三个类别。具体见表 1。

表1 各国际组织和经济体 21 世纪核心素养提出的驱动力

类别	驱动力
时代与科技变革	全球化、知识时代、科技发展与信息时代
经济与社会发展	经济成长、职业需求、人口结构变化、多元文化、环境与可持续发展
教育发展	教育质量提升、教育公平

1. 时代与科技变革类驱动力

第一，全球化。全球化是近几十年来世界发展最为深刻的变革。伴随着全球化的进程，各经济体的联系和依存度不断加深，同时竞争也在加剧。全球化一方面要求受教育者不断提升技能水平、学习能力，以应对全球化的竞争和挑战；另一方面要求受教育者学会与不同国家、不同文化、不同背景的人和平共处、相互协作。①

第二，知识时代。知识时代要求受教育者具有与农耕时代、工业时代不同

---

① Galbreath, J., Preparing the 21st Century Worker: The Link between Computer-Based Technology and Future Skill Sets, *Educational Technology*, 39 (11 – 12), 14 – 22.

的能力素质，要求教育教学的内容、方式方法进行重构。

第三，科技发展与信息时代。伴随着计算机技术和网络技术的大规模普及与应用，人类社会进入数学化和信息化时代。纷繁复杂的信息要求每一个人具有筛选信息、分析信息和处理信息的能力，具有利用信息进行再生产的能力。

2. 经济与社会发展类驱动力

当下各经济体面临着各种经济和社会发展问题，这些问题的解决，最终需要依赖教育。

第一，经济成长。一方面，不仅现有行业的发展需要教育质量的提升；经济发展中存在的不足与问题，也需要通过教育来解决。另一方面，经济的快速发展，需要个体具备新的技能与素养。

第二，职业需求。随着经济的快速发展，职业变化愈发剧烈。一方面很多旧职业迅速消亡，另一方面新职业不断产生。今天无人可以准确地预测未来社会的职业需求。职业发展的巨大变动性和不确定性要求人不能像先前一样经历"上学—工作—退休"的单线教育模式，而要将学习的过程扩展至终身、学习的空间不断外延，不断经历着工作与学习相互交替的发展过程。

第三，人口结构变化。年龄、性别、人种、民族、宗教等都是人口结构的要素，对于21世纪核心素养而言，人口结构主要指的是人口结构的老龄化、家庭的少子女化。

第四，多元文化。文化多元化通常指一个辖区内两种或多种不同文化融合的过程。在多元文化社会中，每个人都带着自身的背景、基于不同的立场，看待事物、解决问题。为了避免冲突和摩擦，每个人都需要具有文化理解能力，充分理解和尊重文化的多样性，学习与具有不同文化背景的人相处，应对恐怖主义、民族主义等共同的挑战。

第五，环境与可持续发展。环境问题是国际社会面临的突出问题，解决环境问题不仅包括生态环境的维护和改善，也包括消除人力不可控的自然灾害，解决人为的社会冲突、战争等。解决环境问题与可持续发展息息相关。教育需要应对环境恶化的挑战，培养人可持续发展的意识和能力。

3. 教育发展类驱动力

解决教育自身发展中存在的问题，推动教育高质量发展，这是培养21世纪核心素养的重要驱动因素。第一，教育质量提升。这包括两个方面：①建立现代化教育系统的愿景；②提高公民的基本素养。第二，教育公平。教育的公平主要取决于两个因素：平等（fairness）和全纳（inclusion）。前者要求每个学生的学业成就不受个体境况的影响，后者要求教育适应于每一个个体。教育公平问题主要表现为文盲多、辍学率高、升学率低、基础教育质量低下、局部地区学术成就低等问题。

（二）不同驱动力受关注程度不同，不同国际组织和经济体对驱动力的关注程度不同

1. 核心素养提出的共同推动力量以及应对的个性化挑战

频数统计发现，超过一半的国际组织或经济体在重要的教育文件中关注到全球化、知识时代、科技发展与信息时代、经济成长、职业需求、教育质量提升，而人口结构变化、多元文化、环境与可持续发展、教育公平只被少数国际组织或经济体的教育文件关注。这说明，全球化、知识时代、科技发展与信息时代、经济成长、职业需求、教育质量提升是国际组织和经济体普遍感受到的挑战和要求，也是核心素养提出的共同驱动力。相比较而言，人口结构变化、多元文化、环境与可持续发展、教育公平则是更为个性化的挑战和需求。

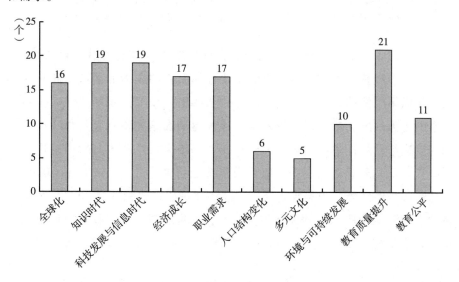

图1　关注各驱动力的国际组织或经济体数量统计

2. 高收入经济体更为关注 "全球化" 和 "知识时代"、中等收入及以下经济体更为关注 "教育公平" 和 "环境与可持续发展"

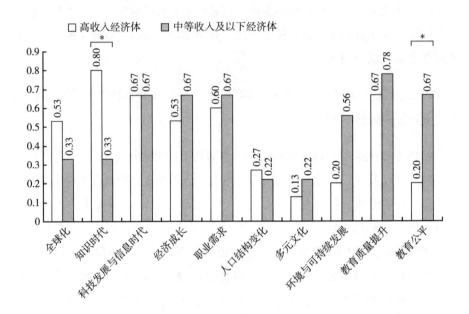

图2　不同收入水平经济体对驱动力的关注度比较

注：图中纵坐标代表的是不同收入水平经济体对驱动力的关注程度，即关注各驱动力的经济体数量与该类经济体总个数的比值。"*"代表统计检验的显著性水平为 P < 0.05。

从不同收入水平经济体的比较看，科技发展与信息时代、经济成长、职业需求、教育质量提升是各经济体教育都面临的压力和挑战；相比中等收入及以下经济体，高收入经济体对"全球化"和"知识时代"可能带来的影响更为敏感。对经济体收入水平和各驱动因素在不同经济体中受关注的程度进行独立样本四格表的 χ^2 检验发现，高收入经济体文献中呈现"知识时代"的比例显著大于中等收入及以下经济体 [$\chi^2_{(1)} = 5.23$，p = 0.03]。相比高收入经济体，中等收入及以下经济体对"教育公平"和"环境与可持续发展"两项驱动力的关注更多。经 χ^2 检验发现，中等收入及以下经济体文献中呈现"教育公平"的比例显著大于高收入经济体 [$\chi^2_{(1)} = 5.23$，p = 0.03]。

二　21世纪核心素养要素

为了对各个国际组织和经济体素养框架涉及的素养进行分析，本研究首先从 29 个素养框架中提取 18 项素养，然后通过频次统计具体分析这 18 项素养在各个框架中受关注的整体情况，以及它们在不同经济发展水平的经济体框架中受关注的差异性。

（一）29个国际组织和经济体关注了18项核心素养

本研究将 29 个素养框架中的素养条目进行了拆分，再将内涵相近、层级相当的条目合并，共得到 18 个素养，反映出全球范围内不同组织或经济体的政策制定者对未来公民所应具备的核心素养的基本判断和整体把握。在这 18 项素养中，9 项是与某个特定领域密切相关的素养，称之为领域素养；领域素养又分为基础领域素养（6 项）和新兴领域素养（3 项）；9 项是通用性素养，分别指向高阶认知（3 项）、个人成长（2 项）、社会性发展（4 项）。

表 2　从素养框架中提取的 18 项素养

维度	素　养
领域素养	基础领域素养：语言素养、数学素养、科技素养、人文与社会素养、艺术素养、运动与健康素养 新兴领域素养：信息素养、环境素养、财商素养
通用素养	高阶认知：批判性思维、创造性与问题解决、学会学习与终身学习 个人成长：自我认识与自我调控、人生规划与幸福生活 社会性发展：沟通与合作、领导力、跨文化与国际理解、公民责任与社会参与

需要说明的是，上述两个维度 18 项素养是对已有素养研究成果的归纳与分类。这些素养之间并非相互割裂的互斥关系，相互之间存在一定的交集或关联。

同时，在各个组织或经济体提供的素养框架中还普遍出现一类关键词，例如：道德、伦理、责任、公平、共情、真诚、尊重、容忍、坚毅等。这些词条属于情感、态度和价值观的范畴，不同框架对其处理方式的差异很大。例如，在 OECD（2009）框架中，将伦理道德与社会影响维度列为三大维度之一①，新加坡、中国香港、韩国等框架中把价值观（values）独立置于非常重要的位置。不过多数框架中并未独立列出价值观，而是分散、融合到其他素养之中。考虑到"素养"的含义是综合的，任何一个素养都包含技能、态度和知识方面的要求，本研究在提取素养的过程中，将与情感、态度和价值观相关的内容自然融入各个素养之中，而不单独列出。

（二）七项素养被各国际组织和经济体高度关注

本研究统计了收录各项素养的素养框架的数量。通过对关注频次的分析发现，各国际组织和经济体最为关注的前七项素养为：沟通与合作、创造性与问题解决、信息素养、自我认识与自我调控、批判性思维、学会学习与终身学习以及公民责任与社会参与，频次均在半数以上；同时，一些非传统的素养，如财商素养、环境素养、人生规划与幸福生活以及领导力等得到了国际组织和经济体的关注。

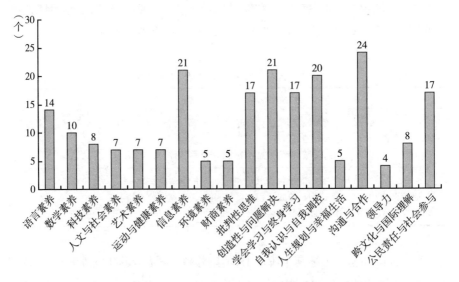

图3　关注各素养的国际组织或经济体数量统计

① Ananiadou, K. & Claro, M., 21st Century Skills and Competences for New Millennium Learners in OECD Countries. http：//www. oecd. org/officialdocuments/publicdisplaydocumentpdf/？ cote = EDU/WKP（2009）20&doclanguage = en，2015 年 9 月 28 日。

（三）不同收入水平经济体对素养关注程度的比较

两类经济体（15 个高收入经济体、9 个中等及以下收入经济体）对上述 18 项素养的关注程度和比较见图 4。

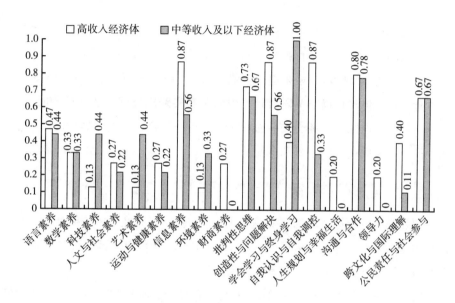

图4 不同收入水平经济体对素养关注度的对比

注：图中纵坐标代表两类经济体对素养的关注度，即收录这个素养的经济体的数目与该类经济体个数的比值。

通过比较发现，语言、数学、人文与社会、运动与健康、批判性思维、沟通与合作、公民责任与社会参与等素养超越了经济发展程度的限制，不同发展水平经济体对其的关注程度基本相当。而对于部分素养，不同发展水平经济体的关注程度存在差异。例如，高收入经济体更加关注信息素养、创造性与问题解决、跨文化与国际理解，特别是自我认识与自我调控，独立样本四格表 χ^2 检验表明高收入经济体对"自我认识与自我调控"具有显著的高关注度 $[\chi^2_{(1)} = 7.20, p = 0.02]$；而中等及以下收入经济体更加重视科技素养、艺术素养、环境素养，特别是学会学习与终身学习，独立样本四格表 χ^2 检验表明中等及以下收入经济体对"学会学习与终身学习"的关注度显著高于高收入经济体

$[\chi^2_{(1)} = 8.64，\ p = 0.007]$。此外，有三项素养：财商素养、人生规划与幸福生活以及领导力，都只为高收入经济体所关注。

三　21世纪核心素养的教育实践

尽管21世纪核心素养概念的提出已经有一段时间，但是将之作为教育改革的政策落实在具体的教育系统中是一个渐进的发展过程。很多国家和地区，尚处于政策的制定阶段，还未进入实践层面。同时，即便实施，其实践效果在学生身上得以体现也尚需一段时日，因此对其实践成效展开述评还为时尚早。此外，各国、地区内可能会有许多来自实践层面的新尝试、新经验尚未被总结、提炼，从而在文献中得到全面呈现。

（一）面向21世纪核心素养的课程

课程是教育目标实现的重要载体和基本依托。一些经济体依据其自身教育体系的结构特点，逐步将多项或几项21世纪核心素养融入课程设计，并结合跨学科主题展开课程内容，开发课程资源。

第一，融入学科课程。推进21世纪核心素养的教育实践，一项有效的做法是对课程改革做整体、系统的设计，形成一套培养未来公民21世纪核心素养的课程及教育体系。例如，澳大利亚在2009年设计国家课程时，就提出要在课程中培养学生的7项通用能力（general capabilities），并随后在2010年、2011年发布一系列课程文件，将这些通用能力的培养有效、连贯地融入其各学科课程设计中①。中国大陆在2016年发布了中国学生发展核心素养框架，并正在基于核心素养框架，研究和开发各高中学科课程标准，未来中国学生核心素养培养将进一步渗入在课程、教学、评价中，形成基于核心素养培养的整体架构。

第二，设计跨学科主题。具体包括四个方面：①设计基于真实生活情境的

---

① Australian Curriculum, Assessment and Reporting Authority（ACARA）.（2013）. General Capabilities in the Australian Curriculum. Retrieved from http：//v7 - 5. australiancurriculum. edu. au/GeneralCapabilities/Pdf/Overview.

跨学科内容主题。相比于单一学科知识观重视本学科内的知识，跨学科知识观更为注重学科间的联系，更为直接地指向真实情境。基于真实情境的跨学科内容主题可以帮助学生超越学科壁垒，实现知识的统整，提升学生面向真实生活解决具体实际问题的能力。因此，在开展 21 世纪核心素养的教育实践过程中，尝试选取并构建跨学科的内容主题成为各经济体的普遍策略之一。②密切联系区域发展的重大问题或重大事件确定跨学科主题。这些主题由于贴近学生的生活，很容易激发学生的兴趣。同时由于学习活动的综合性更强，其所能够承载的素养教育功能也会更加多样。③STEM 已成为全球普遍认可的跨学科主题。基于 STEM 和 STEAM 的课程为学生在学校学习科学、技术、工程、艺术和数学领域内容时，创造了跨学科的学习机会和体验。美国已经从联邦政府层面大力引导并推行 STEM 教育。①② ④新兴的创新与创业教育正在蓬勃发展。例如，新加坡就于 2003 年提出了"创新创业精神"，并设立了"创客及创业文化融入课程"，培养学生创业的精神。③在我国，随着"双创"政策的提出，创客教育正在勃然兴起。2016 年 10 月深圳市发布了《深圳市中小学创客教育课程建设指南》和《深圳市中小学创客教育实践室建设指南》，首次对创客教育课程开发和实施、创客实践室建设提出了具体的意见和要求。

第三，开发课程资源。课程资源是课程实施的重要依托。丰富的课程资源有利于教师理解课程主旨，科学有效地开展教学。美国 21 世纪素养联盟（Partnership for 21st Century Learning，简称 P21）已在课程与教学、学习环境、教育技术等方面都展开了系列研究，并总结和发布了一系列的成果，为教育工作者、政策制定者、家长、社区甚至学生，提供了有效的工具和指南。④

---

① U. S. Department of Education. (2015). Science, Technology, Engineering and Math: Education for Global Leadership. Retrieved from http: //www. ed. gov/stem.

② Georgette Yakman & Hyonyong Lee. (2012). Exploring the Exemplary STEAM Education in the U. S. as a Practical Educational Framework for Korea. *J Korea Assoc. Sci. Edu*, 32 (6). 1072 – 1086.

③ Tharman, S. (2004). Innovation and Enterprise in Our Schools. Speech by Mr. Tharman Shanmugaratnam, Acting Minister for Education at the Innovation and Enterprise Workshop at the Anglo Chinese School, Singapore, 16 February.

④ Partnership for 21st Century Learning. Resources for Policymakers. Retrieved from http: //www. p21. org/our – work/resources/for – policymakers#implementing.

（二）面向21世纪核心素养的学与教

基于核心素养的教育要求学与教的方式发生变革。第一，基于真实情境的学习。随着学习科学研究的不断深入，越来越多的教育人士认识到学与教必须围绕着学生身边日常生活中的问题展开，让学生有机会主动学习相关知识，并运用到解决实际问题中去，而非单纯聚焦于知识的传授。这也要求教师的角色发生转换，教师需要成为学生学习的激励者、引导者，支持和推动学生开展独立自主的研究和探索。

第二，开展基于问题/项目的学习（PBLs）。基于问题或项目的教学方法已经广泛应用于许多学科领域，尤其是在科学教育领域最为深入。例如，美国新制定的《K－12科学教育框架》（*A Framework for K－12 Science Education*）以及《新一代科学标准》（*Next Generation Science Standards*）中，基于真实情景的科学问题（Questions）或工程学需求（problems），探索问题的答案或解决方案，就已成为其课程设计中学生学习与教师教学的主线。[1]

（三）面向21世纪核心素养的评价

面向21世纪核心素养的课程与教学对学生素养的发展促进情况如何，需由教育评价进行检测和评估，并为后续开展21世纪核心素养教学提供后续反馈与建议。

第一，形成性评价。形成性评价有利于及时、全面地了解学生21世纪核心素养的发展状况。同时，一些重要的21世纪核心素养也很难用统一的纸笔测验进行评价。形成性评价从方式上包括：①建立学生成长档案。在保加利亚，自2009年以来，在小学和中学教育阶段，每年年底班主任都会完善学生的个人资料，这些全面的个人档案是学校毕业证书中不可分割的一部分。[2]

---

① National Research Council. （2012）. *A Framework for K－12 Science Education：Practices，Crosscutting Concepts，and Core Ideas*. Washington，DC：The National Academies Press.

② European Commission，Education，Audiovisual and Culture Executive Agency（EACEA），Eurydice.（2012）. Developing Key Competences at School in Europe：Challenges and Opportunities for Policy. Retrieved from http：//eacea. ec. europa. eu/education/eurydice/documents/thematic_ reports/145EN. pdf.

②针对特定素养开发形成性评价工具，准确了解特定素养的发展状况。

第二，统一考试或教育监测。首先，在国家或地区的统一考试中，融入对21世纪核心素养的教育监测。目前，这种国家标准化考试和集中考试，正在欧洲展开普遍的实践，如联合王国（威尔士）和捷克共和国就分别在2013年和2014年引入这样的测试。其次，将对21世纪核心素养的评价融入学科考试。

第三，选用真实情景考查跨学科的问题解决能力。例如，国际学生评估项目（PISA）每三年测查一次15周岁学生的阅读、数学和科学素养，其试题要求学生综合运用自己的知识和技能，解决具体情境中的问题。

第四，行业资格证书。例如，欧洲计算机执照（ECDL）在大约一半的欧洲国家中得到了定期或不定期的使用。比利时（法国社区）提供初级和中级教育的非强制性信息交流素养（ICT）的证书。而德国、立陶宛、罗马尼亚和英国也提供ICT技能证书。[①]

四　21世纪核心素养教育的支持体系

21世纪核心素养的培养是一个漫长和艰难的过程，需要各方面的支持和协助。

（一）政府政策支持

借助政策来推进21世纪核心素养培养是各经济体的普遍做法和基本经验。

第一，将21世纪核心素养培养融入国家课程方案，全面推进21世纪核心素养的培养。例如，法国在2005年将"知识和能力的共同基础"概念引入法国宪法，用以说明所有义务教育阶段的学生在学业完成时所应该知道和掌握的知识和能力。2013年7月，有关学校定位和章程的新法律出台，新一版的共同基础被重新定义为"知识、能力和文化的共同基础"。

第二，依据特定的需求，针对某一项或几项素养培养制定政策来推进，或

---

① The Education, Audiovisual and Culture Executive Agency. (2011). Key Data on Learning and Innovation through ICT at School in Europe 2011. Retrieved from http://eacea.ec.europa.eu/education/eurydice.

者强化素养框架中的某些方面。例如，欧盟国家在政府协调下，针对特定核心素养培养开展了较大规模的行动计划，这些计划大多是针对母语和科学的。几乎所有的欧洲国家都制定了与数字素养有关的国家战略。[1]

（二）加强自主权

第一，加强地方、学校和教师的自主权，使其根据自身特点和需求，从多个方面推进、支持 21 世纪核心素养培养的教育实践。2014 年，以色列教育部专门邀请了来自 6 个不同地区的研究者共同开展一项关于学校自治（学校自主管理）和 21 世纪核心素养课程改革的比较研究。他们对 7 种不同教育体制中关于学校自治的发展历程进行了梳理，总结了学校自治的实践经验，指出学校自治与课程改革相互关联，学校自治可以被看作 21 世纪学校课程改革的重要条件。[2]

第二，研究机构或民间组织对 21 世纪核心素养培养提出自己的学术观点，并促进一系列的思考和改革。例如国际儿童储蓄基金会（Aflatoun-Child Savings International）通过财商教育（social and financial education）培养青少年进行财务管理的意识和能力。该课程目前已在 109 个国家实施，在全球建立 181 个合作伙伴，每年有超过 390 万儿童参与。[3]

（三）利用社会资源

第一，从社会生产、社区生活中为学生提供真实学习机会（Authentic Learning Opportunities）。例如，在中国北京启动了青少年科技后备人才计划，

---

① European Commission, Education, Audiovisual and Culture Executive Agency (EACEA), Eurydice. (2012). Developing Key Competences at School in Europe: Challenges and Opportunities for Policy. Eurydice Report. Luxembourg: Publications Office of the European Union. Retrieved Sep. 28, 2015, from http://eacea. ec. europa. eu/education/eurydice/documents/thematic_ reports/145EN. pdf.

② Ministry of Education, Israel Chief Scientist Office. (2014). International Study on School Autonomy, Curriculum Reform, and 21st Century Skills. 2015 – 9 – 28, http://meyda. education. gov. il/files/Scientist/ISSALsynthesisphase1. pdf.

③ Aflatoun International. Results to Date. 2016 – 3 – 1, http://www. aflatoun. org/story/story – selected/results – to – date.

在全市遴选一批高一学生，走进大学和研究机构的实验室，在科学家的指导下，结合一些实际问题，开展研究和探索。

第二，与职业教育相结合成为实施 21 世纪核心素养教育的一种重要方式。英国在实施 21 世纪核心素养（21st Century Skills）教育时十分注重寻求行业雇主对于教育的支持和意见。目前，英国正在逐渐创立雇主主导的职业资格体系，为不具备或具备些许技能的成年人提供更多提升就业能力的项目，帮助所有年轻人提升雇主所需的技能、态度和品质。①

（四）加强教师培养

教师是 21 世纪核心素养能否在课程、教学与评价中得到真正落实的关键影响因素，许多国际组织与经济体针对基于 21 世纪核心素养的教师专业化发展进行了设计与实践尝试。

第一，组织指向 21 世纪核心素养的教师研修，促进教师了解 21 世纪核心素养的内涵，掌握教授 21 世纪核心素养的方法和手段。例如，印度科学院成立的科学教育委员会为教师组织了一系列全国性活动，包括组织教师参加科学院学术研究夏令营、教师研修课程、讲座和讨论会，以及邀请教师参加科学院年中学术会议等。

第二，为教师提供课程资源以及具有可操作性的工具支持，帮助教师更好地将教育理念转化为教学实践。例如，在韩国，仁川广域市、京畿道教育厅等地方都在积极开发以"未来核心素养"为关键词的各类课程与学习材料。

五 关于21世纪核心素养教育的政策建议

开展 21 世纪核心素养教育是全球教育改革和发展的重要趋势，基于本研究的相关成果，我们提出以下建议。

第一，坚持本土视角和全球视野相统一。各经济体在制定 21 世纪核心素

---

① Department for Education and Skills. （2003）. 21st Century Skills Realizing Our Potential-Individuals, Employers, Nation. 2015 - 9 - 28, https：//www. gov. uk/government/publications/21st - century - skills - realising - our - potential - individuals - employers - nation.

养教育政策时，既要洞察本国或本地区社会、经济和科技发展带给教育的挑战和新要求，研判本土教育的经验和不足；也要全面了解各国际组织和经济体提出 21 世纪核心素养的背景，充分考虑本土目前尚未显现但未来可能出现的一些因素，以形成具有现实性和前瞻性的 21 世纪核心素养方案。

第二，建构立体完整的 21 世纪核心素养框架，以回应社会挑战、促进个体发展。尽管各国际组织和经济体提出的 21 世纪核心素养框架不尽相同，但它们都在力求回答一个问题：具有怎样素质的新人可以在 21 世纪取得职业成功、获得个人幸福？这就要求，21 世纪核心素养框架的设计，要基于未来公民的完整形象。不仅要关注能够帮助个体在社会上成功生活的素养，也要关注能够推动个体内心世界完善的素养；确定的各素养之间，应存在紧密的关联；在引进新素养的同时，不断丰富传统素养的内涵，以适应时代的需要。

第三，将 21 世纪核心素养纳入课程政策，实现 21 世纪核心素养与课程、教学与评价的深度融合。将 21 世纪核心素养渗透在国家或地区的整体课程方案中，建立横向链接、纵向贯通的课程实施方案，使各学科、各学段课程都能够支持和促进学生 21 世纪核心素养发展。改进教育教学，发展有利于 21 世纪核心素养培养的学与教方式，如以学生为核心，面向真实情境，开展跨学科主题活动等。发展多种评价，特别是形成性评价和发展性评价，以考查和促进学生 21 世纪核心素养的发展。

第四，建立从教育系统内到教育系统外全方位的 21 世纪核心素养教育支撑体系。21 世纪核心素养从教育目标转化为教育实践，离不开政府、教育部门、社会组织、企业和公众的支持和帮助。社会组织和企业作为未来的雇主，有必要参与 21 世纪核心素养框架和评估标准的设计，同时为培养 21 世纪核心素养开放资源；政府和教育部门作为培养 21 世纪核心素养最为关键的力量，需要从政策、资金和师资上给予保障，特别是要加大对教师的培养和支持力度，为教师提供丰富的课程教学资源，引导和推动教师转变教育观念、改进教学方法。

B.3
多元语境下的基础教育学制改革

杨明全　龚鹏飞*

摘　要：　学制是学校教育制度的简称，是现代学校教育发展的产物。
近些年来，随着我国教育改革的推进，学制改革的议题不断
被提出。1951 年学制已经不适合于当前我国社会现代化建设
和教育发展的现状，制定和颁布新的学制成为理论界对学制
改革的共识。以建立终身教育体制为前瞻的学制改革，需要
厘清学制发展沿革的历史脉络，借鉴国外学制改革的基本经
验，更需要立足国情的多样化实验。

关键词：　基础教育　学制改革　633 学制　国际视野

学制是学校教育制度的简称，是现代学校教育发展的产物，涵盖了各级各
类学校的系统并规定了各级各类学校的性质、任务、入学条件、学习年限以及
它们之间的纵向和横向关系。在基础教育阶段，基于不同的年限划分就出现了
不同的学制。随着我国教育改革的推进，学制改革成为人们关注的重要议题，
有关学制改革的讨论呈现多元的话语格局。

一　问题的提出

学制是基础教育的基本制度，随着社会的发展而发生改革和变化。在新中
国的前 30 年，学制改革十分活跃，出现过多样化的探索。近些年来，由于严

---

* 杨明全，教育学博士，北京师范大学国际与比较教育研究院副教授；龚鹏飞，北京师范大学
国际与比较教育研究院硕士研究生。

重的应试教育、学生的课业负担过重等问题，以及培养创新性人才的需要，学制改革的议题不断被提出。90 年代初，著名科学家钱学森提出"大成智慧教育"的设想，希望缩短学制，充分发掘青少年的学习潜力，培养具有高度智慧和创新能力的人。其学制规划是 4~12 岁的初级教育实行 8 年—贯制，12~17 岁完成高中加大学的学习，最后 1 年"实习"，学成一个行业的专家，写出毕业论文。①近年来，我国基础教育改革的重心是课程改革，但是，学制改革的问题仍不时被提出。2011 年，顾明远撰文指出，1951 年制定的学制已经不适合现实的要求，亟须重新研究制定新的学制，体现终身教育的理念。② 国内知名人口学者梁建章主张改革现行学制，提议加速中学教育并缩短为中学 4 年，通过提前两年工作的方法，增添职业生活"黄金时间"，为中国的创新和创业注入新的活力。③

2016 年"两会"期间，全国政协委员莫言在分组讨论时就学制改革发言，认为目前从学前教育到研究生教育时间太长，基础教育占比太大。建议大大缩短，中小学学制从 12 年改成 10 年，并取消小升初和中考。让学生坐上直通车在连读制的学习环境中健康成长。④ 该意见引发了教育界甚至全社会的大讨论。2016 年 3 月和 7 月，21 世纪教育研究院两度就学制改革问题召开研讨会，专家学者交流了不同看法，也形成了一些共识。

学制改革是一件大的事情，它涉及数以亿计的学生的学校生活和整个国家的基础教育质量，需要充分讨论、科学决策。需要厘清学制的概念和发展沿革的历史脉络，并借鉴国外学制改革的基本经验。

二　基础教育学制改革的国际比较视角

（一）各国学制的总体概况

目前，世界各国的基础教育学制从学段划分来看主要有两大阵营：以美国

---

① 钱学敏：《钱学森大成智慧教育的设想》，《光明日报》2008 年 10 月 16 日。
② 顾明远：《学校制度亟待研究改革》，《教育学报》2011 年第 3 期。
③ 梁建章：《中学教育应该加速、缩短》，人文经济学会微信公号：HES2012，2016 年 6 月 12 日。
④ 莫言：《建议中小学学制从 12 年改成 10 年》，《法制晚报》2016 年 3 月 4 日。

的"633"为基础的学制，可称为"美国模式"；以英国对关键阶段（Key Stages）的划分为基础的学制，可称为"英国模式"。

美国模式的小学 6 年、初中 3 年、高中 3 年"633 学制"并非主流，还存在多种其他学制，如"543 学制"、"534 学制"等。其他国家的情况也类似，如法国采用的主要是"543 学制"，韩国和日本采用的主要是"633 学制"，澳大利亚采用的主要是"642 学制"，等等。

与美国模式不同，英国中小学教育按照"关键阶段"的概念分为五个关键阶段：①关键阶段 1（KS1）是初等教育阶段，学生为 5~7 岁儿童（即一、二年级）；②关键阶段 2（KS2）也是初等教育阶段，学生为 7~11 岁（即三、四、五、六年级）；③关键阶段 3（KS3）是中等教育阶段，学生为 11~14 岁（即七、八、九年级）；④关键阶段 4（KS4）也是中等教育阶段，学生为 14~16 岁（即十、十一年级）；⑤关键阶段 5（KS5）属于大学预科，针对 16~18 岁的学生，相当于十二、十三年级。受英国学制的影响，世界上也有不少国家在此基础上确定了自己的学制，如新加坡的中小学共计 13 年，其中小学 6 年，中学为 4~5 年，初级学院（相当于高中）2~3 年。印度的学制则为"八二二学制"，即小学 8 年、初中 2 年、高中 2 年。

从中小学授业年限来看，世界各国的基础教育学制也不相同。联合国教科文组织在 1989 年举办的第 41 届国际教育会议上，发布了对 199 个国家进行学制调查的报告，其结果如表 1 所示。

表 1　第 41 届国际教育会议国家学制调查

单位：个

教育年限	总计 国家数（百分比）	发达国家 数目（百分比）	发展中国家 数目（百分比）
10 年	10(5.0%)	3(7.5%)	7(4.4%)
11 年	28(14.1%)	4(10.0%)	24(15.1%)
12 年	107(53.8%)	21(52.5%)	86(54.1%)
13 年	47(23.6%)	10(25.0%)	37(23.3%)
14 年	7(3.5%)	2(5.0%)	5(3.1%)
国家总数	199	40	159

注：王维娅《基础教育的理论与实践》，山东教育出版社，1999。

从这一调查结果可以看出，世界各国采用 12 年或 13 年的国家占 77.4%，超过总数的 3/4；而采用 10 年制的比例为 5.0%，属于小概率事件。可见，将中小学学制缩短为 10 年的观点，并不能得到国际教育经验的支持。

（二）美国学制的嬗变

美国曾经是英国的殖民地，在很长一段时间内其学制追随英国，实行双轨制。随着内战的结束以及工业革命的完成，美国对于劳动力的素质要求日益提高，因此就有了"公立学校运动"，学制从双轨制走向了单轨制。当时的公立学校系统形成了"84 学制"和"66 学制"。"84 学制"指的是 8 年小学和 4 年中学；"66 学制"则是指学生完成 6 年的小学学习，在综合中学继续学习 6 年。这两种学制仅仅在分段上不同，教学的课程以及形式都是相同的。小学阶段实行包班制，一个教师负责一个班的所有科目教学。中学则实行分科授课。

"84 学制"的问题主要是小学时间过长，许多学生很难完成 8 年的学业，小学的留级率很高，而对于"66 学制"来说，中学时间太长又导致中学积压了许多中学生，出现了拥挤不堪的状况。在这种情况下，美国教育家艾略特（Charles W. Eliot）提出缩短小学教育年限的建议，后经专家论证和实验的检验，1905 年美国大部分地区确定了"633 学制"，在小学就开始数学、科学以及外国语的教学。"633 学制"的确立，确保了许多学生可以接触到自然科学知识，为美国在"一战"以及"二战"时期的发展奠定了基础。

20 世纪 60 年代，美国兴起了"中等学校"运动。由于 10～14 岁青少年的心理发展与小学和中学的学生都有很大的不同，因此设立了照顾这一年龄段学生的学校。中等学校的类型分为两年的学校以及三年的学校，因此原有的"633 学制"就分化为"624"或者"534"。加上之前的"633 学制"、"84 学制"、"66 学制"，美国的学制体系变得十分复杂。

美国中小学校多种学制共存的格局有利也有弊：一方面可以因地制宜地按照当地的实际情况来调整学制；但从另一方面来看，这样高度自治的教育行政也导致各州的教育质量参差不齐、发展不平衡，成为长期困扰美国教育界的一个问题。

（三）日本学制及改革

第二次世界大战之后，日本受美国影响采用"633 学制"，这一学制成为日本中小学的基本学制。不过，随着时代的变化，少子化、老龄化给日本社会带来了沉重的压力。这种新的情况迫使日本教育界重新思考其学制问题。

日本的学校和美国相似，小学采取包班制授课，初中改为分科教学授课，学生从小学升到初中会有强烈的不适应感。同时日本学业竞争压力大，被称为"考试地狱"。初中学习压力偏大，多以听课学习和定期考试为主，强调学生对于知识技能的掌握，加之存在校园霸凌等问题，以及少子化和老龄化问题，使得社会改变"633 学制"的呼吁日趋高涨。

2014 年 7 月，日本"教育再生实行会议"向首相提出创建"初小一贯制"的学制。"初小一贯制"分为两类，一类是"63 学制"，另一类是"432 学制"。根据统计，大约 72% 的学校采用的是"63 学制"，而采用"432 学制"的学校约有 26%，剩下的不到 3% 的学生采用其他学制。

东京都品川区自 2006 年开始率先开始了"初小一贯制"的探索。在辖区内的中小学实行"432 学制"的一贯制教育。根据儿童的身心发展特点，一至四年级作为基础夯实阶段，五至七年级作为能力发展阶段，八至九年级作为自主性培养阶段，各个阶段分别独立制定教学计划和课程，并从五年级开始改成科任制，促使小学生逐渐习惯中学的思维方式，强化两者之间的衔接。一至四年级的科目主要以基础为主。例如数学课主要以"数的运算"、"量的测定"等有关的基础概念为主。五年级开始学习"负数"等抽象概念。英语课则分为三大段，对应"432"的每一段，分别是"亲近英语"、"掌握英语"、"活用英语"。①

日本的"初小一贯制"实行时间比较短，取得了一定成绩，也有一定的问题。配合特别开发设计的课程，许多学生的学业有所进步。由于"初小一贯制"要求教师都具备小学与初中的教学能力，这会促使教师在一个相对长的时间点去考量教学目标和能力培养，对于儿童的长远发展大有裨益。目前，

① 孙晋露：《日本中小学新学制改革探究——以"初小一贯制"教育的制度化为中心》，《比较教育研究》2015 年第 12 期。

只有60%的教师可以达到双授课的要求。"初小一贯制"存在的问题，首先是教育公平问题。一贯制下的初小强强联合导致更多孩子很难进入优质初中。人们争相进入名校，从而导致一般学校的生源质量和口碑越来越差，两者之间的差距越来越大。其次，初小一贯制下，虽然学生学习的渐进程度较之前有所提升，但很多学校在实践中出现了教学内容提早化，这对于学生来说不是一件好事情。最后，长期处于一个熟悉的环境，人际关系固化，校园霸凌事件的发生频率反而更高。

三　我国基础教育学制沿革和改革的现状

我国现代学制的确立始于清末的探索，"癸卯学制"为近代第一个正式施行的学制。1912年中华民国南京临时政府颁布"壬子癸丑学制"，规定：儿童从6岁入学到23岁、24岁大学毕业，整个学程分为三段四级。它最大的特点是缩短了学制年限，初等小学校、高等小学校、中学校相较晚清的癸卯学制各缩短一年。将原先长达25～26年的学制缩短为17～18年。

五四运动之后，1922年参照美国"633学制"建立的新学制，史称"壬戌学制"。该学制突出了中等教育的作用，将中等教育的年限从4年变成6年，且中学分为初、高中两个等级，在中学实行选科制和分科制。基础教育的年限缩短为12年。这一学制沿用至今。

新中国成立以来，国家对学制进行了多次实验与改革。1950年，教育部在北京市实验小学"五年一贯制"的学制改革。1951年，中央政府政务院公布《关于改革学制的决定》，决定小学实行五年一贯制，取消初、高级之分，不再四二分段。初级中学的入学年龄为12岁，修学年限3年。这一改革在很大程度上是照搬苏联的学制。但是改革并不彻底，此后小学恢复了六年制。

自1958年开展"教育革命"到"文化大革命"之前，各地开展了小学五年一贯制、中学五年一贯制，中小学五年、九年、十年一贯制，以及中小学九二制、中学四二制等多种实验。1961年，开展中小学十年一贯制这种学制改革试验。

"文化大革命"结束以后，肃清了极"左"思潮，重新恢复了"633学制"。但许多地区仍继续保持小学五年、初中四年的"54学制"。随着"普九"的实施，进入 21 世纪之后，实行"54 学制"的范围逐渐缩小，多数地区以及铁路系统、石油系统等都转为实行"63 学制"。

目前，我国大部分地区实行的是"633 学制"，部分地区推行"54 学制"，上海市就是采用"54 学制"至今。2003 年，北京等城市开始实验九年一贯制，在实行九年义务教育前提下，中小学可选择"54 学制"与"63 学制"。

四　有关基础教育学制改革的建议

制定和颁布新的学制已成为理论界对学制改革的共识。1951 年学制反映的是新中国成立初期的经济社会发展状况，已经不适合当前我国社会现代化建设和教育发展的现状。新的学制应该适应时代的发展变化，并建立终身教育的体制。

（一）缩短学习年限不是学制改革的主要目标

近几十年来，从毛泽东到邓小平、钱学森等，对学制改革的主要诉求都是缩短学制，快出人才、早出人才。认为中小学十二年，加上本科和研究生，学习年限过长（达 16～20 年），完全可以缩短。中小学应试教育的现实，初三和高三基本为复习备考、应试训练的现实，加重了认为学习时间太长以致摧残学生和浪费生命的意见。

但是，世界各国中小学学制基本为十二年的现实告诉我们，实行十二年基础教育是符合孩子成长发育规律的。现代生理学和心理学的研究都表明，人的发展是一个相对缓慢的过程，学校教育需要尊重儿童内在的发展逻辑。与外部世界的迅速变化相比，并没有证据显示儿童的身心、人格、认知等内在的生长发展，即儿童成长的阶段性已经发生明显改变。需要认识的是，仅仅从知识学习的过程来看，的确可以加速，在小学用五年甚至更短的时间学完六年的课程。但是，中小学教育和儿童成长的任务不仅仅是完成学业，更重要的是人格养成、道德发展、社会合格公民的塑造等，这是很难"压缩"时间速成的。一些"天才儿童"智力和人格发展的不同步就是显例。如若学制缩短，青少年毕业时尚未成年，过早走上社会也不合适。

专家认为，学业负担、时间浪费等问题，并非是由学制长而产生，缩短学

制本身解决不了这些问题。在应试教育体制下，12 年基础教育即便缩短为 10 年、8 年，甚至 6 年，同样会有两年被用来应试复习。它凸显的是我国学制的另一个问题：12 年基础教育划分为小学、初中、高中三段，分段和选拔的环节过多，加剧了教育竞争，并导致了人才培养缺乏连续性。

（二）学制改革的关键是分段，需要多样化的实验

专家的共识，只缩短学制是窄化了教育改革的任务。学制改革更需关注的是学制如何分段、如何贯通和灵活调整人才培养体制等问题。

有学者认为，如果从理想状态而言，最好是实施"十二年一贯制"。目前比较可行的，是"九年一贯制"。它的优势之一是取消了"小升初"的台阶，为孩子节约一年的"小升初"备考时间，使孩子受到连贯的教育，得以持续发展。北京市海淀区的新建校已统一按九年一贯制的模式办学，包括同一校区和异地校区的一贯制办学。新校区都不允许再建单独的小学和初中。

学制改革不必"大一统"，应当鼓励多样化的改革探索，尝试不同的贯通和多种分段培养的体制。顾明远教授认为"54 学制"较为合理。初中如改为四年，可以适当增加一些综合技术教育课程，适应初中毕业生直接就业的要求。随着儿童青春期的提前和青春期复杂而特殊的教育使命，将六年级学生归为初中、将初中由三年变为四年是符合实际需要的。

专家认为，学制改革应当与国家的发展、与世界科技和世界教育发展的整体趋势相匹配，适应以探究性、现代性、数字化、选择性为特征的新时代的教育体系。高中多样化、课程的选择性、教育内容的现代化等等，都是世界潮流。国外学制改革的特点之一是增加高中阶段的年限，如美国的高中为 4 年，有的国家是实行高中后两年大学预科的制度。因为学生真正独立思考，开始形成世界观和对各种问题独立的价值判断，是在初三和高中时期，学制应该给予有力的支撑。有学者建议，高中四年可以采取"3＋1"的形式，"＋1"可以有很多灵活方式，增强教育的丰富性和选择性，如香港高中的第 4 年为大学预科。也可以高中仍为 3 年，但采取"21 分段"，最后一年可分流到继续就读、职业教育、出国留学等渠道，山西省有的高中在开展这一尝试。北京市新批的示范性高中的学科实验班实行"624 学制"，小学仍为 6 年，初中、高中实行二四分段。这样，学生不用参加中考，减少了中考备考竞争的环节，初中、高

中课程和评价体系都可以贯通。

据介绍，很多国家实施多重学制而非单一学制。如美国是"543"、"633"、"444"并存，其中占主流的是"444学制"，应用于90%以上的高中。学制以州为基本单位加以统一。因此，可以考虑我国能否允许不同省份采用不同的学制。因为在难以判断哪种方式更好的情况下，开展多种实验、有比较和鉴别是比较合理的，同时构建各种学制设计的立交桥。

由于基本学制的改变牵涉面很大，涉及校舍、师资、课程、教材、管理体制等，因而，促进学制的多样化和弹性化，实行学分制和灵活、弹性学制，允许学有余力的学生跳级和提前毕业，也是改革的重要内容。

（三）学制改革要面向终身教育时代

学制改革的另一个焦点是回应教育分流和处理普通教育与职业教育的关系。根据《国家中长期教育改革和发展规划纲要（2010～2020年）》的"职业教育和普通教育相互沟通"要求，学制改革需要与职业教育体系有效结合，并最终建立终身教育体系。

当前，在高中阶段生源减少的背景下，职业教育缺乏吸引力，出现学生上普通高中困难的问题。是否需要调整普通高中和职高各占50%的"普职比"，是一个问题。学制改革所关注的，是究竟什么时候分流比较合适。世界教育发展的趋势是普通教育与职业教育的分流逐渐后移。由于国内区域经济社会发展很不均衡，学制安排应该具备多样性和灵活性。在多数地区，初中后分流仍然是合适的；但在东部经济发达地区，与产业和技术的升级换代相适应，基础劳动力升级为高中毕业生可能是一个趋势。

职业教育的学习年限、招生录取制度也需要做相应调整，适度增加弹性。学前专业、小学教师专业等部分专业可以打通中等职业教育与高等职业教育，例如，目前湖南、江西等地实行的"3＋2"、"3＋3"培养模式，采取高中3年与高职2年（或3年）贯通培养，最后获得大专或本科学历，深受学生和用人单位欢迎。此外，职业高中的年限不一定限于3年，也应有一定的弹性。

面向未来的发展趋势，学制改革要为形成终身教育体制留足空间。例如可以将社会上的培训机构、老年大学等各种施教机构纳入学制中来，将人生过程

中各个阶段的教育机构都融入学制。这样，未来的学制将不是一个封闭的系统，而是包容社会上各种学习形式的开放系统。

（四）学制改革需要科学决策

我国基础教育学制需要与时俱进地加以改进，学制改革需要立足国情、借鉴国外经验、遵循儿童青少年发展规律，认真研究、科学决策。

因此，在学制改革上不能"一刀切"，而是要因地制宜，鼓励各地根据自身发展情况和文化教育水平实行不同的学制。经过实验，协调好不同学制的评价标准，学分、课程转换等问题。农村地区的学制改革更需要仔细与慎重。缩短小学学习阶段的前提是要有良好的学前教育。目前，农村学前教育面临的问题还很多。因此，学制改革需要听取多方意见，慎重决策，在各地实验的基础上加以推进，以减少改革的成本。

B.4
《民办教育促进法》修订及其影响前瞻

吴华 章露红*

摘　要：　修订后的《民办教育促进法》明确了分类管理的基本政策框架
与改革路径，中国民办教育发展的政策环境由此发生了重大改
变。新《民促法》在加强民办学校中党的组织建设、确立分类
管理的法律框架、优化民办学校治理结构、完善民办学校教师
养老保障制度、明确存量民办学校转设的基本办法等方面做出
重要修订；在明晰身份属性、明确产权制度、放宽营利性民办
学校准入和放松价格规制等方面实现了重大的制度变革。在分
类管理的法律框架下，民办教育行业格局的调整不可避免，地
方政策创新大有可为，举办者需要审慎决策，但回归育人本质、
坚守内涵发展才是民办学校应对外部环境变化的永恒良方。

关键词：　《民办教育促进法》　民办学校　收费办法　补偿方案

2016 年 11 月 7 日，第十二届全国人民代表大会常务委员会第二十四次会议
审议通过了《关于修改〈中华人民共和国民办教育促进法〉的决定》。《民办教
育促进法》（以下简称《民促法》）的修订是中国民办教育发展历程中的一个新
的里程碑，标志着中国民办教育发展的政策和法律环境产生了重大改变，将会对
行业格局、资本市场、民办学校的举办者和校长、教师和学生以及管理部门产生
重大而深远的影响。

---

* 吴华，浙江大学民办教育研究中心主任，教授，博士生导师，主要研究方向为教育政策和民
办教育；章露红，浙江大学教育学博士，浙江师范大学讲师，主要研究方向为教育政策和民
办教育。

一 修订的背景和主要内容

（一）修订的基本背景

自改革开放至今，我国民办教育已发展成为社会主义教育事业的重要组成部分。截至 2015 年，全国共有民办学校 16.3 万所，占全国学校总数的 31.8%；民办学校在校生数达到 4570.4 万人，占全国在校生总数的 17.6%。民办幼儿园、民办小学、民办初中、民办高中、民办中职和民办高校在校生人数分别占全国同类学校在校生总数的 54.0%、7.3%、11.6%、10.8%、11.0% 和 18.7%。民办教育的发展，在增加教育供给、改善教育公平、提高教育效率、激发教育活力，推动教育教学改革、人才培养模式创新、办学体制机制创新等方面都发挥了重要的价值和意义。在民办教育规模和质量都稳步上升的同时，以促进民办教育发展为主要政策目标，以"分类管理"为基本特征的《民促法》修法进程拉开序幕。全面理解《民促法》修订的背景，可以从以下三个层面加以分析。

1. 若干民办教育制度性问题需国家法律予以调整

从民办教育政策法规的宏观发展脉络来看，自《国家中长期教育改革和发展规划纲要（2010～2020）》颁布后，国家层面释放了诸多积极的政策信号。比如该纲要对民办教育的地位给予"教育事业发展的重要增长点和推进教育改革的重要力量"的全新认定；十八届三中全会明确提出健全"政府补贴、政府购买服务、助学贷款、基金奖励、捐资激励"等五项制度，鼓励社会力量兴办教育。这些积极的宏观政策增强了各级政府发展民办教育的信心，为各地民办教育改革和发展明晰了方向路径，但同时民办学校法人属性模糊、产权归属不明、合理回报制度虚置、会计制度混乱、税收优惠不能落实、民办学校及其利益相关群体的同等法律地位不能落实等关系到民办学校生存和发展的制度性问题长期存在。这些制度性问题长期得不到解决，既有教育部门与其他部门之间的法律冲突，也有教育部门内部的法律冲突；既与教育行政部门和举办者未能依法行政和依法办学有关，也与传统社会观念对民办教育的误解有关；但主要还是源于我国民办教育法律制度的不够完善，因此迫切需要完善民办教育法律体系，解决民办教育发展在若干重大政策上"无法可依"的问题。

2. "合理回报"和分类管理的争议由来已久

分类管理是国家发展民办教育思路的重大调整，也是本次修法的核心内容。业界关于民办学校分类管理的争议由来已久。在2002年《民促法》立法过程中，就有是否对民办学校实行分类管理的观点争锋，直至《民促法》"一锤定音"，选择了"合理回报"制度。在2009年《国家中长期教育改革和发展规划纲要(2010~2020)》(以下简称《规划纲要》)制定过程中两种观点再次交锋，最后《规划纲要》做出"积极探索营利性和非营利性民办学校分类管理和开展分类管理试点"的折中选择。对是否全面实行分类管理，学界曾有两种不同的声音。第一种声音认为"分类管理"在国际上有实践基础，这一举措是破解我国当前民办教育改革发展制度性问题以及落实民办教育分类扶持政策、激励社会捐资办学的现实需要，应及时全面推进实施。第二种声音认为"分类管理"在中国尚缺乏理论准备和实践基础，全面推进实施既不符合"规划纲要"的本意，同时也与中国投资办学为主的国情不相适应，可能导致现有民办学校大量退出，营利性民办学校发展环境恶化，迫使绝大多数举办者选择非营利，从而失去分类管理的意义，所以应在积极探索和试点基础上，分批稳妥地推进。[1][2]

"合理回报"制度被认为是旧《民促法》的一大亮点，但这项有着重大突破的制度安排在实施过程中，由于政策环境不支持、政府职能部门抵触、社会观念冲突以及操作程序烦琐等因素，在实践中并没有得到有效实施。一方面，政府相关职能部门不承认要求取得合理回报的民办学校仍然属于非营利组织的法律身份，法律规定的税收优惠政策一直不能落实，导致民办学校与税务部门关系紧张；另一方面，"合理回报"规定的模糊性和弹性空间过大，又在一定程度上使民办学校举办者获取回报的合理性始终受到质疑。因此，基于"合理回报"制度的政策尴尬，《民促法》修订草案做出"删除合理回报"的重大调整。

对于是否取消合理回报业界也有过不同的观点。主张取消者认为：合理回报是否具有营利性界定不清，导致许多优惠政策和管理措施无法出台，实际上

---

① 王文源：《民办教育顶层制度设计之争》，《高教发展与评估》2014年第4期。

② 吴华：《重新认识民办学校"分类管理"的理由》，《教育经济评论》2016年第2期。

阻碍了社会资本进入教育领域的积极性；取消合理回报，实行分类管理既是国际通行做法，也是对出资人选择权和合法权益的保障，取消后可代之以税收优惠和公共财政资助来扶持和促进民办学校发展；在现有民办学校中，选择"要求合理回报"的学校极少，因此取消合理回报对现有民办学校影响小。维护者认为：允许举办者获取合理回报的本意是国家对民办学校举办者的奖励性措施，与允许其通过办学营利是两回事，合理回报和非营利性不矛盾；合理回报演变成"一纸空谈"，不是制度本身不行，而是各有关部门没有完全贯彻落实《民促法》及其实施条例，缺乏相应的配套政策；教育投资具有周期长的特点，合理回报的突然取消会让民办学校出资人掉入"利益归零"的陷阱。[①]

3. 地方分类管理改革试点同期进行

继《规划纲要》提出"探索营利性和非营利性民办学校分类管理"后，民办教育综合改革和分类管理专项改革被列为国家教育体制改革试点工作的重要内容。上海、浙江、深圳和吉林华侨外国语学院承担分类管理改革试点；浙江省承担民办教育综合改革试点，并进一步明确宁波、温州和湖州的安吉、德清两县为试点区域。就目前来看，这些试点地区只有温州在分类管理制度框架和政策实践方面取得了实质性的进展。与各个试点地区进度不一相映衬的是，多个非试点地区也在"违法创新"——积极探索分类管理。目前，陕西、湖北、福建、山东潍坊、青岛、济南、苏州和贵阳等省市都在国家统一部署的"分类管理"试点之外出台了基于"温州方案"的分类管理政策文件，形成了若干探索分类管理改革的区域集群。从政策内容看，探索分类管理改革的各地基本上构建了营利性和非营利性民办学校差异化的政策体系，主要体现在以下三个方面：第一，明确了两类学校的分类登记办法；第二，在产权制度、会计制度、收费机制、财政扶持、税收优惠、用地和信贷支持等方面出台了不同的配套政策；第三，给予非营利性民办学校更多公共财政资助和师资力量扶持，在教师社保、税收、土地和信贷方面享有更多政策优惠是各地分类管理改革的基本政策导向。[②]

---

① 王文源：《民办教育顶层制度设计之争》，《高教发展与评估》2014 年第 4 期。

② 章露红：《中国地方民办教育制度创新研究》，浙江大学博士学位论文，2016。

遗憾的是，国家尊重地方探索的美好意图和顶层设计之间没有实现很好的互动，在分类标准等关键问题上新法并没有采纳地方试点的经验。以温州为代表的"试点方案"在分类标准问题上与"国家方案"存在重大分歧，最为突出的表现在于如何认定非营利性民办学校的产权归属，以及是否在办学期间给予非营利性民办学校举办者一定的年度办学奖励。据目前各地的分类管理政策设计及实践情况来看，大部分地区都建立起了基于举办者产权激励的政策体系：在办学期间给予举办者累计出资额的银行贷款基准利率一定倍率的奖励；终止办学依法清偿后的剩余资产，举办者以出资额为限获得补偿，或返还累计出资额后视结余情况给予举办者一定奖励。① 就"国家方案"可能导致的举办者两难选择与超预期退出、制度转型风险等政策风险问题，笔者曾对此作过详细论述。② 在新法背景下，这些分类管理改革试点地区将面临更大的制度转型和衔接风险。

（二）修订的主要内容

比较新旧《民促法》的法律框架，可以对本次《民促法》修订的主要内容作如下七个方面的概括：①加强民办学校中党的组织建设（修正案第 9 条）。②删除了有关"合理回报"、"经营性民办培训机构管理办法"等条款（旧《民促法》第 51 条和第 66 条）。③确立了民办学校分类管理的法律框架。在两类民办学校的分类标准、登记办法、剩余资产的处置办法、市场准入、收费管制、财政扶持、税收优惠和用地政策等方面制定了差异化的政策体系（修正案第 19、第 38、第 46、第 47、第 51、第 59 条）。④优化民办学校治理结构，要求民办学校建立相应的监督机制；明确举办者依据章程参与管理的权利；建立民办学校信息公示和信用档案制度（修正案第 20、第 41 条）。⑤完善民办学校教师养老保障制度。鼓励民办学校按照国家规定为教职工办理补充养老保险（修正案第 31 条）。⑥重申和细化了一些政府和学校违法的罚则

---

① 比如《中共温州市委 温州市人民政府 关于深入实施国家民办教育综合改革试点 加快教育改革与发展的若干意见》（温委〔2013〕63 号）第 20、第 22 条，《浙江省人民政府关于促进民办教育健康发展的意见》（浙政发〔2015〕47 号）第 6 条。

② 吴华、章露红：《对民办学校分类管理"国家方案"的政策风险分析》，《中国高教研究》2015 年第 11 期。

（修正案第62、第63、第64条）。⑦明确存量民办学校转设的基本原则，具体的补偿和奖励方案授权地方制定（修正案附则）。

基于上述分析，对本次修法的核心，同时也是举办者最为关切的两类民办学校的差异化政策作如下对照。

表1　分类管理法律框架下营利性和非营利性民办学校相关政策对照

政策主题＼学校类型	营利性	非营利性
法人登记	企业法人	民办非企业单位或事业单位法人
办学结余分配	按《公司法》处理	举办者不得取得办学收益
剩余资产分配	按《公司法》处理	继续用于非营利性学校办学
收费管制	市场调节，自主决定	省级人民政府制定收费办法
税收优惠	国家规定的税收优惠	与公办学校同等税收优惠
用地政策	按国家规定供给	可以划拨供地
政府扶持措施	购买服务、助学贷款、奖学金、出租、转让闲置的国有资产等	除前列外，还可采取政府补贴、基金奖励、捐资激励等措施
存量民办学校转设的基本原则	2016年11月7日前设立的民办学校进行财务清算，依法明确财产权属，缴纳相关税费；具体办法由省、自治区、直辖市制定。	2016年11月7日前设立的民办学校终止办学时，经本人申请，综合考虑出资和取得合理回报的情况，给予相应补偿或者奖励；具体办法由省、自治区、直辖市制定。

二　修法的重要演变与新法的重大突破

（一）三次审议稿的重要演变

《民促法》的修订，从启动修法到完成修法，历时近五年。以下为一些关键性的时间节点和具体事件。

在《民促法》的修订历程中，三次公开的审议稿在某些关键问题上发生着重大的演变，也一度引起社会广泛的讨论，值得我们关注。

表2　《民办教育促进法》修法历程一览

时间	具体事件
2010 年 7 月	《国家中长期教育改革和发展规划纲要（2010～2020 年）》明确提出"积极探索营利性和非营利性民办学校分类管理"
2012 年 9 月	国务院法制办发文就教育部起草的《教育法律一揽子修订建议》征求有关方面意见
2013 年 9 月 5 日	国务院法制办公布《教育法律一揽子修订草案（征求意见稿）》，公开征求意见
2015 年 1 月 7 日	国务院第七十七次常务会议讨论通过《教育法律一揽子修正案（草案）》，明确对民办学校实行分类管理，允许兴办营利性民办学校，并决定提请全国人大常委会审议
2015 年 8 月 24 日	第十二届全国人大常委会第十六次会议上，《教育法律一揽子修正案（草案）》首次列入全国人大常委会会议议程，正式进入立法程序
2015 年 12 月 27 日	第十二届全国人民代表大会常务委员会第十八次会议对《教育法律一揽子修正案（草案）》进行二次审议，通过《教育法》和《高等教育法》修订，但《民办教育促进法》修正案暂缓表决
2016 年 1 月	全国人大常委会法制工作委员会公开对《民办教育促进法》修正案草案二次审议稿征求意见
2016 年 4 月 18 日	中央全面深化改革领导小组第二十三次会议审议通过了《关于加强民办学校党的建设工作的意见（试行）》、《民办学校分类登记实施细则》、《营利性民办学校监督管理实施细则》
2016 年 11 月 7 日	第十二届全国人大常委会第二十四次会议审议，以 124 票赞成、7 票反对、24 票弃权，表决通过关于修改《民办教育促进法》的决定。修订后的《民办教育促进法》自 2017 年 9 月 1 日起施行

1. 属性界定由"法人"到"学校"

在一审稿中，对两类民办学校的法人类型和登记办法做了如下规定：民办学校可以自主选择登记为非营利性或者营利性法人，并按照登记为非营利性或者营利性法人享受相应优惠政策。在当前我国《民法总则（草案）》尚未通过，实施中的《民法通则》在法人类型上只有"机关、事业、社会团体和企业"四类法人的情况下，不适宜直接提出营利性和非营利"法人"。因此，据有关学者建议，二审和三审稿中的相关表述变成了"民办学校的举办者可以自主选择设立非营利性或者营利性民办学校"。①

---

① 吴华：《对〈民办教育促进法〉修订案中一个法律概念的纠正》（给全国人大法律委员会的修法建议）。

2. 分类标准和差异化扶持政策由模糊到清晰

对两类学校的分类标准及其享受的政策优惠，一审稿的表述是非常模糊和不充分的，既没有在两类学校的办学结余分配、剩余资产分配等产权制度上做出说明，也没有明确两类学校在收费、税收、用地和财政扶持等方面的差异化配套政策。二审稿和三审稿尽管在法人登记、营利性民办学校的税收优惠等方面仍未予以明确，但已经基本确立了两类学校的分类管理框架，对两类学校的分类标准和各自享受的扶持政策提出清晰的要求，利于两类民办学校法律地位和合法权益的保障和落实。

3. 营利性民办学校的准入由全口径到限制性

对于义务教育阶段是否允许设立营利性民办学校，学界一直存在较大分歧。在2016年6月1日实施的新《教育法》修正案中，只规定"以财政性经费、捐赠资产举办或者参与举办的学校及其他教育机构不得设立为营利性组织"（第二十六条第四款），并没有对义务教育设置禁止性规定。在二审稿中也没有对义务教育阶段设立营利性学校的禁止性规定，可见一直到二审稿公布，全面放开营利性民办学校设立许可是修法中的主流意识。但三审稿中出现了"不得设立实施义务教育的营利性民办学校"的内容，对此，支持者有之，反对者有之，一时引发轩然大波。

4. 过渡期从设立到淡化，合理补偿从明确到模糊

关于"过渡期"，二审稿设置了三年过渡期，三审稿则淡化了过渡期。据教育部有关负责人的答记者问：不置统一的过渡期，有利于各地政府与教育主管部门依法从实际出发解决相关问题，依照"一校一策"的政策稳妥处理分类管理改革的相关事宜。修改决定自2017年9月1日起施行，不是要求现有民办学校在此之前就进行选择，而是要为各地制定具体办法留出较为充分的时间，保证改革平稳有序推进。也有学者认为，不设过渡期是给地方政府留出创新的空间，可以根据实际情况选择准备期的长短，无须在3年之内完成变更。① 但需引起我们注意的是，到2017年9月1日，旧法废除，新《民促法》开始实施，所有的民办学校都要受到新法的规制，所以看似没有过渡期，实际上还是存在时间期限的，这对地方政府出台分类管理配套政策和具体的补偿和

---

① 王烽：《任何新政都需要时间去检验》，《人民政协报（教育在线周刊）》2016年11月9日。

奖励方案提出了严峻的考验。

关于"合理补偿",二审稿规定,在过渡期内做出调整的学校,无论是选择营利性还是非营利性,经申请,举办者都可以从学校财务清算后的结余或者剩余财产中获得一次性合理补偿。三审稿一方面模糊了合理补偿对象和原则。作为国家尊重历史和国情,肯定现有民办学校社会贡献、处理存量民办学校产权复杂情况的一种策略,补偿和奖励按照法律不溯及既往和平等的原则,对于营利性和非营利民办学校不应该有所区别。但新法只明确选择非营利性民办学校可以在终止办学时获得补偿或奖励,对选择营利性民办学校则规定"依法明确财产权属",对是否可以获得合理补偿不置可否,对不作"营 – 非"选择而终止办学的民办学校,是否可以获得合理补偿也没有提及。另一方面模糊了非营利性民办学校终止办学获得补偿和奖励的时间,民办学校既可以修改章程继续办学,也可以立即启动终止程序。

（二）新法的重大突破

相较于旧《民促法》的法律框架,从吸引民间资金进入教育领域、促进民办教育健康发展的战略高度来审视《民促法》的修订,新《民促法》至少在以下四个方面实现了重大的制度变革。

1. 明确民办学校的身份属性

在旧《民促法》框架内,身份属性问题一度被认为是困扰民办教育发展的首要障碍和源头问题。其表现主要有两个方面:一是,民办学校被统一要求在民政部门登记为民办非企业单位,而"民非"的法律地位未能和上位法对接,导致民办学校在各种政策待遇上遭遇"非驴非马"的身份尴尬。二是,旧《民促法》对民办学校其实也是分类的,且有两种基本的分法,即将民办学校分为"非营利性民办学校"和"经营性培训机构"两类,以及"要求合理回报"和"不要求合理回报"两类进行管理,但由于政策环境不支持等种种因素,两类学校普遍存在以非营利之名行营利之实、以不要求合理回报之身份获取回报的问题。新法明确了营利性和非营利性民办学校的分类标准和各自享有的政策待遇,让两类学校的身份从"模棱两可"走向"泾渭分明"。随着《民法总则（草案）》的审议进程,两类民办学校的法人属性将会得以明确,分类登记工作也将会同步取得进展。

2. 明晰民办学校的产权制度

产权制度是关系到民办教育长远发展的一个重大而现实的问题。在旧《民促法》框架内，民办学校的产权归属是模糊的，其表现主要有二：一是民办学校存续期间，法人财产权空置现象比较普遍；二是民办学校终止办学后，举办者投入的资产、办学积累和清算后的剩余资产归属不明确。产权制度不清晰，致使学校资产管理不规范，办学者积极性受挫，社会资金进入教育领域受限。新法依照分类管理的基本原则，对两类民办学校的产权主体和产权边界做出清晰界定，即修法后设立的民办学校，其产权制度安排按营利性与非营利性的分类标准设置；修法前设立的民办学校，转设时的资产处理办法由地方制定具体实施方案。

3. 放宽营利性民办学校准入

在旧《民促法》框架内，民办学校"公益性办学"的法律定位与举办者普遍"营利诉求"间的矛盾长期存在。作为非营利组织，民办学校除了服务收费外，也难以获取发展资金。一方面是因为受到《担保法》、《公司法》和《证券法》等法律的规制，无法从金融机构融资或者上市融资，另一方面民间借贷成本高且风险大。新法除对义务教育阶段做出限制外，全面放开了营利性民办学校的市场准入。这一重大的制度变革丰富了教育服务的提供方式，也扫除了民办学校利用资本市场直接融资的法律障碍。

4. 放松民办学校的价格管制

在旧《民促法》框架内，民办学校的收费项目和收费标准，学历教育阶段实行相关主管部门审批制，非学历教育阶段实行市场自主调节。综合各地民办学校的收费情况来看，物价部门在核定收费标准时往往参照公办学校的办学成本和收费标准，不能涵盖民办学校因预留发展基金、获取合理回报和特色教育服务等因素所产生的真实成本，举办者普遍感到办学资金紧张的压力。有些地方物价部门确定的收费标准十多年不变，不同办学水平的民办学校执行相同的收费标准，没有体现出"优质优价"。新法全面放开对营利性民办学校的价格规制，对非营利民办学校的收费实行政府指导价，为民办学校充分利用市场竞争机制提供"质价相符"的教育服务扫除了法律障碍。根据已有的一些政策实践来看，目前不少地区已经全面放开对民办学校的收费限制，允许民办学校依据自身办学水平合理自主定价，比如江西、山东、云南、宿迁等省市。① 天津、江苏、福建、山东、湖北、湖南、广西、贵州、宁夏、陕西等省份也已相继放开了民办高校的收费管制。②

三　影响与发展前瞻

（一）行业格局调整不可避免

任何一次重大的法律制度变革，都意味着新的机遇与挑战。在同样的分类管理法律框架下，地方民办教育的发展环境、现有民办学校的发展模式和办学基础、举办者的发展预期等因素都将影响整个民办教育行业格局的调整。对新法背景下不同类型和不同学段的民办学校发展走向很难作一个准确的判断，因为任何一种指向未来的判断都具有不确定性，需要时间和实践去检验。但依照新法的相关条款，结合目前中国民办教育的发展形势，仍然可以得出如下基本判断。

第一，从发展受抑制程度来看，综合考虑法律规制、办学成本和政策风险等因素，不同类型的民办学校会有所差异。比如，学历教育相较于非学历教育、义务教育相较于非义务教育、营利性相较于非营利性、重资产相较于轻资产、高收费相较于非高收费、大规模相较于小规模，前一类民办学校会受到较大程度的抑制。其中，普遍存在营利诉求、以流动人口子女为主的义务教育阶段的低收费民办学校将会受到怎样的影响，需要特别关注。

第二，从行业集聚和发展重点来看，不同学段的民办学校在发展走向上也会有所差异。学前教育整体行业集中度低、利润空间稳定，在规模上还有增长空间，且行业兼并重组没有法律和文化障碍，所以新法对学前教育的影响以正面为主，县级及以上城市有可能出现更多有品牌影响力的学前教育集团，成为产业资本和风险资本优选关注的对象。义务教育段的民办学校在民办教育中整体竞争力最强，虽然在规模上自然增长空间较小，但有产品创新空间，可以通

---

① 《关于放开民办教育收费有关事项的通知》（赣发改收费字〔2015〕221号），《中共宿迁市委 宿迁市人民政府关于进一步深化民办教育改革与发展的意见》（宿发〔2015〕8号）第4条，《山东省深化价格改革实施方案》（鲁政办发〔2014〕40号）等。
② 《全国多个省市已放开民办高校收费》，光明网，2016年4月2日。

过学校的内涵发展、成本控制和品牌建设使举办者间接获取经济利益。高中阶段民办学校与公办学校相比，整体缺乏竞争优势，在分类管理的政策框架下，前景不容乐观。但如果政府开放中职的民营化试点，在行业衰退以前仍然可以关注。民办高等教育与公办高校相比，市场竞争力不强，但因为机制灵活，专业创新活力旺盛，是资本市场潜在的并购对象，但在教育管理体制改革取得实质性突破以前，无论民办普通高校还是独立学院，都存有较大不确定性，投资决策需要谨慎。非学历培训机构行业集中度低，公司化和市场化程度高，所以新法对非学历教育培训整体是利好，有可能通过兼并重组快速提高产业（行业）集中度，在一些新兴领域也存在巨大的创新增长空间。

（二）地方政策创新大有可为

旧《民促法》实施以来，综合各地的民办教育政策和实践，可以发现两个基本的民办教育事实：一是，与国家民办教育法治进程总体迟缓相比，在如何发展民办教育问题上，地方政府表现出了更为积极的态度和更为显著的制度创新活力。在《民促法》及其"实施条例"颁布以来，全国已经有 28 个省份通过地方立法或出台地方性民办教育政策，在明晰法人属性、厘清产权归属、实施回报奖励制度、探索分类管理、公共财政资助、政策性优惠支持、教师队伍建设、扩大办学自主权、规范财务管理和深化办学体制改革等方面积极探索。二是，区域民办教育发展的非均衡性与当地经济文化因素有关，但主要源于各地民办教育发展政策环境的差异性。地方制度创新主导的差异化政策环境直接影响当地民办教育发展的规模和水平。这在具体的民办教育实践中也不乏案例支撑。① 因此，在分类管理法律框架下实现地方民办教育发展模式的顺利转型和可持续发展，关键在于地方政府重塑国家鼓励和发展民办教育的信心之外，能够落实新法中明确的各项扶持政策，营造积极宽松的民办教育发展政策环境，吸引更多民间资金进入民办教育领域。

地方民办教育政策创新有两条基本路径：一是在国家民办教育法律体系的盲点、模糊点或政策冲突处进行"首创"；二是国家原则性规定赋予地方加以细化和操作化的政策创新空间。据此，根据新法的相关条款和国家整体的民办

---

① 章露红：《中国地方民办教育制度创新研究》，浙江大学博士学位论文，2016 年 1 月 7 日。

教育政策走向，地方政府至少在以下三个层面可以有大量的政策创新空间：第一，法律明确授权地方制定的民办教育政策层面。具体而言，一是制定非营利性民办学校的收费办法。就已有的政策实践来看，各地对非营利性民办学校的价格规制主要有三种基本模式：成本加成、最高限价和自主定价。从民办学校的市场属性和国家在价格管制方面的市场取向改革方向来理解，优选方案是自主定价。二是制定存量民办学校转设的补偿和奖励办法。对此，补偿的对象和原则、补偿的核算依据、获得补偿的期限以及确权后如何变现等问题都是地方政府应予以考虑的关键问题。第二，与国家 2017 年 1 月 18 日颁布的修法配套文件（俗称"1 + 2"）做好地方政策衔接，加快地方分类管理配套政策的出台，在分类登记、差异化扶持政策、创新投融资体制、探索多元主体合作办学、营利性民办学校的监管和普遍的信息公示制度等方面制定具体的实施细则。第三，因地制宜，积极寻求地方民办教育政策的新突破。比如，分类管理改革的试点地区应当调整扶持政策，保持先发优势，继续领跑地方民办教育发展；义务教育段民办学校占比较高，且多为流动人口子女学校的地区，要特别关注分类管理的政策风险控制问题。除考虑地方民办教育发展模式的差异之外，也需要关注一些影响民办教育长远发展的共同话题，比如进一步深化办学体制改革，丰富民办教育组织形态；进一步落实和扩大办学自主权，构建以保障办学自主权为核心的现代学校制度，激发民办学校的办学活力；等等。

（三）学校内涵发展应当坚守

对举办者而言，无论是选择营利性还是非营利性，在选择前后都有大量的事务需要分析与处理。一要读懂国家相关法律法规，吃透地方民办教育扶持政策。二要统一思想，尽早将选择决定告诉全体教职员工，明确教师利益保障原则，稳定教师队伍。三要依照所选学校类型的法律特征修改章程，规范和完善监督机制，设置必要条款保障举办者的合法权益和规范举办者对学校活动的干预程序与边界条件。选择营利性民办学校的，必须对转设成本和今后的办学成本有大致准确的估计，还要对社会是否能够接受营利性学历教育进行风险评估和制定风险管理方案。四要对学校的出资额（含学校续存期间追加投资额）、财政拨款、社会捐赠和办学积累等各类资产做到心中有底，尽早启动清产核资，等到终止办学时再进行清产核资可能今后申请补偿和奖励时就缺乏必要的资产证明。五要理性地迎接资本市场的挑战，既充分用好民办教育融资渠道，又慎重进入资本市场，做好风险防控、守住底线，确保师生利益。

然而，回归到育人本质，无论外部政策环境怎么变化，无论是选择营利性还是非营利性，在我国民办教育由规模扩张进入到全面质量提升的阶段，民办学校只有坚守内涵发展之路，办出品牌和特色，才能"以不变应万变"，在重大的制度变革中生存下来，并抓住创新发展的历史机遇。

B.5
迈向教育法治现代化：2016年
教育法制进程回顾

周详　刘植萌*

摘　要： 随着依法治国方略的实施，教育法制的完善将随着我国依法行政进程的加快持续推动我国教育事业深化改革。《教育法》、《高等教育法》、《民办教育促进法》三部教育领域基础法律的修订，是我国教育法律体系建设的里程碑，为全面推进教育治理体系和治理能力的现代化以及教育现代化发展提供了坚实的法律保障，将教育立法推向了一个新的阶段。这是我国第一次采用"一揽子"的特殊机制进行修法活动，对现行法律不适应社会发展的部分进行集中调整，在我国立法史上是一种创新。2016 年是教育法治发展历史上的重要分水岭，标志我国教育立法技术与法治观念迈上了一个新的台阶。

关键词： 教育法　高等教育法　民办教育促进法　教育法治

党的十八届四中全会审议通过了《中共中央关于全面推进依法治国若干重大问题的决定》，提出全面推进依法治国的重大任务。实现教育法治，是全面推进依法治国的必然要求，也是实现教育现代化的根本保证。教育现代化是近百年来我国教育事业奋斗的目标与追求，是现代教育发展的集中反映。教育

---

* 周详，教育学博士，中国人民大学教育学院讲师，全国高校信息资料研究会秘书长，主要研究方向为教育法学、教育法律与政策、现代学校制度、美国教育史。刘植萌，中国人民大学教育学院硕士，麦可思数据有限公司咨询师，曾任中国人民大学教师发展中心研究专员，主要研究方向为教育法学、教育法律与政策、院校研究、高校评估。

现代化的特征主要有：多样性、法治性、科学性、国际性、开放性、信息化、理性化和全时空性。① 可见，教育法治现代化是教育现代化的有机组成部分和核心内容。通过完善教育法制建设、实现教育法治，最终解决好人民最关心、最现实的利益问题，是教育现代化的实现途径之一，这同时需要"法治"与"德治"的协调与统一。

改革开放近 40 年来，我国教育法制建设取得了巨大的成就，依法治教工作逐渐步入正轨，服务型政府初具规模。以 1980 年《中华人民共和国学位条例》颁布为开端，经过 30 余年的教育法制建设，一个以宪法教育条款为核心，《教育法》为母法，涵括教育法律、教育法规、教育规章、地方性教育法规以及各级各类教育规范性文件的中国特色社会主义教育法制体系初步形成。到目前为止，我国已经制定 8 部教育法律、16 部教育类行政法规、70 多部教育部门规章以及大量的地方法规、地方政府规章，教育法律体系初具规模，成为各级政府教育法治和各级司法机关法律适用的基础。

进入 21 世纪以来，我国教育事业在规模、质量、管理水平等方面取得了长足进步。在宏观经济发展进入新常态之后，教育现代化建设过程中涌现出了各种新情况、新问题，人民群众对优质教育的需求日益增长、全球教育发展带来的竞争压力和教育服务流动等，对教育法制建设提出了新的要求，现行教育法制体系存在修订的迫切现实需求。《国家中长期教育改革和发展规划纲要（2010～2020 年）》（以下简称《规划纲要》）明确提出："修订教育法、职业教育法、高等教育法、学位条例、教师法、民办教育促进法，制定有关考试、学校、终身学习、学前教育、家庭教育等法律。"随后，教育部全面总结和分析教育改革发展中出现的新情况、新问题，深入调研、广泛征求意见，形成了《教育法律一揽子修正案（草案）》报国务院审批、进入立法程序。这是我国第一次采用"一揽子"的特殊机制进行修法活动，对现行法律不适应社会发展的部分进行集中调整，这在我国立法史上是一种创新。

2016 年 1 月，教育部发布了《依法治教实施纲要（2016～2020 年）》，以社会主义法治思维和法治方式推进教育综合改革，加快构建政府依法行政、学校依法办学、教师依法执教、社会依法参与教育治理的教育发展新格局，明确

---

① 顾明远：《试论教育现代化的基本特征》，《教育研究》2012 年第 9 期。

了立法保障教育优先发展的战略，为教育发展保驾护航。

2016 年是我国教育法制发展的重要一年。《中华人民共和国高等教育法》、《中华人民共和国教育法》两部教育法律的修正案于 2016 年 6 月 1 日开始实施，标志着我国教育法律一揽子修法取得了实质性进展；2016 年 11 月 7 日，第十二届全国人民代表大会常务委员会第二十四次会议最终通过修改《中华人民共和国民办教育促进法》的决定，标志着我国民办教育分类管理的法律框架基本完善，民办教育立法取得了突破性进展。

这三部教育领域基础法律的修订，是我国教育法律体系建设的里程碑，为全面推进教育领域的治理体系和治理能力现代化以及教育现代化发展提供了坚实的法律保障，将教育立法推向了一个新的阶段。

一 新修教育法——为教育改革保驾护航

《教育法》是我国教育工作中的根本大法，是依法治教的根本指南，在教育法制体系中居于"母法"的地位，自 1995 年公布实施以来经过两次修订。《教育法》第一次修订于 2009 年，清理了明显不适用和不适应社会主义市场经济发展的条款。2015 年第二次修订的主要目的在于总结改革开放以来教育发展经验，贯彻和落实党的十八大以来对教育方针、教育基本任务等的新规定和《规划纲要》要求，根据外部环境以及相关法律法规的变化对教育法相关条款进行调整。

本次《教育法》修订共修改了 15 条，增加了 3 条，主要集中在完善教育方针和根本任务、优化教育结构体系、促进教育公平等六大方面，是对我国教育历史发展经验的集中总结。

（一）完善教育方针和教育根本任务

人的全面发展是马克思主义关于教育的根本观点，也是社会主义教育方针的根本要求，本次修法分别增加了"为人民服务"、"与社会实践相结合"、"美育"，使教育方针进一步完善。"为人民服务"既强调了社会主义的教育方向，确保我国教育的社会主义性质，又融合了以人为本的发展理念。"与社会实践相结合"是回应社会发展对应用型人才和创新性人才培养的要求，符合

国家工业强国的发展战略，在法治层面上为教育改革确立了基本方向。将"美育"法律化体现了我国人才培养标准的进一步丰富。

新增第六条第一款，尤其提到的"立德树人"、"社会主义核心价值观"，都是根据十八届三中、五中全会精神而进行的立法调整，明确了教育的根本任务，突出社会主义核心价值观在教育实施过程中的重要地位。同时，从"法制"走向"法治"显示了我国教育法的重要理念变化，标志着从动态的法律制度建设走向了法律体系完善，相应地，人才培养目标也需要进行调整，义务教育阶段"道德与法治"课程的调整也是配合法律的更新而进行的更新。

（二）优化教育结构体系

本部分的修改着重调整了终身教育定位，完善了学前教育立法框架，弥补了前法的不足，优化了教育法制体系的结构。

终身教育是自20世纪60年代末兴起的教育思潮，对于构建学习型社会、建设人力资源强国、实现经济社会发展转型具有深远而独特的意义。本次修法明确区分了"现代国民教育体系"和"终身教育体系"，将"成人教育制度"改为"继续教育制度"，术语显得更加规范化，教育结构也得以更加优化。尤其提出了不同学习成果的互认与衔接，为我国教育多轨制的发展消除了障碍，为教育体系的完善提供了保障。

学前教育是本次修法的一大亮点，修订后的教育法将学前教育纳入公共服务体系，有利于进一步明确责任主体，依法保障学前教育健康有序发展，也为更好地提供学前教育服务扩展了法律空间。新法明确提出设立国家标准、发展任务和政府责任，强调建立覆盖城乡的学前教育公共服务体系，对于推进城乡发展一体化、拉小城乡差距提供了法律保障，是义务教育衔接和均衡发展的有效支撑。国外研究的结果和实践经验已经证明，学前教育的投资回报率最高，在国家反贫困战略实施、国民素质提升中的作用越来越明显。① 目前，我国学前教育发展存在诸多问题，民办机构承担着重要的角色，办学水平不一，区域

---

① 〔美〕纽曼：《学前教育改革与国家反贫困战略：美国的经验》，李敏谊、霍力岩译，教育科学出版社，2011。

分布不均，修法对于推进学前教育快速、健康、有序发展，以及办学规范化具有重要而深远的意义。

（三）促进教育公平

教育公平是社会公平的基础，是教育现代化的题中应有之义，是衡量一个国家教育发展水平的关键指标。本次修法将保障教育公平、推动教育均衡发展明确为国家的教育责任，为从法律上推进教育公平走出了实质性的一步。随着科学技术的发展，信息化为加快优质教育资源的共享与流动、促进均衡发展、缩小差距提供了便利条件。本次修法突出了信息技术在促进教育公平和提升教育质量方面所起的作用，顺应了时代的潮流，明确了教育领域中信息技术优先发展的战略，通过立法对其进行扶持和促进。

本次修法规定以少数民族学生为主的学校及其他教育机构，从"实际出发"实施双语教育，既保护我国多民族国家语言文化多样性，又保障民族团结与和谐发展，将"实事求是"的基本原则融入民族教育，尊重少数民族经济文化特征，防止"一刀切"，维护中华文化的多元特质，进一步明确国家在民族教育投入中的责任。

（四）教育国际交流与合作

在全球化的大背景下，我国教育国际化的步伐不断加快，尤其是加入WTO之后，教育服务的跨境流动成为常态，有关教育的国际交流合作逐渐增多。本次修法规定"国家鼓励开展教育对外交流与合作，支持学校及其他教育机构引进优质教育资源，依法开展中外合作办学，发展国际教育服务，培养国际化人才"就是对教育国际化潮流的回应。对于优质教育资源引进、中外合作办学、国际教育服务等活动从法律上予以保障，这将有效提升我国教育的国际交往能力，为教育国际化发展和"一带一路"的繁荣提供良好的环境。

（五）改革民办教育管理制度

民办教育是我国教育体系的重要组成部分，但其"营利性"问题一直是争论的焦点，2015年教育一揽子修法中暂缓表决《民促法》修订说明了民办

教育管理中的突出矛盾和立法的谨慎。本次修订教育法，删除了民办教育"不得营利"的限制性条款，为营利与非营利相结合的分类管理新格局奠定了法律基础，也为民办学校合法收益权利提供了法律依据。通过"合法"的方式，堵住了公共资源参与营利性办学的"后门"。① 通过修法，有效明确了民办教育的发展空间，有利于民间资本的有序分流、教育的多元化供给以及稳定发展，也为教育领域供给侧改革提供了必要的法律依据。

（六）明确教育违法行为的法律责任

随着教育在经济、社会发展中的重要性日益凸显和提升，各种教育违法现象有增加的趋势，尤其在招生和考试中的违法犯罪行为比较突出，容易破坏教育公平。本次修法明确了考试作弊行为、组织，帮助作弊行为及责任部门、机构的相应法律责任和处罚措施；明确了非法招生行为的法律责任和处罚措施，从保障教育安全、维护教育公平的角度出发，将法律责任进一步明确，是我国教育立法技术的一大进步。

2015 年 8 月《刑法修正案（九）》通过，将组织作弊行为入刑，标志着国家对组织作弊等考试违法行为的管控力度升级，本次修法是对刑法修正案相关条款的调整和完善，达到了法律之间的有效衔接与统一，消除传统部门立法容易产生的矛盾，维护了法律的权威性。

二 新修高等教育法——推进高校治理现代化

高校治理能力的现代化是高等教育现代化的基础。"良法是实现善治的前提。"② 完善的高校治理体系，以法治思维引领高教改革，特别是优化我国以公立教育为主的高等教育体系，协调政府与民间资源，鼓励更多主体参与高教发展的意愿，"依法治教"的意义尤为突出。当前，高等教育高速发展带来的是高校面临内外部双重压力，依法治教驱动的外部治理和依法治校驱动的内部

① 孙霄兵：《13 处修订背后的教改新期待——教育部政策法规司司长孙霄兵解读新修订教育法》，《中国教育报》2016 年 6 月 1 日。
② 湛中乐：《大学治理的重要保障——兼评〈中华人民共和国高等教育法〉的修改与完善》，《中国高教研究》2016 年第 6 期。

治理共同构成我国高等教育领域治理体系改革的双重保障和动力。本次修法有着很强的现实针对性和导向性，直接指向高等教育发展面临的瓶颈问题。

本次高等教育法的修改主要集中在高等教育方针与任务、高校管理体制、高校内部组织、高校治理评估、高等教育投入机制等5个方面进行了完善，在法律制度上有一定的突破，为高等教育领域综合改革的实施创设了良好的制度环境，实质性推进了高等教育治理的现代化进程。

（一）高等教育方针与根本任务

同教育法的修订内容一样，将教育规划纲要和党的十八大以来关于教育方针、教育任务的新要求纳入，在第四条中加入了"为人民服务"、与社会实践相结合、美育；在第五条中加入了社会责任感。这是特殊法制定的基本原则，有效维护了上位法与下位法、一般法与特殊法的统一协调，避免了法律冲突。

这些内容的加入，一方面完善了国家对于"培养什么人"的战略要求，另一方面也回应了现实性的需求，更加重视内涵发展，在高等教育为社会建设服务的同时树立了对人的关怀和尊重，是国家推崇以人为本的治国理念和教育促进人的全面发展的教育理念的一种深度体现。

增进学生对传统文化、国家民族的认同与自信，培养创新人才和领导型人才成为我国高等教育改革要解决的关键问题。加入"与社会实践相结合""社会责任感"，从教育目标、实现路径上为我国高等教育领域综合改革指明方向，提供了法律保障。

（二）高等教育投入机制

本次修法在高等教育投入机制上有了制度性的重要突破，这也是本次修法的主要亮点。配合分类管理的宏观布局，本次修法删除了高等学校不得以营利为目的的条款，完善了学校法人的结构，放开了对营利性高等学校设立的限制，有效衔接了《教育法》以及《民办教育促进法》，为高等教育多元化的有序发展提供支撑，为吸引更多的民间投资参与高等教育扫清了障碍。

在第六十条的修订中，改变了财政性经费为主、其他筹款渠道为辅的经费投入机制，调整为以举办者投入为主、受教育者合理分担培养成本、高等学校

多种渠道筹措经费的机制，高等学校的举办者、受教育者、高校成为办学经费的投入主体。成本分担机制的变化将导致价格管制也逐步放开，有助于引入市场，对高等教育的健康发展进行调节。

高等教育的发展需要多样化、持续、丰富的经费支持，这条的修订，为社会资源进入高等教育领域提供了法律保障，在明确政府经费投入责任的同时，扩展了投入来源，有利于进一步优化高等教育的良性发展格局，调动高校自身筹款的积极性，助推高等教育发展与经济、社会的融合。

（三）高等教育管理体制

十八届五中全会提出，"进一步转变政府职能，持续推进简政放权、放管结合、优化服务，提高政府效能，激发市场活力和社会创造力"，明确了转变管理思维的重要性以及方法。高等教育管理体制的改革是建立服务型政府的重要组成部分，通过依法确权、科学配权、改革限权，实现权责一体、履职到位、服务优质，从而活跃社会资源参与高等教育发展，激活高等教育各方主体的能动性。

本次修法在高等教育管理体制改革上打破了高校设立审批权集中的现状，将审批权一分为二，本科及以上层次的高校审批经由国务院教育行政部门，专科层次的高校审批权下放到省一级人民政府，进一步加强了高等教育服务于区域经济发展的要求，为地方因地制宜发展高等教育，自主平衡区域高等教育资源，提供了法律保障。此次将部分高校设立审批权下放到省级政府，既利于高等教育资源在省域内的灵活配置，充分调动地方发展高等教育的积极性和主动性；又使得中央教育行政部门通过质量评估等更好地发挥全国范围内宏观调控的作用，确保高等教育发展的规模与质量的平衡，为"完善以省级政府为主管理高等教育的体制"提供法律依据。

"谁审批、谁监管"是行政法治的一般原则，撤销违法审批的有权机关应当为原审批机关，当其不作为时，应由其上级领导机关纠正和督促，这一行为宜规范为其"义务"而非"职权"，无须立法的专门规定，[1] 因此本次修法也

---

[1] 湛中乐：《大学治理的重要保障——兼评〈中华人民共和国高等教育法〉的修改与完善》，《中国高教研究》2016 年第 6 期。

删除了第二十九条第一款中"对不符合规定条件审批设立的高等学校和其他高等教育机构，国务院教育行政部门有权予以撤销"，这是我国教育立法技术伴随行政法治化发展提升的重要表现，我国部门法之间的衔接日益协调。

（四）高校内部组织

现代大学是一个多元化的学术生态系统，人才培养、科学研究、社会服务都是以学术研究为基点的，自由而有序的学术治理是衡量高校治理水平的一个重要指标。2014年教育部制定并公布实施了《高等学校学术委员会规程》，为学术委员会积极地发挥作用提供了法规依据。

近年来，论文抄袭等学术不端行为频出，与学术纠纷相关的司法案件也逐渐引起社会各界的关注，影响了我国高校学术界的声誉和学术生态平衡。学术不端的纠纷处理具有专业性，需要依靠学术治理组织的专业性提升以及制度化加以保障。本次修法对学术委员会的职责进一步明确并予以扩展，明确列举了处理学术纠纷和学术不端的职责，为学术委员会依法履行职责提供了更高法律位阶的法律依据。此次修法明确学术委员会在学术纠纷、学术不端行为的调查、认定或处理职责，朝着"依法保障学术权力"的治理状态迈进了一步，也是通过行政法规、部门规章、大学章程的不同位阶规范文件完善学术委员会制度的重要步骤，完善了我国"学术委员会"制度，为大学自治提供了法律保障。

（五）高等教育质量评估

教育"管、办、评"分离，是教育治理现代化的重要特征，也是教育改革的方向。2015年，《教育部关于深入推进教育管办评分离促进政府职能转变的若干意见》发布，建立第三方机构评价机制迈出重要一步，有利于全面提升教育评价的权威性和公信力。[①]

此次修法删除了由教育行政部门组织评估和监督的规定，进行以下修改，完善了评估体系，确定了：（1）组织专家或由第三方进行教育评估；（2）学校建立办学水平、教育质量评价制度；（3）建立信息公开制度，接受社会监

---

① 中国教育报评论员：《管办评分离激发教育新活力》，《中国教育报》2015年5月9日。

督；（4）高等教育机构审批设立的评议，"聘请"改为"委托"。

高等教育评估具有客观性、中立性、公开性、多元化等特点，是对高等学校教学、科研、学科建设、人才培养等工作进行评价和鉴定，具有鉴定、自省、参谋、批判、中介等功能。① 建立科学的教育评估体系，是《教育规划纲要》的目标之一，是教育综合改革的关键部分，对于完善高等教育治理体系、提升高等教育质量具有重要意义。我国目前专业评估机构严重不足，独立性差，或者受制于政府，或者由于资金来源问题而难保中立。②通过立法鼓励第三方机构客观中立地开展评估工作，形成了内外部评估相结合的监督机制，为第三方评估机构的设立和开展活动确立了法律保障，提升了评估的有效性、科学性，将推动我国教育评估体系的完善。

三 新修民办教育促进法——为民办教育松绑

《民办教育促进法》首次颁布至今已经 15 年，这 15 年间，教育发生翻天覆地的变化，民办教育在我国教育发展改革过程中扮演着不可或缺的角色。本次修改《民办教育促进法》，主要是贯彻落实党中央有关实行民办学校分类管理改革的精神以及中央教育改革战略部署的重要举措，为平稳有序推进民办学校分类管理改革提供法律依据，进一步促进民办教育事业健康发展，与我国政府机构改革的目标、步骤相一致。

（一）坚持社会主义办学方向

本次《民办教育促进法》的修订对于全面促进教育事业发展、深化教育领域综合改革、构建公办民办教育共同发展的办学格局，加快发展教育现代化，满足人民群众日益增长的多样化教育需求和经济社会发展需要，具有重要而深远的意义。进一步完善民办学校中党组织功能的发挥，有利于在现行法律框架下保障民办教育的健康发展，并服务和保障教育的公益性。

---

① 别敦荣：《论高等教育评估的功能》，《高等教育研究》2002 年第 6 期。
② 王敬波：《大学治理的法治与自治之维——写在〈中华人民共和国高等教育法〉修改之际》，《中国高教研究》2016 年第 6 期。

（二）明确分类管理、强调依法治校

我国一直坚持教育的公益性，本次法律的修订是根据国内经济的发展，对教育与市场关系进行的一次重新架构。首先通过承认营利性学校的法律地位，确立了我国营利与非营利的二元法律结构，同时依据国际惯例，确立了办学收益以及办学结余的归属问题，解决了民办教育促进法通过以来"合理回报"的争论，也明确了利益的分配主要参考公司法等相关法律进行管理。在民办学校设立程序上，确认了"先取证，后登记"的原则，进一步明确了民办学校设立的流程和部门责任。由于分类管理，登记机关的多元化，取证前置程序的设立，有利于部门之间的协调，提高管理的效率，明确政府分工与责任，杜绝了部门之间相互推诿的现象，保障了依法行政的实现，有利于各方主体积极参加教育事件。

为了进一步完善民办学校的内部治理结构，明确要求以学校章程为基础，完善机构设置，优化管理流程，切实实现依法治校，有利于规范民办教育的发展，协调好各方利益，推动学校的稳定运行和长远发展。

（三）放开价格管制、强调政府支持

"公益性"是民办教育发展过程中的一个重要议题，我国传统的法律规制是通过价格和利润分配来进行管制，这样的方式有其自身的缺陷，不利于教育多样化需求的满足。分类管理之后，民办教育多元化特征更加明显，为了实现教育供给的多元化，积极鼓励民间资本以多样化的方式进入教育领域，价格管制的放开成为必要，是引入市场机制的前提。

本次修法明确了"非营利"学校收费由政府制定，而"营利性"学校依据市场调节，自主确定，在法律上为民办学校的多样化发展提供了基础，也规定了费用的使用范围。同时，明确了"购买服务、助学贷款、奖助学金、出租出让限制国有资产"等方式对民办教育支持的合法性，对非营利学校政府亦可以采用其他的方式进行额外支持，丰富了政府经费支持的方式，规范了国有资金的使用。这些政府主导的支持方式完善了立体、分层的民办教育支持系统，有利于民办教育生态的形成，也进一步明确了政府与民办教育发展之间的关系，以及政府对民办教育发展有着不可推卸的责任。

此外，本次修订明确提升了民办学校教师待遇问题，强调"民办学校收取的费用应当主要用于教育教学活动、改善办学条件和保障教职工待遇"，将教职工待遇保障上升为民办学校的法律责任。在税收方面，本次修订明确了分类管理的背景下，不同类型民办学校所享受到的税收优惠程度问题，进一步提升了国家税收调控的有效性和公信力。

（四）明确剩余财产的归属

民办教育公益性在法律上的保障体现在剩余财产的归属部分。本次修法，民办教育法治从"资金投入"、"运营管理"、"利益分配"、"财产清算"形成了的完整生态周期，为进一步分类管理，优化民办教育发展机制和环境提供了必要保障。一般而言，剩余财产继续用于相同类型的公共事业，是"公益性"的法律表现之一，在各国各地区私立教育相关管理法律法规中都有相应的条款。本次修法，通过剩余财产的清算，最终保障了民办教育财产的独立性与公益性，让中国民办教育立法在理念上与国际接轨。

（五）明确违法责任

"法律后果"是法律的基本要素之一，教育法律传统上采用的是倡导性的条款，并没有违法行为的处理上存在执法部门不明确的问题，造成了民办教育管理上的漏洞。本次修法，在擅自办学的处理、处罚上都做了更为明确的规定，同时明确了教育执法的责任部门，在第六十二条、第六十三条、第六十四条中，将旧法中的"审批机关或者其他有关部门"修改为"县级以上人民政府教育行政部门、人力资源和社会保障行政部门或者其他有关部门"、"会同同级公安、民政或者工商行政管理等有关部门"，这对建立和完善我国整体教育执法体系有着重要指导作用。

四　我国教育法治现代化的发展趋势

2016 年是"十三五"开局之年，教育法制发展进入了一个新的发展阶段，全国上下法治观念也逐渐普及，深入人心，国家层面《教育法》、《高等教育法》修正案的实施，《民办教育促进法》修正案的颁布完善了我国教育基本法律框架。以此为基础，各地方开始在简政放权、依法行政的基础上，积极探索地方性法规制定，通过充分发挥地方政府的能动性，结合地方实际推动"依法治教"的实施。例如，青岛市开始拟定《青岛市中小学校管理办法》，逐步通过地方性法律法规等规范性文件，逐步推进教育法治进程，就是我国地方政府首次尝试出台的学校管理类地方法律文件。

在经济社会发展新常态的情况下，我国的教育改革将面临诸多不确定因素。时至今日，全面深化教育综合改革，促进教育公平发展和质量提升，推动教育内涵发展已经成为教育发展的主要方向。随着依法治国方略的实施，教育法制的完善将随着我国立法技术和依法行政的进程加快，推动我国教育事业深化改革。2016年成为教育法治发展历史上的重要分水岭，标志我国教育立法技术与观念迈上了一个新的台阶，我国教育改革的持续、健康发展有了更为清晰、有力的保障。

B.6
中小学大班额问题的治理与建议

王　雄*

摘　要：　从2015年起，在教育部的推动下，各地纷纷采取措施解决大
班额问题。大班额问题久治不愈，有些地方还愈演愈烈，显
示这一问题涉及面广、成因复杂，其治理面临各种困境。江
西省弋阳县通过优先发展乡村教育、严格规范城区招生等举
措，逐步化解城区大班额问题，提供了成功经验。基于对东
中西部部分地区大班额现象的调查，本文分析了导致大班额
现象的原因，并提出化解这一问题的政策建议。

关键词：　大班额　城乡教育　一体化　治理困境

《中国教育发展报告（2011）》披露了我国中西部地区普遍存在的超大
班额现象，引起各级教育行政部门的高度重视。五年过去了，情况如何？
各级政府采取的治理举措取得了哪些成效？还存在哪些突出问题？我们利
用网络调查、访谈（包括现场访谈和电话访谈两种方式）等方式收集数据，
调查超大班额情况，了解各地已经取得的成效，分析解决这一问题所面临
的困难。

一　全国中小学大班额情况

教育部曾经发布2008年全国中小学校班额调查数据，完整展现了城市、

---

* 王雄，江苏省扬州中学历史特级教师，21世纪教育研究院副院长。

县镇和乡村中小学班额的情况，比如 66 人以上的超大班额城市占 25.5%，县镇占 42.6%，乡村占 31.9%。但此后再也没有公布相关统计数据，使得对比研究非常困难，故我们采用两种方法来弥补：第一，用教育部年度统计数据来计算各省平均班额；第二，选取有代表性的地区，实地调查或通过网络调查。

（一）全国中小学班级均额的基本情况

根据教育部 2015 年全国教育统计数据，全国小学生总数为 96921831 人，班级总数为 2569847 个，班额平均为 38 人。

1. 全国各省份小学平均班额

按照各省份小学 1~6 年级人数与班级数，可以计算出各省份各年级平均班额，见表 1。从表 1 可以发现：第一，全国总平均班额逐年减少。5、6 年级平均班额 40 人/班，4 年级 39 人/班，3 年级 38 人/班，1、2 年级 36 人/班。从各省份数据看，大多数省份符合这一个趋势。第二，全国范围内平均班额最大的是江苏、山东和湖南，都是 43 人/班。其次是重庆、四川，为 41 人/班。

表 1　2015 年全国各省份小学 1~6 年级平均人数

单位：人

省　份	1 年级	2 年级	3 年级	4 年级	5 年级	6 年级	总均
北　京	34	34	36	34	33	31	34
天　津	36	36	36	36	36	35	36
河　北	36	35	39	40	41	40	39
山　西	30	29	32	34	33	34	32
内蒙古	36	36	39	39	40	38	38
辽　宁	34	35	36	36	36	36	35
吉　林	29	28	31	32	32	33	31
黑龙江	32	31	35	36	37	37	34
上　海	37	39	39	37	37	—	38
江　苏	43	43	43	43	43	43	43
浙　江	38	38	39	40	41	41	39
安　徽	32	33	35	35	37	38	35
福　建	38	39	40	40	40	39	39

省　份	1 年级	2 年级	3 年级	4 年级	5 年级	6 年级	总均
江　西	32	33	39	41	43	46	39
山　东	42	43	43	43	45	44	43
河　南	35	34	37	40	40	42	38
湖　北	37	38	39	40	41	41	40
湖　南	38	38	43	45	46	48	43
广　东	39	38	39	40	41	41	40
广　西	32	34	36	38	39	40	37
海　南	34	34	35	38	39	38	36
重　庆	37	40	41	41	42	42	41
四　川	38	38	40	42	42	42	41
贵　州	35	34	35	38	39	40	37
云　南	33	33	34	36	38	39	35
西　藏	32	33	35	38	37	37	35
陕　西	36	35	37	37	37	38	36
甘　肃	24	23	26	27	28	29	26
青　海	31	33	38	40	41	42	37
宁　夏	33	35	38	40	42	43	38
新　疆	36	35	35	35	35	35	35
总　均	36	36	38	39	40	40	38

注：根据教育部官方网站公布的 2015 年教育统计数据，用学生年级总人数除以班级数，得到班级平均人数。上海 6 年级在校生数缺失。

2. 全国各省份初中、高中平均班额

从表 2 来看，全国初、高中班级平均人数没有出现逐年降低的趋势。各省份初中平均班额相比较，最大的是广西 57 人/班，其次是河南 56 人/班，排在第三的是湖南和云南，都是 54 人/班。有 15 个省超过每班 45 人的标准，有 2 个省超过 55 人/班。

各省份高中班级均额中，最大的是河南，达到 65 人/班。其次是广西，为 61 人/班，贵州为 60 人/班。有 27 个省份超过 45 人/班的标准，有 12 个省份超过 55 人/班。

表2　2015年全国各省份初中、高中各年级班额平均人数

单位：人

地　区	初一	初二	初三	总均	高一	高二	高三	总均
总　计	47	48	48	48	54	54	54	54
北　京	30	31	30	30	33	31	31	32
天　津	37	38	38	38	42	41	42	42
河　北	51	53	54	52	57	57	54	56
山　西	42	45	48	45	50	54	54	53
内蒙古	42	44	44	43	50	52	54	52
辽　宁	40	43	43	42	48	49	50	49
吉　林	39	42	42	41	52	54	54	53
黑龙江	40	42	43	42	52	52	53	52
上　海	35	33	32	33	35	35	33	34
江　苏	43	43	43	43	45	46	46	46
浙　江	40	40	40	40	43	44	45	44
安　徽	45	45	46	45	52	53	55	53
福　建	45	44	45	45	48	47	48	48
江　西	53	53	53	53	59	58	56	58
山　东	49	50	51	50	55	56	56	56
河　南	55	55	57	56	65	66	65	65
湖　北	47	47	47	47	56	55	54	55
湖　南	53	54	54	54	59	58	56	58
广　东	45	45	46	45	52	52	52	52
广　西	57	57	58	57	63	61	59	61
海　南	48	48	47	48	52	53	56	54
重　庆	46	48	48	47	57	58	58	57
四　川	47	47	47	47	59	58	57	58
贵　州	50	51	52	51	60	60	59	60
云　南	55	55	53	54	58	57	55	57
西　藏	48	47	47	47	52	53	53	52
陕　西	44	45	46	45	55	55	55	55
甘　肃	44	45	45	44	55	56	57	56
青　海	48	48	48	48	54	53	50	52
宁　夏	51	51	51	51	57	59	58	58
新　疆	41	42	42	42	50	47	47	48

注：根据教育部官方网站公布的2015年教育统计数据，用学生总人数除以班级数，得到班级平均数。

从平均班额看，除了高中有比较明显的超额外，基本看不出小学和初中大班额的情况，似乎基本正常。实际上，由于薄弱学校与重点学校之间的不均衡，学校规模和班额数相差很大，只看平均数是远远不够的。例如，河南省驻马店市义务教育阶段教学班共有 10376 个，平均班额 55.7 人/班，好像并不高。然而，2016 年全市共有"超大班额" 2695 个、"大班额" 3730 个。再以河南省周口市某县两所小学为例，乡村小学每个年级只有 1 个班，而城市小学每个年级却有 8 个班；乡村小学总人数 156 人，城市小学总人数 4930 人，两者相差 31 倍；乡村小学平均班额 26 人/班，城市小学平均班额 103 人/班，两者相差 3 倍。但是，如果计算这两所学校的平均班额，就只有 65 人/班，见表 3。

表3　河南省周口市某县＊＊乡村小学与＊＊城市小学班额对比

单位：个，人

年级	班级数		学校总人数		班级平均人数	
	乡村	市区	乡村	市区	乡村	市区
1 年级	1	8	35	900	35	113
2 年级	1	8	30	850	30	106
3 年级	1	8	28	780	28	98
4 年级	1	8	25	750	25	94
5 年级	1	8	23	900	23	113
6 年级	1	8	15	750	15	94
总计/班额平均	6	48	156	4930	26	103

资料来源：2016 年 9～10 月的实地调查。

（二）中东西部各省份的中小学大班额情况

从 2010 年起，各地教育事业发展公报很少公布班额情况，使得大班额的统计和研究受到很大影响，也让社会难以监督。在全国范围内，班额数据公布得比较全面的是河南和山东两省，体现了主管部门要解决这一问题的决心。根据各地教育部门已经公布的信息，我们选择中东西部若干省份和市县作为案例分析的对象。

1. 东部地区中小学大班额情况

笔者的调查显示，东部地区的上海市、江苏省、浙江省 42 所中小学总体情况良好。即使是原本超标的县级学校，人数也在 50 人以内。江浙两省县级学校有30%的班级人数在55人以内，个别学校超过60人。广东、福建两省内陆地区大班额现象较严重，沿海地区有少数大班额现象。① 河北、山东两省大班额现象比较严重。据笔者调查，河北省大班额集中在超大学校，甚至名校。有些著名高中班级人数长期超标，都在66人以上。

山东省属于东部教育发达地区，根据山东省教育厅公布的数据，潍坊市小学大班额占33.17%，初中大班额占29.21%，高中大班额占32.74%。枣庄市小学大班额占46%，初中大班额占60%，高中大班额占84%。② 山东全省小学有11.08%的班额是超大班额，大班额多达48.64%。初中有9.83%的是超大班额，大班额占45.88%。高中大班额占75.25%，可推测有3/4的学生在大班中学习。因此，山东省解决大班额的任务十分艰巨。

2. 中部地区中小学大班额情况

中部地区调查了河南、湖南、安徽等省，但是，除了河南省数据比较完整以外，其余各省份公布的大班额情况非常模糊，询问各类学校时，常常遭到拒绝。

河南省是人口大省，2016年公布义务教育阶段的超大班额有3.35万个，以66人/班计算，至少有220万学生，占义务教育阶段学生总数的15.7%。大班额7.61万个，以56人/班计算，至少有426万学生，占义务教育阶段学生总数的31.8%。总计至少有47.5%的学生在56人及以上的大班里上学。可见河南省解决大班额问题的任务也非常艰巨。在调查中发现，河南省小学最大班额为每班113人，初中最大班额为每班109人，高中最大班额为每班87人。与五年前相比，河南省大班额的情况有所好转，但成效有限。以驻马店市为例，小学超大班额1189个，以66人/班计算，共计78474人，占小学生总数的12.2%；小学大班额2003个，以56人/班计算，共计112168人，占小学生总数的17.4%；总计在大班及超大班里学习的学生人数占29.6%。河南省周口市某县某小学平均班额达到102.7人/班，某初中平均班额达到99人/班，某高中平均班额达到83.7人/班。河南省安阳市某县高中班级均额也达到了86人/班。

---

① 吴国颂：《积分入学分数提高引争议　教育部门称公办学位有限》，《羊城晚报》2016年1月14日。

② 《"十三五"枣庄将告别"大班额"》，《齐鲁晚报》2016年4月27日。

湖南省是中部地区大班额现象比较严重的地区。长沙市小学大班额占24.87%，初中大班额占39.90%。邵东县两市镇小学平均班额达到88.5人/班，初中平均班额达到84.5人/班。[①] 安徽省教育厅2016年6月公布的消除县镇大班额计划中，明确表示将在2018年之前消除4202个大班额，如果以每班56人计算，安徽全省估计有23.5万多学生在大班中上学。[②]

3. 西部地区中小学大班额情况

西部各省大班额的相关数据十分匮乏，从零散的数据和笔者的调查中，可见西部各省份大班额现象十分普遍。2016年重庆市合川区大班额（含超大班额）占32.7%。2014年甘肃省兰州市小学班额不达标率69.7%。广西来宾市兴宾区小学平均班额59人/班。云南省曲靖市某县高中平均班额61.43人/班。陕西省延安市小学平均班额61人/班。2013年贵州省铜仁市碧江区34.46%的班级属于大班额；其中初中大班额占32.48%，超大班额占42.97%，初中班额不达标率75.45%。2014年贵州省毕节市小学大班额总数为8235个，其中超大班额4548个，占大班额的55.2%。初中大班额总数为7451个，其中超大班额4572个，占61.36%。

在西部各省份中，四川省大班额数据公开相对较好。2016年4月，四川省教育厅发布了2015年教育事业发展概况，披露了初中班额情况。初中超大班额有2680个，占全省的5.13%；大班额7338个，占全省的14.04%。推测初中合计有1/5的学生在大班中学习。广西义务教育阶段的大班额占总班数的10.6%，有66.5万人；其中，小学占9.3%，共计40.3万人；初中占13.4%，共计26.2万人。据媒体报道，重庆市有大班额5074个，其教育事业公报中并没有具体说明。

综上所述，从东中西部大班额情况对比来看，东部一般省份情况较好，中西部情况依然严重，在河南以外，大多数省份将大班额数据视为机密，而笔者在调查中发现，中西部地区大班额现象普遍存在于县镇城市。本次调查还有两个发现：一是不论东中西部，大班额大多发生在超大学校内（3000人以上的学校为高发区）。二是不同学段的最大班额分布，中西部地区小学最大班额出

---

① 《湖南拟立法破解中小学"大班额"》，《潇湘晨报》2015年4月24日。
② 《2018，安徽省和"县镇超大班额"说再见》，《合肥晚报》2016年6月17日。

072

现在河南省周口市某县某学校，平均为每班 113 人。初中最大班额出现在河南省驻马店市某县某中学，平均每班 109 人。

二 大班额问题的成因与各级政府的治理举措

中小学的大班额现象由来已久。早在 20 世纪 90 年代，很多城市重点中学人数超标，不过，那时超标的学校以中学为主。随着经济的发展和城市化进程的加快，各地班额越来越大。那么，究竟有哪些因素导致大班额现象愈演愈烈呢？

（一）大班额问题的五大成因

1. 城镇化快速发展，而城市教育发展滞后

根据国家统计局发布的公报，2002 年至 2016 年，中国城镇化率平均每年上升 1.30 个百分点，城镇人口平均每年增长 2078 万人。2016 年，城镇人口比重达到 57.35%，比 2002 年上升了 18.25 个百分点，城镇人口为 79298 万人，比 2002 年增加了 29086 万人；乡村人口 58973 万人，比 2002 年减少了 19268 万人。城区人口快速增加，各地房地产及相关产业迅速发展，而新增人口子女上学问题却相对被轻视，城市没有同步建设学校。如毕节市学校规划和教育设施建设与城市扩容改造不同步，对新建、改扩建义务教育阶段学校没有预留建设用地，导致各县（区）老城区无法对现有中小学进行改扩建，新城区开发和居民小区建设中也没有同步建设中小学。①

2. 不合理的"撤点并校"政策加剧大班额现象

21 世纪以来，各地大规模推行农村地区义务教育学校布局调整，通过行政手段来推进"撤点并校"，主张集中规模办学、"学校进城"，导致出现"城挤、乡弱、村空"的局面，这是造成大班额现象的主要原因之一。如山西省《关于全省中小学校布局结构调整的意见》（2002）规定"'十五'期间农村中小学总校数减少 15% ~ 20%"；辽宁省《"十五"期间农村中小学教育结构

---

① 周道发、陈泰、李俊义：《毕节义务教育"大班额"现状及对策研究》，《乌蒙论坛》2014 年第 6 期。

布局调整工作实施方案》（2004）规定"至2003年初中减少10%，小学减少22%，教学点减少50%以上"。[①] 由于城乡教育差距不断拉大，许多农村学生不得不"进城上学"，这使得城区的超大班额、超级学校纷纷出现。

3. 教育发展不均衡和重点学校制度

城乡二元体制造成城市与农村的教育发展不均衡。同时，城区的学校分为重点学校和非重点学校，有限的教育经费更多地投入少数重点学校，由此导致的学校差距过大，强化了家长的择校动机。各地大班额现象严重的学校，往往是家长趋之若鹜的重点学校。

4. 教育投入不足，师资力量匮乏

我国教师编制一直较紧，很多农村学校都有编制外的代课教师。由于生源增加迅速、师资缺乏，西部许多农村学校实行复式教学，即教师在一间教室里教不同年级的学生。贵州、甘肃等地大班额现象难以化解的重要原因是师资缺乏。

5. 择校费和利益驱动

重点学校学位紧缺，通过收取择校费扩大班额。在调查中发现，有的县中学一年的择校费能收到2000万元，这部分预算外资金成为教育腐败的温床。虽然教育主管部门管理严格，但有些学校先斩后奏、私下扩招，一旦既成事实，主管部门害怕家长闹事，只能放任不管。

（二）各级政府的治理举措

2014年教育部、国家发改委和财政部联合发文，要在3~5年内解决大班额问题。各地出台多项政策，全国范围内消除大班额的行动开始形成热潮。

1. 解决大班额问题的工作目标

按照国务院的要求，全国要在2020年基本解决大班额问题。各地据此制定了相应的目标。在我们调查的11个省份中，山东省和安徽省决心在2017年底前，完成消除大班额的任务。山东省17个城市都将这个目标写进年度工作计划，并通过多种途径筹集资金644亿元解决大班额问题。贵州省确定到2018年底基本消除大班额现象。甘肃省则计划在2020年消除大

---

① 李涛：《撤点并校如何在执行中走样》，《中国青年报》2015年9月14日。

班额现象。各省份制定了分期目标，如广西制定了消除大班额的时间表，见表4。

表4　广西消除大班额时间表

时间	建设教学及辅助用房(平方米)	大班额率(％)
2015 年	231.29 万	8.44
2016 年	181.06 万	6.48
2017 年	154.97 万	4.64
2018 年	133.08 万	2.85
2019 年	92.88 万	1.44
2020 年	88.82 万	0

资料来源：孙妮《广西向"大班额"开刀　2020 年初中班级控制在 50 人内》，《南国早报》2015 年 5 月 15 日。

2. 消除大班额的主要举措与成效

首先，加大教育投入，保障建设用地，在城区新建改建学校。山东省投入较多，截至 2016 年 6 月 30 日，山东省各地累计完成投资 299.52 亿元，占规划总投资的 24.49％。东营、菏泽、青岛、烟台等市完成投资在 30％ 以上。全省新建学校开工 539 所，改扩建学校开工 941 所，占 2016 年底前应完成任务数的 94.95％。[①] 安徽省投入资金 165.5 亿元，新建、改扩建各地学校。甘肃省于 2016 年 10 月底，全面改薄项目开工校舍建设类项目 14895 个，完工校舍建设项目 13920 个，完成设施设备购置项目 47513 个。兰州市加大投入，新建学校百所，新增学位 2.1 万个。

根据城镇人口变化规律合理调整学校布局。济南市通过扩建现有校舍、充分改建原有教育设施、闲置商品房改为教育用房、政府投资新建学校、开发商代建配套学校以及置换、租用等多种方式，有效解决了学校不足的问题。贵州省毕节市科学规划布局，将城区内部分"小型初级中学"改办为小学，将初中转移到城郊。

其次，合理足额调配师资。河南省每年培养千余名全科教师，帮助小学解决大班额问题。重庆市每年招聘 2000 名新教师。山东省及时调整填补教师，

---

① 王桂利：《我省解决大班额完成投资近 300 亿元》，《大众日报》2016 年 7 月 28 日。

并动员师范生提前进入学校顶岗实习，以弥补师资缺口。济南市天桥区2016年招聘270名教师，200名在编，70名暂时为人事代理。

再次，规范招生制度和学籍管理，进一步治理乱招生、乱择校的行为。河北省教育厅要求公办学校不得超计划招生，凡超过核准的招生计划所招收的学生，无法进行学籍注册。重庆市坚持户籍地就近划片免试入学，逐步取消普通高中"联招"考试，将普通高中招生计划合理分配到城乡每所初中。广西规范学校管理，切实落实免试就近入学规定，全面实行阳光招生。小学严禁招收低龄学生。四川省采取学区化管理、扩大九年一贯制对口招生等措施，有序分流学生。

三 治理大班额的困境和政策建议

大班额问题形成时间长，受制于多种因素。湖南省和重庆市早在2011年前后就力图解决大班额问题。五年之后，这一目标并没有实现。这说明大班额问题的形成涉及多方面因素，要真正解决它的难度很大。

（一）治理大班额的困境

首先是教育经费不足。各地方政府财政收入差异很大，在统一的时间消除大班额问题的难度也不尽相同。东部省份和城市相对容易，中西部地区原本经济不发达，解决起来就困境重重。没钱维修学校，没钱建新学校，没钱扩大教师编制，使得大班额现象延续至今。

有些地方虽然有资金建学校，但土地资源十分紧缺，在新建小区时缺乏规划和配套建设，现在再建学校十分困难。有些地方有钱也有地，但学校建设工期过短过急，在短期内突击建造学校，质量难以保证。此外，教师匮乏的问题也难以快速解决。培养教师需要一定年限，短期招聘很多教师会导致师资队伍素质的下降，不利于提高教育质量。

由于实际问题难以快速解决，就出现了弄虚作假现象。在我们调查过的城市中，有7个虚假上报班额的案例。有的只按照标准人数（如45人）上报；有的在上级来检查时将学生重新编班授课，将多余的学生转移到附近初中，甚至放假让其回家；等等。

（二）消除大班额的政策建议

如何实现 2020 年消除大班额问题的目标，如何提高解决大班额问题政策的针对性和有效性，是当前需要面对的重要问题。解决大班额问题是保障儿童健康权、受教育权的基本条件，教育政策需要确立"儿童优先"的价值，将它作为指导教育工作的基本原则。

1. 按照"城乡一体化发展"的思路，同步建设城区学校，办好农村学校

基于城乡教育一体化发展的思路，规范城区教育，加强农村学校建设，促进农村学生回流，是解决大班额问题的根本途径。江西弋阳县就是一个典型。

弋阳县教育局通过对全县学校、学生分布情况和学生走向进行摸底调查，采取区别对待的方法，严格规范城区招生，保障进城务工人员随迁子女的受教育权利。同时，切实办好农村孩子家门口的学校，使农村学生获得良好教育。弋阳县将校舍建设经费的 80% 投入乡村学校，将信息化建设经费的 60% 投入乡村学校，在教师培训、评优评奖等方面向农村教师倾斜，明显改变了农村学校面貌，提高了农村学校的品质，大量农村学生回乡就读。弋阳中心城区学校"瘦身"明显。在全县入学总人数增加的情况下，中心城区中学人数下降了 27.51%，小学人数下降了 14.09%。城区学校大班额现象得到有效控制，初中从原来平均每班 72 人，最大每班接近 90 人，降到现在平均每班少于 55 人，最大每班不到 58 人；小学从原来平均每班 70.4 人，最大每班达 90 人，降到现在平均每班低于 60 人。弋阳县的案例并非个别，江西上栗县、河南内乡县、山西晋中市等都通过这一模式有效减少了城区的大班额现象。

2. 继续加大教育投入，科学规划学校建设

需要保障和加大基础教育阶段的公共教育经费投入。一个重要方面，是进一步鼓励社会力量办学，扩大教育资源。同时学校建设要科学规划、合理布局。一是城乡之间教育资源要合理配置，促进县域内城乡教育的均衡发展。二是在城市学校建设的过程中，要避免继续拉大学校差距，避免制造新的择校动力，要保持地区教育健康稳定发展。

3. 推动公众参与，促进教育治理改革

大班额问题涉及面广，需要每一个公民的关注和参与。公众不仅需要参与政策制定过程，更为重要的是要参与监督。重庆市合川区人大、贵州省铜仁市

碧江区政协等都积极参与解决大班额问题，对推动当地政府有效解决大班额问题做出了重要贡献。

同时，需要改善教育治理，规范政府与学校行为。湖南省出台相关法规严格约束学校建设，为新学校建设和旧学校改造提供了制度保障。可是，教育生活中还有许多管理空白，例如学校违规招生应当由谁负责？对负责人如何追究责任？地方政府和学校领导对解决大班额问题应当承担什么责任？这些都需要通过法治加以解决，严格规范学校行为，明确政府责任。

B.7
中小学校接收"文件"的研究

柴纯青*

摘　要：　文件太多，是当前困扰我国中小学的重要问题之一，影响了简政放权和学校办学自主权的落实。本文选取了 E 校和 W 校的样本，对其 2015 年接收文件的情况进行了梳理和分析，研究文件发放的基本特征，并对如何减少文件发放提出了建议。

关键词：　文件　中小学　文件传递

当前，中小学校在政府—学校关系上的困扰主要是行政会议、检查与评比，以及各级各类文件的接收与处理。从实际运行的情况看，各级各类文件又是行政会议、检查与评比的载体，因此，研究学校所接收的文件，是理解当下政府—学校关系的一个重要视角。

本文中所指的"文件"，是指学校接收到的来自所有外部部门并对学校工作产生影响的"文本"，不按照政府的"规范性文件"、"非规范性文件"等进行区分。"文件"既包括来自政府及其部门的行政性文件，也包括来自与政府部门高度相关的学会等机构的文件。

本文选取了东部地区某县级市一所学校（以下简称 E 校）、西部地区某地级市的一所市属学校（以下简称 W 校）为样本，以两所学校 2015 年接收文件的登记表为基础，从多个角度梳理了文件的类型、文件的内容等，对文件发放的基本特征等进行了初步的理解与研究，也对减少向学校发放文件的可能性进行了讨论。

---

* 柴纯青，中小学管理杂志社社长，副编审，21 世纪教育研究院副院长，中国教育学会教育行政管理专业委员会常务理事。

一 E校接收文件的基本情况

（一）文件主题及内容分析

2015年，E校共接收文件1061份。按文件内容分，教育行政工作70份（其中含"推动教育改革"的文件23份）；党务、工会工作40份；信息采集55份；条件装备工作（含校服、信息设备、学校建设、校园设施等）34份；校园安全工作60份；区域教育教学管理工作451份；各类比赛评比351份，占比如图1所示。

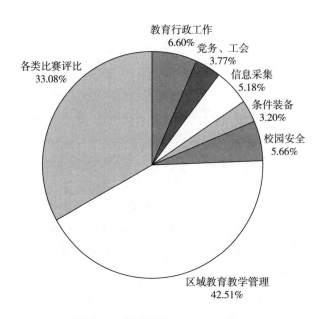

图1　东部县级市E校接收文件内容分类（2015年）

1. 行政履职性的文件占比仅为20.64%

我国有着文件治理的传统。近年来中央提出治理现代化的命题，根据现代政府职能的要求，我们分析哪些文件是合乎行政职能要求的，或者说是"正当的"。

根据十八届三中全会《关于全面深化改革若干重大问题的决定》，在经济领域，政府的职责和作用"主要是保持宏观经济稳定，加强和优化公共服务，保障公平竞争，加强市场监管，维护市场秩序，推动可持续发展，促进共同富裕，弥补市场失灵"，而在教育领域应该"深入推进管办评分离，扩大省级政府教育统筹权和学校办学自主权，完善学校内部治理结构"。

按照上述教育治理体系建设的要求，各教育行政部门应当履行教育投入、保障基本教育公平、保障弱势群体利益、监管学校办学等职能。据此，教育部门应有行政职能主要包括教育行政工作、教育信息采集工作、条件装备工作、校园安全工作等，E校接收的这类文件共有219份，占总数的20.64%。

2. 学校教育教学管理类文件占总数的42.51%

在关于区域教育教学管理工作的451份文件中，组织学校教育教研208份，校长教师培训120份，中高考及各类考试相关的文件123份，占比如图2所示。

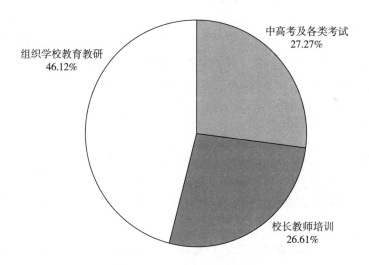

图2　E校接收区域教育教学管理文件内容分类

E校这类文件多，有一个很重要的原因，那就是地市和县两级教育行政部门（或相关部门）都会向学校发文件，组织各种教育教学活动。

3. 各类比赛评比文件占总数的33.08%

各类比赛评比文件351份中，组织学校参加的58份，组织教师参加的184份，组织学生参加的109份，占比如图3所示。

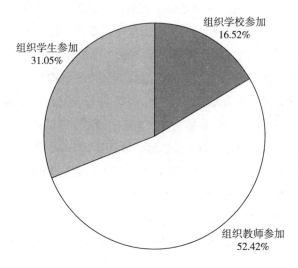

图3 E校接收比赛评比文件内容分类

这类比赛评比类文件，除了教育行政部门发放外，还有很多其他行政部门发放，尤其是涉及社会风气、社会服务、文明城市评比的文件。这类活动，各行政机构都将学校、教师和学生作为动员的主要对象。

（二）发文机构分析

通过梳理得知，向E校发文的机构主要包括如下类型。

（1）国家级机构。如国务院部门、中组部、教育部、全国妇联等。教育部发文单位包括教育部办公厅、基础教育一司、体卫艺司等，其他有中国教育学会、中央电教馆等。

（2）省级机构。如省政府、禁毒办、教育厅等。与教育相关的部门包括考试院、招生办、学生资助管理中心、省教育学会、省陶行知研究会、省教师培训学会等。

（3）地市级机构。如市委、市政府、组织部、妇联、爱卫会、科协、减灾办公室委员会、教育局等。

地市级教育局发文单位包括办公室、基教、考试招生、政治宣传、安全管理、民办教育、人事师资、体育卫生艺术、组织等相关部门，另外还有相关机构，如地市级的陶研会、地市级教育学会等。

（4）县级机构。如县级市委、市政府、档案局、物价局、人保局、财政局、食品安全管理局、卫生疾病控制委员会、团委、妇联、科协、房管局、消防局、文管办、文明办、市场监管办公室、健康办公室、市工会、社会教育、体育局、教育局等。

县级教育局所属部门发文比较多，主要是党工委、办公室、工会、科研规划部门、教研室、教育科等。另外，还有县级的教育类学会。

（5）乡镇级机构。主要包括社区教育办公室、爱国卫生委员会等部门。

总体来看，两头机构所发文件的数量少很多。与 E 校上级教育局平级的行政机构达 21 个，所发的文件数量也是除了教育局之外最多的，有些文件是正常履行行政职能的，但更多是发动教师学生参与活动的。

（三）E 校直接上级教育局与其他部门发文的比较

将发文主体分成这两个类型进行分析，主要为了解教育局与其他平级部门所发文件在学校文件数量中的基本构成和作用，以便探讨教育行政部门自身减少文件发放数量的可能性。

1. 直接上级教育局发文是重头

学校直接上级教育局发文 900 份，这个数量占总数的 84.83%，比例非常高；其他各级各类部门发 161 份（其他各级部门直接发 66 份，直接上级教育局转发其他部门 95 份）。

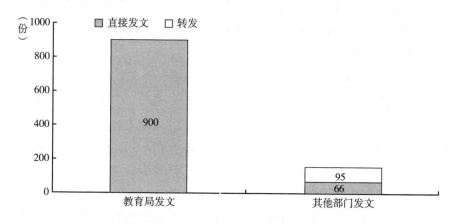

图4　E 校接收文件的来源

2.两个发文机构文件内容有较高的重合度

除了党务工作文件，以及行政履职文件以外，我们分析其他的文件后发现，直接上级教育局、其他各级各类部门发放的主要是"教师活动"、"学生活动"、"校园安全"、"社会事务"四类主题的文件，在这四类文件数量的排序上，两类发文机构是一致的。

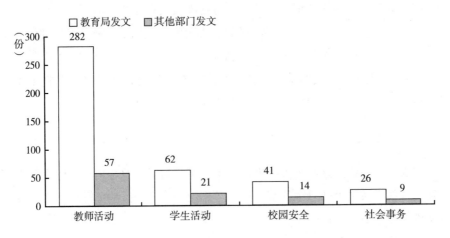

图5　E校接收文件的内容主题

两类机构发文数量都排第一位的"教师活动"，在内容上有些差异：上级教育局的文件主要涉及教师基本功比赛、教学质量分析会、教学技能比赛、教学观摩、学科教研、赛课等；其他部门的教师活动文件主要涉及征文、各类对象和主题的培训，以及少量的教学技能比赛，这些文件绝大多数与该县级教育局之上的地市级教育局相关。

"学生活动"文件数量排在第二位，上级教育局发文要求组织的学生活动包括：学科竞赛，艺术比赛（摄影、书画、器乐、舞蹈、个性化邮票设计、校园电视制作等），语言类比赛（辩论、演讲征文、普通话、汉字书写等），科技比赛（机器人、小发明等），各类知识比赛（禁毒、法治、安全、廉洁文化、宪法日、公民教育、版权、交通安全等），运动类比赛（运动会、足球、网球、排球等），以及德育评比，如美德少年评比活动等。

而其他部门要求组织的学生活动包括：各类知识比赛（如金融、民防、法律与法治、保险、科普、球类等），各类技能比赛（艺术、禁毒征文、机器人、环保绘画、经典诵读、写汉字等），比赛形式有现场、微信、网络等，与上级教育局的发文还是有些差异，更体现发文部门的行政工作范畴。

"校园安全"文件数量排在第三位。在这个主题上，E校的上级教育局和其他部门发文有很大的相似性，都涉及消防、卫生防疫、食品、交通等常见安全问题，也都涉及组织安全教育的活动，教育部门在学校卫生检查、周边环境整治等方面更具体些，而其他部门会关注到恶劣天气、火灾、保密等事项。

而上述统计分类中的"社会事务"类文件主要包括：组织教师和学生进社区活动、公德宣传、全民阅读、帮困送温暖、春节慰问、文明城市创建、家庭教育宣传、禁烟宣传、终身学习宣传等，尤其是"文明城市创建"的相关文件占比最高——这在W校中同样如此。我们可以看出，很多活动在教育局及其他部门看来，是学校教育职能的社会延伸部分，但很明显，没有具体的教育法律依据对此类文件及其要求予以支持。

二　W校接收文件的基本情况

（一）文件主题及内容分析

2015年，W校接收文件共950份。

按照文件内容分，教育行政工作230份；党务、工会工作111份；信息采集工作33份；条件装备工作（含校服、信息设备、学校建设、校园设施等）41份；校园安全工作123份；区域教育教学管理工作172份；各类比赛评比240份。

1. 行政履职性的文件占总数的44.95%

与E校相同，我们统计出，属于教育局应有行政职能的内容主要包括教育行政工作、教育信息采集工作、条件装备工作、校园安全工作等的文件，共有427份，占总数的44.95%。

这一比例比东部高出2倍。仔细看来，主要的原因如下。

第一，"教育行政工作"有230份文件，这个数字是东部地区的3倍还多。其中涉及的主要内容包括"人、财、物"等各方面的管理工作，对内容要求

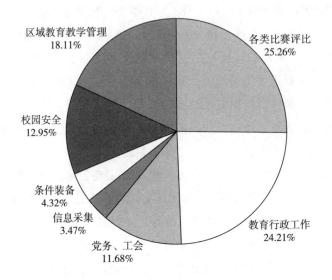

图6　西部县级市 W 校接收文件内容分类

很细。比如，2015 年 W 校接到的关于财务管理工作的文件就有 68 份之多，涉及预算、预算执行进度，更多的是根据"八项规定"而重新做出规定的文件，如出差、会议等标准和要求等。此外，还有"事"，这些事既包括区域规划、计划、总结、发展思路等大事，也包括开学要求、假日值班、组织献血等具体事项，这类事项居多。

第二，校园安全文件 123 份，比东部地区多 1 倍。

2. 区域教育教学管理工作文件占总数的18.11%

在区域教育教学管理工作的 172 份文件中，组织学校教育教研 51 份；校长教师培训 87 份，中高考及各类考试相关的文件 34 份，见图7。

与 E 校相比，W 校的这一类文件少多了。一个主要的原因是，W 校在业务上只与直接上级教育局发生关联，而 E 校则要受到地市和县两级教育局的工作安排。另外，从学校工作的具体情况来看，W 校接收的文件中要求教师参加各类教研活动、培训活动等要少很多。

3. 各类比赛评比文件占总数的25.26%

240 份各类比赛评比文件中，组织学校参加的 93 份，组织教师参加的 96 份，组织学生参加的 51 份，见图8。

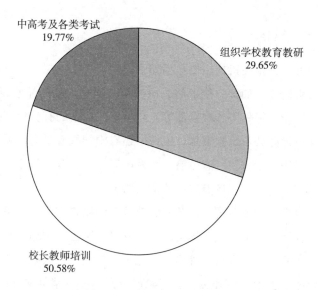

图7 W校接收教育教学管理文件内容分类

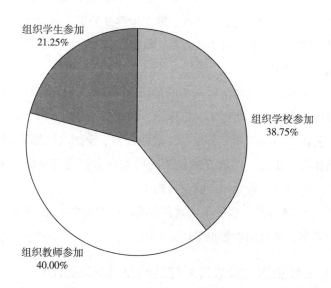

·图8 W校接收比赛评比文件内容分类

W校接到的各类比赛评比文件中，"组织教师参加"的，E校和W校都是排在第一位，而W校"组织学生参加"的文件数量排在第三位，而E校这项排在第二位。

（二）发文机构分析

通过梳理可知，发文机构主要包括如下类型。

——国家级机构。如国务院部门、司法部、国家食品药品监督管理总局、组织部、新华社、中国科协、教育部等。与教育部相关的有教育部办公厅、教育部普法领导小组办公室、教育部体卫司。还有中国教育学会、关工委等。

——省级机构。如省委、省政府、教育厅等。与教育部门相关的有地方教育学会、各类工作委员会。还有一些省级的协会。

——地市级机构。如市委、市政府、市政府网络管理中心、组织部、宣传部、财政局、统计局、卫生局、体育局、公安局、国土资源局、水利局、人社局、司法局、质监局、环保局、外事办、纪委、盐业局、编办、食品药品监督局、政府督导团、卫生计生委员会、气象局、文明办、精神文明办、扶贫办、法治办公室、禁毒办、城市文明指挥部、假日旅游指挥部、安全生产委员会、乡村建设小组、总工会、残联、侨办、勤工俭学办公室、计划生育协会、爱卫会、社科联、档案馆、全民科学办公室、科协、青联、红十字会、法学会、卫生保健所等 54 个机构。

另外，地市级教育局向学校发文的部门有 16 个，如教育局办公室、安稳办公室、职称改革部门、共青团、纪检委、群众工作部门、教师培训部门、基教科、体卫艺科、绩效考评办公室、支教办公室、全国文明城市创建办公室、计财科、退休办、工会。与教育局相关的机构还有招生考试院、关工委、语委、教科院、电教站、督导团、职业技能中心等。

与 W 校上级教育局平级的本地教育行政部门非常多，达 54 个，它们所发的文件也非常多，涉及的内容也最广。

（三）W 校直接上级教育局与其他部门发文的比较

1. 其他部门发文数量占总数的39.26%

W 校直接上级教育局发的文件有 577 份，占总数的 60.74%；其他各级各类部门发 373 份（其他各级部门直接发 238 份，教育局转发其他部门 135 份），占总数的 39.26%。

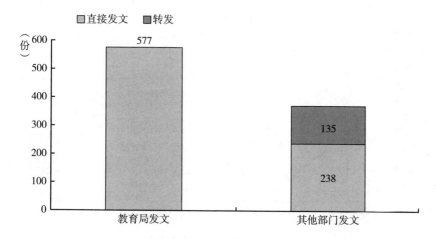

图 9　W 校接收文件的来源

2. 两类部门发文主题各有侧重

除了党务工作文件、行政履职文件以外，直接上级教育局、其他各级各类部门发放的文件中，"教师活动"、"学生活动"、"校园安全"、"社会事务"四类主题文件数量依旧最多，但是，与 E 校相比，排序上却发生了变化。

直接上级教育局发文中，"教师活动"（89 份）、"校园安全"（41 份）、"学生活动"（40 份）、"社会事务"（31 份）依次排在第 1～4 位；而其他各类部门发文中，"校园安全"（77 份）、"社会事务"（39 份）、"教师活动"（34 份）、"学生活动"（24 份）依次排在第 1～4 位，与东部 E 校有着显著的不同。

其他行政部门所发的"校园安全"文件数量明显多于直接上级教育局所发数量，可能西部地区影响或威胁校园安全的因素更复杂，且属于教育局所难以把控的范畴。这些文件的内容包括：防震减灾、防强降雨、防台风洪潮、食品卫生、防汛、防雷、消防安全、道路交通安全、防诈骗、防艾滋病、疫情防控、食盐安全、防化学品、禁毒、防交通隐患、防体育运动风险、防烟花爆竹、防粉尘、防溺水、灭鼠、防辐射等。此外还有环卫整治、暴力事件处置、安全防范培训、学生安全教育课、平安假期宣传、平安校园宣传、急救教育、校方责任险等。

在"社会事务"类文件上，其他行政部门发文数量多于直接上级教育局，

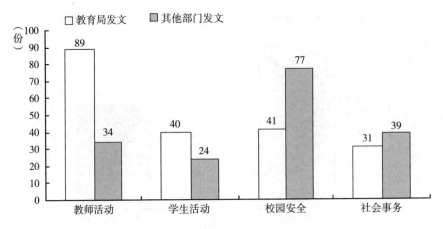

图10　W校接收文件的内容主题

可能与 W 校所在地区各类政府行政部门"更积极"有关，或者说与它们的行政理念有关，它们要求学校做的事情涵盖广泛，除了爱国主义宣传、科普、禁烟、扶贫捐赠、困难群众慰问、社区活动参与等之外，还有交通和旅游文明的宣传、节约用水的宣传、保护耕地与最美家乡建设的宣传，以及各类"寻找身边的××人"等活动。当然，与东部一样，"文明城市创建"类文件占比同样较高。教育局的"社会事务"文件多数是其他部门文件的再传递。

"教师活动"、"学生活动"的内容总体上与东部的内容相似，只是教育局要求的各类"教师活动"大大少于东部，其他部门要求的各类"教师活动"也少了将近一半。

三　两校所接收文件的相关性质研究

E 校、W 校 2015 年所接收文件的总量相差不大，发文机构也以各级政府和相关部门为主，因此，所表现出来的共性也比较多。

（一）文件的标题结构

两所学校共 2011 份文件中，以《关于……的通知》作为标题的文件占总数的大约 95%，而"关于……的通知"是上级对下级的常规用法。

在转发的上级文件中，有少数以《关于〈关于……的通知〉的通知》为

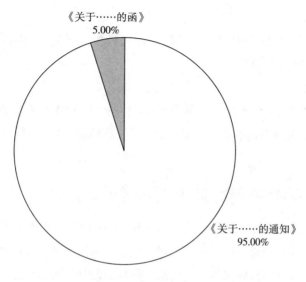

图 11 文件标题结构分类

标题的文件。大多数上级文件被转换成了该部门的落实性文件。两类文件总体上都是以文件落实文件，属于行政权力链条中的一种惯性行为，从批判的眼光看，这也是一种可以免责的行为。

（二）上级教育局文件起草者的知识结构

研究文件起草者的知识结构，只能局限于学校直接上级教育局的范围。而即便是在这个范围，也只能通过访谈各地中小学校长来找结论，而且比较难以验证。

访谈的校长中，有些校长原来就是教育局的干部。他们很熟悉文件起草的流程，也很了解文件一般由谁起草等信息。他们大多数认同一个事实——这些年教育局发的文件明显增加。他们认为，文件数量增加，有一个很重要的原因，就是多数文件起草者没有在一线学校工作的经历，对学校业务不熟悉，因此，他们在将教育局领导意图转化成文件的过程中，没有合并"同类项"并去掉不必要的发文。也就是说，对专业知识和实践理解力的缺乏，是教育行政部门文件起草者知识结构中的重要缺陷。

（三）发文部门的结构特征

从 E 校和 W 校所接收的文件来看，发文部门主要有两个基本的特征。

1. 分散化

E 校文件涉及 21 个县级政府部门或相关机构，而 W 校文件涉及 54 个地市级政府部门或相关机构。

2. 集中化

E 校和 W 校的上级教育局所发的文件中，大多是关于教育教学研究、教师和校长培训等方面的内容。这类内容不应当属于教育局行政文件的发放范围。

（四）权力表达视角下的文件内容分析

"文件"不是随意的讲话，也不是法律。文件议题的提出并形成文件，是按照一定的行政规则进行的，常常表现为一个政治运作和行政权力合法化的过程。因此，行政部门发放文件，往往是一种权力的日常表达行为。

从 E 校和 W 校所收文件的内容来看，有几类特别的权力表达值得关注。

1. 承接国家政治话语并予以转化的

如在"美丽中国"语境下，下发开展美丽校园建设、美丽教师评比等方面的文件。再如，在弘扬中华传统文化语境下，宣传部门下发要求贴春联的活动文件等。

2. 体现权力的社会动员性质的

第一类是，如"三八节"、"职工慰问"、"双拥"等方面的文件。还有类似于组织全区域内教职工体育活动的文件，这类文件每年都有，是行政权力最常规的表达方式。

第二类是，如各行政部门要求学校、教师等参加"廉洁教育"、"禁烟"、"文明交通"、"文明城市创建"、"最美××评选"等活动的文件。这类推动社会风气改变的文件近些年特别多，几乎每一类这样的文件，学校和教师乃至学生都是其中被动员的主要对象。

有些相关文件特别体现不容置疑的威权特征，如"全国文明城市评比"类文件很多，按文件要求被抽调或者额外加班服务于这个活动的老师也不少，且没有报酬，大家怨声很大。教育部门的这类威权表达，在教育信息采集的文件中体现得比较充分。本可以用网络传送并可以在数据库里更新和生成的数据，却常常一再发文并让学校人工送达，这可能是威权的偏好。

第三类是，要求学生参加"法治"、"环保"、"节约"、"爱国"等活动的文件。这些活动的最终发起方主要是教育部、司法部、全国普法办公室、少工委等，地方上的水利、国土资源等部门也分别有各自相关的任务，也会发动学生参与。

学生被要求参与的活动，在学校层面是以"专题德育"的形式进行的。应该说，即使没有这些文件，学校也会安排相应的德育课程与活动对学生进行教育。这些文件的内容如何与学校德育课程的内容相吻合，可能是需要多方思考的问题。

3. 匹配教师利益需求的

这在各级各类学会、协会发往学校的文件中表达得最为清楚，其内容主要是组织教师参加教学比赛、论文评选等。

这揭示了一个基本问题，这类机构不是行政部门却可以向学校发文，是因为教师评职称和其他荣誉时有论文的要求，教育局从服务于教师利益的角度，也就允许这类发文行为。

4. 纠正政策的

如2015年W校所在地级市的财政局发了非常多的财务文件。就文件的内容看，与国家层面的财政管理政策的调整有关。这一方面的政策不系统，到了基层就更加点状化，大多数文件是对过去某一项财务管理政策的纠正。

（五）权力传递末端的校长、教师

我国有文件治理的传统。文件发放的数量与形式应该与这种传统有关，文件发放甚至成为一种文化基因。校长和教师处在文件传递链条的末端，受到文件传递权力的影响非常大。

1. 校长处理文件的基本特点

校长大多对文件的干扰不胜其烦。在随机访谈中，校长2015年度每天用于处理各类文件的时间平均在1.5~2小时之间。而这还不包括他们处理后转给副校长，由副校长调动教师和学生参与的时间，这个时间将更长。

但是，校长在传统观念的影响和现行机制的规定下，对文件，尤其是对红头文件又有一定的依赖性——因为，有文件就好干活，这样既安全又可以不需要更多的思考，还可以向下继续传递文件权威。但是，有些校长根据所接收文

件的特点，采取了一些有效的办法来减少其对学校教师生活的干扰。

2. 文件多对教师专业影响大

这么多的文件对教师影响很大，主要体现在两个方面。

第一，容易让教师失去专业个性。举例来说，学校按照文件的要求，推选某位年轻教师参加优质课评比活动。为了取得好成绩，学校会安排几位老教师给年轻教师"磨课"。在这个过程中，年轻教师必须听取老教师的经验。尤其是 90 后的年轻教师认为，这个过程无法让他们进行自己的专业表达，最后失去自己的专业动力与专业个性。

第二，容易造成教师专业生活的"非专业化"现象。论文评比、优质课比赛等方面的活动越多，教师越没有足够的时间去关注学生的实际情况，没有时间去研究学生，而这些是他们做好教学工作的关键。"专业生活的非专业化"，会影响教学的质量。

四　减少文件发放的可能策略

教育治理现代化，是这些年来我国教育改革的重要命题之一。围绕"学校办学自主权"，国家提出了"管办评分离"、"学校章程建设"等技术路径。但是，时至今日，这依旧是悬而未决的重要问题之一。行政权力（绝不限于"教育行政权力"）的影响过于强大，超过了家长、社会等主体，教育治理体系"多元参与"、"民主协商"以及"善治"的格局尚在艰难的孕育之中。行政部门随时动手发文，在微观层面对学校办学造成的干扰，从上文可以看得非常清楚。如何治理？

（一）文件数量多的原因分析

综合 E 校、W 校 2015 年接收文件的情况，结合更为广泛的对校长的随机访谈，我们可以得知，文件数量多的原因很多，除了我国长期广泛存在的"文件管理"、"以文件落实文件"等行政惯性外，在中小学领域还有几个重要的原因。

1. 其他行政部门对教育资源的约束

学校是一个社会机构，学校的安全、考试排名、影响力，学校的各种资源获取与办学环境的营造，等等，都与其他诸多行政部门有着密切的联系。这些行政部门都可以向学校直接发文，还不需要征得教育行政部门的同意——很多教育局对此也是有心无力，认为自己处于"弱势"地位。

与此同时，教师荣誉、职称等的评定标准上有论文发表的数量、优质课评比的获奖情况等等，这些条件必须通过自己学校之外的其他机构才能获得，这就决定了其他机构都可以向学校发文件。

2. 可以发文的机构层级太多

从 E 校和 W 校的情况看，有三到五级机构可以向学校发文，包括中央（各部委）、省、地市、县、乡镇。有政府一条线，有教育行政部门一条线，有教研部门一条线，如此一来，学校文件肯定堆积如山。

从随机访谈可知，发文机构级别不同，校长对文件权威性的认同程度就不同。校长普遍认为对他们约束力最强的文件是直接上级教育局的文件，往上级别越高，对他们的约束力越弱。与此同时，文件越多，他们的应付感就越强。

本文将这一现象称为"权威耗散定律"——权力越近，权威越大；文件越多，法治越弱。

3. 以文件来履职可以免责

对基层行政部门的问责，普遍缺乏法制化的程序安排。因此，发放文件、转发文件，都是行政部门履行行政职责的"证据"，这些证据是可以在今后的行政问责中免除责任的关键。很多一线的教育局长也非常希望减少文件的发放，但是当下属科室发放文件，尤其是"校园安全"文件时，他们也无能为力，就是因为文件作为免责"证据"的特有属性。

4. 业务工作的借力模式

E 校和 W 校接收文件的情况表明，"学校教育教学管理"的文件占比都非常高。这些属于学校自身的业务，为什么需要通过行政文件来推进？

通过调查，我们注意到，教研室或者教师进修学校这类业务机构没有行政约束力，在组织学校教师参加教研、教师培训等方面的业务活动时，学校可以不听，也很可能不愿意派人参加。因此，在大多数情况下，这些意图必须转化成教育局的文件发到学校，学校才会支持其工作。

5. 行政治理观念和策略的落后

对文件及文件背后"权力"的迷恋、除了发文之外没有更多方法等，都

是行政部门缺乏基本的现代治理理念和策略的表现。前文提到的"文明城市评比"和"信息采集"的案例，就是这种落后表现的典型。当然，还有一种落后的观念，就是组织少年儿童参加活动，可以提升一些行政部门的"道德感"。

（二）减少文件发放的策略建议

学校为文件所累的现象已经持续很多年，所以这并不是一个新问题，这一问题的解决这么难，归根结底还是对政府及其部门的权力约束不到位，权力边界不够清晰，即便越过了权力边界，也缺乏相应的制约措施。

因此，减少文件发放可能不是短期内能够完成的事。反过来，制定《学校法》并借此赋予学校主体自我保护和救济的能力，也一直没有实现。本文只能给予一些技术性的建议。

1. 用课程整合的思想整合文件要求的工作

对从中央到地方各级行政部门要求学生进行各类"专题德育"活动，学校可以"以不变应万变"，即学校主动赋予学校教学和德育活动一定的弹性，在不改变课程表、不随意打乱学校教学秩序的情况下，将各级教育行政部门要求的活动纳入课程中，从而将发文部门或文件主题相关的部门变成学校课程资源的提供方。比如，水利局下发节约用水的文件，学校在"节约"的主题德育课程下，邀请本地水利局为学生提供实地学习场所和专家师资。

2015 年 7 月，《北京市实施教育部〈义务教育课程设置实验方案〉的课程计划（修订）》出台并实施后，北京市教委解读道，要对"专题教育综合课程""专题做减法"：毒品预防、预防艾滋病、环境与可持续发展、安全和自救互救教育、健康教育、礼仪教育等专题过去不断做加法，这次改革就是进行专题整合，减少了1/3的内容。

2. 对学校的业务支持应该按需进行

教研部门、教师培训中心等通过向行政部门"借力"，推进了自己的业务工作。表面上看，学校愿意服从行政权力。但是，这些机构的业务活动并不一定都是学校所需要的，与此同时，学校对自己需要什么也并不是清楚的。

如何建构学校和业务部门的业务理性？一方面，这些业务部门必须反思，自己安排的业务是否就是学校需要的？这样，将自己的工作思路和模式调整到

"如何基于学校需要来设计活动",这是这类机构未来转型的关键起点。

当然,学校校长要提高自己的办学理性,知道自己的短板,就会反过来寻求业务部门的支持。二者之间不需要通过"权力传递关系"就可以实现业务上的协作。

3. 建立对学校发文的"栅栏机制"

各级教育行政部门都能向辖区内的学校发放文件,而不需征得同级教育行政部门的同意。这一现象确实值得思考。部分地方教育局长表示,他们无能为力。但是,如果由上级政府或者党委出面,建立一个"栅栏机制"——对所有非行政部门发文必须"收口"审查,或许能够大量减少文件发放的数量。

这一机制的建立应该说是可能的。从前文的数据中,我们可以看到,与 E 校上级教育局平级的文件发放机构有 21 个,与 W 校上级教育局平级的文件发放机构有 54 个,而它们有着共同的"上级"——市委和市政府。如果市委和市政府本着保护学校"办学自主权"的国家要求,完全可以在它们的权力层面,对各部门的发文权力进行有效制约。

4. 提高教师活动的专业性和自主性

教师的职称评定、荣誉评定等,都有论文发表等标准,这样各级学会、各类"研究机构"就有了用武之地。前文也分析了,不管是上级教育局,还是其他各级各类行政部门,"组织教师参加活动"的文件数量都普遍较多,已经严重地干扰了教师的专业生活,也在不断地影响着基础教育的质量。

要解决这一问题,不仅要减少文件的发放数量,更重要的是,让教师过有尊严的、能真正服务于学生成长的专业生活,应当是当前深化教育改革的关键问题。这个问题涉及我国教师培养、教师培训、职称评定、荣誉评比等一系列制度的重建问题,解决问题的过程将是比较漫长的,这需要各地政府和教育行政部门大力进行教育制度的创新。

教育新观察

New Observations

B.8
PISA 框架下城市移民教育公平分析

黄晓婷[*]

摘 要： 由 OECD 组织的 PISA 测试，除了学生的成绩排名外，更为各
国提供了以学生的职业发展和终生学习能力为核心的教育质
量评估，以及以公正和全纳为核心的教育公平状况评估，为
各国完善相关教育政策提供科学的依据。本文通过分析 2009
年和 2012 年上海两轮测试的数据，探讨了上海城市移民的教
育公平问题。结果显示一代移民身份对成绩的不利影响在三
年中扩大了。一种可能的原因是在两次测试中，一代移民的
组成发生了变化，更多未获得优质教育资源的一代移民进入
了 PISA 的视野。本文期待引起更多学者和政策制定者对
PISA 的深入分析和理性思考。

* 黄晓婷，北京大学中国教育财政科学研究所教育测量与评价中心主任，副研究员。研究领域
为评价工具开发、大规模标准化测试的信效度研究、增值评价等。

关键词： PISA（国际学生评估项目） 教育公平 城市移民 多层线性模型（HLM）

在 2015 年的 PISA（国际学生评估项目，Programme for International Student Assessment）测试中，我国北京、上海、江苏、广东四地的学生在参与的 72 个国家和地区中排名第十。由于上海学生在 2009 年和 2012 年两轮测试中都取得了第一名的好成绩，本轮测试的排名变化引发了社会各界的热议。然而简单的排名绝非 PISA 真正的意义和价值所在。作为一项以影响教育政策为目标的国际大型评估项目，PISA 为参与测试的国家和地区提供了以学生的职业发展和终生学习能力为核心的教育质量评估，以及以学习机会公平、资源配置公平、克服多样化挑战和教育结果公平为核心的教育公平状况评估。因此，除了关注排名外，我们可以在 PISA 提供的质量与公平框架下，对我国的课程、教学、教育资源分配等相关的教育政策进行更多理性的思考。

本文简要介绍了 PISA 提出的教育质量和教育公平的评估框架，并以上海流动人口的教育公平问题为例，展示了运用 PISA 数据进行实证分析的过程，以期抛砖引玉，引起更多学者对 PISA 数据的深度解读，为我国教育政策的完善提供更丰富、科学的依据。

一 PISA 的教育质量和教育公平评估框架

（一）教育质量评估框架：重"素养"而非课程的掌握程度

从 2000 年起，每三年进行一次的 PISA 测试主要考查的内容包括阅读素养、数学素养和科学素养三科。PISA 将"素养（literacy）"定义为学生在生活情境中应用相关知识和技能的能力[1]。例如，2015 年重点考查的科学素养被定义为作为公民参与科技相关的事务的能力，包括解决生活中与科学技术相关问

---

① OECD. PISA 2015 Results（Volume Ⅰ）：Excellence and Equity in Education，2016. OECD Publishing，Paris. DOI，http：//dx. doi. org/10. 1787/9789264266490 - en.

题,并有科学的意识,会科学反思等。而我国在 2015 年测试中得分最低的阅读素养则被定义为实现个人发展目标、有效地参与社会生活所需的理解、运用和反思书面材料的能力。从这些定义中我们不难看出,与传统的侧重学科知识掌握程度的测试相比,PISA 更强调学生职业发展和终身学习所需的应用知识的能力和批判思维能力。

由于 PISA 的测试对象不是某一个年级,而是 15 岁 3 个月到 16 岁 2 个月的学生,且不同国家和地区使用的教材也不同,因此考核"素养"是其唯一理性的选择。"素养"的定义及其测试具体包含的内容,是由各国专家通过反复研讨确定的,因此 PISA 的测试框架在一定程度上也代表了全球化背景下各国共同关注的核心能力。

我国最新一轮课改也提出了把问题解决、批判思维等能力培养与学科知识相结合的理念,然而目前绝大多数的标准化考试仍然局限于考查对课本里的知识点的掌握程度,距国务院考试招生制度改革方案要求的"重点考查运用所学知识发现问题和解决问题的能力"还存在不小差距。有学者对比了 PISA 与上海的中考,发现在考查学生的统计知识时上海中考题偏重计算,而较少涉及基于数据的分析、归纳、建模、解释等技能和思想方法[①]。PISA 为我们提供了评估"素养"的整套方法。同时,在 PISA 测试中表现优异的国家和地区的教育实践也为我们的课程改革和教学改革提供了借鉴和参考。

(二)教育公平评估框架:兼顾资源配置公平和教育结果公平

教育公平是 PISA 关注的另一个主要方面。教育公平已经成为在教育成就(即学生成绩)外衡量一国教育体系优劣的另一重要指标。研究表明,一个人的受教育水平不仅在很大程度上决定了他一生的经济收入、社会地位等,对他的生理、心理健康、社会归属感等,也都有着重要的影响。因此,受教育权在世界范围内被广泛看作一项基本人权,受到高度关注。

然而,评价一国的教育是否公平并非易事。PISA 在整合各国学者对于公平的探讨和主张后,将公平界定为两个层次:全纳(inclusion)与公正

① 李俊、黄华:《PISA 与上海中考对统计素养测评的比较研究》,《上海教育科研》2013 年第 12 期。

（fairness）①。全纳即所有的人都应该接受至少符合最低要求的教育。公正则是指个人背景因素，如性别、种族、社会经济地位或宗教信仰等，都不应该成为其通过教育获得成功的阻碍。具体来说，PISA 关注不同性别和家庭背景的学生是否获得公平的学习机会、教育资源和教育结果。PISA 提出的教育公平不强调成绩绝对相同，而是着眼于学生背景在多大程度上影响了他们从教育中获益的机会：学生个人背景特征等对成绩的影响越大，则教育公平程度越低。

PISA 通过学生问卷、校长问卷、教师和家长问卷（后两种问卷各参与国可选择是否采用），采集学生背景信息和教育资源分配等方面的信息，进而对不同性别、种族、家庭经济文化背景、移民背景学生的教育公平状况进行分析和评估。由于公平是一个相对的概念，难以从一个地区、单一时间点的数据中得出确切的结论，PISA 的结果为我们提供了横向的国际比较，多次参与的国家和地区还可以进行纵向的历史比较。

我国学者运用 PISA 数据对上海的教育公平状况已经进行一些探讨。例如，2009 年的结果显示，上海的学校存在明显的生源家庭经济文化背景分层现象，且平均经济文化背景占优势的学校能够获得更好的教师资源；学校平均经济文化背景对学校平均成绩有极显著的影响②。不过，基于 PISA 结果分析我国教育公平情况的研究仍然很少，更缺乏纵向的比较。本文试图运用 2009 年和 2012 年两次测试的数据，对上海流动人口教育公平的情况和变化进行初步分析。

二 基于 PISA 结果的流动人口教育公平的实证研究

（一）上海的城市移民及其教育公平问题

在全球化背景下，很多国家的移民数量不断增加。OECD 发布的一个报告指出，从 2000 年到 2009 年，OECD 国家的移民学生数年均增加 2%，且在 13 个 OECD 国家中，移民学生数超过了学生总数的 5%③。PISA 结果显示，大多

---

① Field S. , Kuczera M. , Pont B. , No More Failures：Ten Steps to Equity in Education. OECD, 2007.
② 陆璟：《上海基础教育公平的实证研究》，《教育研究》2013 年第 2 期。
③ OECD. *How Are School Systems Adapting to Increasing Numbers of Immigrant Students？Pisa in Focus*, 2011. OECD Publishing, Paris.

数国家的移民学生成绩显著低于本国出生的学生；只有少数国家，如澳大利亚、比利时、加拿大，已经缩小甚至消除了这样的成绩差异。

我国的移民数量十分有限，但随着城镇化进程加快，大批农村人口向城市迁移，形成了数量庞大的"城市移民"。其中大部分人，出于户籍制度、当地学校容量、教育财政体制等多种原因，其子女往往难以在城市获得优质的教育。近年来，流动人口子女的教育问题在北上广等人口流入地尤其明显，给教育公平带来巨大的挑战。

关于上海流动人口教育公平状况的研究结果并不一致。上海师范大学陶行知研究中心组织的一项调查显示，非沪籍学生的家庭状况在几乎每个方面都弱于沪籍学生的家庭，明显处于社会弱势[①]。Wang 等研究者发现上海流动儿童缺乏进入公办学校的渠道，且进入的学校质量偏低[②]。而张民选等研究者则发现上海的外来人口在 PISA 测试中成绩表现优异[③]。样本的差异可能是造成结果不同的最主要原因。根据上海的人口数据，截至 2010 年底，上海的非沪籍人口占常住人口的 39%，而在 17 岁至 43 岁的人口中，外来人口占比超过 50%。即便在严格进行分层随机抽样的 PISA 测试中，父母双方均出生在中国大陆其他省份、学生本人出生在上海或其他省份的上海城市移民也仅占 19.0%（2009 年）和 25.0%（2012 年）。为进一步探讨上海流动人口的教育公平问题，本文试图从纵向比较的视角，分析在抽样方法相同的连续两次 PISA 测试中上海外来人口教育公平状况的变化，并思考造成这些结果和变化的可能原因。

（二）数据和分析模型

1. 数据

PISA 自 2000 年起，每 3 年举行一轮测试。每次测试在阅读、数学和科学

---

① 陆建非：《以教育公平理念关注民工子女教育——关于上海民工子女教育的现状与思考》，《现代基础教育研究》2013 年第 2 期。

② Lihua Wang, Tracey Holland. In Search of Educational Equity for the Migrant Children of Shanghai. *Comparative Education*, 2011, 47（4）: 471–487.

③ 朱小虎、张民选：《上海基础教育中外来人口的分布及 PISA 成绩表现》，《教育发展研究》2014 年第 4 期。

中选取一科作为重点考查科目，即该科目总的试题数量大大多于其他科目，因此可以比较精确地了解参与的国家和地区的学生在该科目上的能力水平。2009年的重点考查科目为阅读，而 2012 年为数学。上海自 2009 年以来，已连续 3 次参加了 PISA 测试。由于 2015 年的数据为北京、上海、江苏和广东的混合数据，因此本文仅选取了 2009 年和 2012 年的两轮数据进行分析，两组数据的有效样本量分别为 5056 人（152 所学校）和 5076 人（155 所学校）。

参照国际上对移民的分类，本文将学生分为本地居民、一代移民和二代移民三类：父母中至少有一方在上海本地出生者视为本地居民；父母和自己均不在上海出生者视为一代移民；父母双方均不在上海出生，而学生自己在上海出生者视为二代移民。表 1 描述了两次测试中不同类型学生所占比例，其中本地居民在两次测试中占比都最高，分别为 79.49% 和 72.44%；其次是一代移民，占比分别为 13.83% 和 18.26%，而二代移民占比最低。在性别比例上，一代移民和二代移民中的男生比例略高，而本地居民中女生的比例则略高。从 2009 年到 2012 年，本地居民的比例有所下降，一代移民和二代移民的比例都有所增加。

表 1　2009 年和 2012 年上海考生类型分布

单位：人

学生类型	2009			2012		
	男性	女性	总计	男性	女性	总计
一代移民	366	333	699	498	429	927
	(7.24%)	(6.59%)	(13.83%)	(9.81%)	(8.45%)	(18.26%)
二代移民	180	158	338	257	215	472
	(3.56%)	(3.13%)	(6.69%)	(5.06%)	(4.24%)	(9.3%)
本地居民	1943	2076	4019	1720	1957	3677
	(38.43%)	(41.06%)	(79.49%)	(33.88%)	(38.55%)	(72.44%)

值得注意的是，PISA 给出了每个学生在抽样中的权重，因此在比较不同群体学生的背景差异和成绩差异时，我们需要进行加权计算，以获得更科学的无偏差估值。

本文首先对比了不同类型学生的社会经济背景。PISA 提供了每位学生的家庭经济文化背景指数（ESCS 指数），该指数由学生背景问卷中的父母教育背景、父母职业、家庭图书数量等几道题通过主因子分析（principal factor

analysis）模型合成而来，在全球具有极高的适用性和认可度。

由表2可以发现，2009年一代移民和二代移民的ESCS均值都高于本地居民，而2012年二代移民的平均ESCS仍高于本地居民，一代移民则显著低于本地居民。此外，一代、二代移民的ESCS标准差更大，即离散程度更大。这一结果与过去的研究发现存在较大的差异①，一种可能的解释是外来人口中只有具有较高ESCS的那部分才能实现移民，留在当地读初三或高一。其中二代移民的父母受教育水平较高，他们中的相当一部分人应该不是其他研究中的流动人口，而是从外地到上海接受高等教育后留在上海工作的高学历、高收入人群。从2009年到2012年，一代移民的平均ESCS变化较大，这可能是上海2010年左右对非户籍人口入学政策放宽的结果，受益于更宽松的政策，更多较低社会经济水平家庭的孩子留在了本地就读。由于PISA背景问卷没有采集学生的户籍所在地的信息，因此我们无法准确判断哪一类学生更符合我国"流动人口"的一般定义。而从ESCS指数来看，2012年一代移民的情况更接近已有研究对这一群体的描述，即他们处于相对低的社会经济地位。

因此，本文将聚焦于2009～2012年一代移民的教育结果公平的状况，即在相同性别、相同家庭经济文化背景的条件下，一代移民的身份是否对学生的成绩有显著的影响，以及这种影响在两次测试中是否出现变化。

表2　2009年和2012年不同类型学生的家庭经济文化背景

学生类型	2009年	2012年
一代移民	－0.375	－0.655
	（0.048）	（0.040）
二代移民	－0.322	－0.288
	（0.053）	（0.045）
本地居民	－0.489	－0.360
	（0.015）	（0.014）

注：括号中为标准差。

2. 分析模型

本文选取2012年重点考查科目——数学作为教育结果的衡量指标，首先对

---

① 陆建非：《以教育公平理念关注民工子女教育——关于上海民工子女教育的现状与思考》，《现代基础教育研究》2013年第2期。

比了三类学生的数学考试成绩。正如前文提到的，教育公平并非成绩的绝对相同，而是指不管学生个人和家庭背景如何，他们从教育中获益的机会都相同。因此，本文通过建立多层线性模型（Hierarchical Linear Modeling）[①]，分析学生是否为一代移民对其成绩的影响。由于 PISA 数据是双层嵌套数据，因此传统的回归分析面临个体间随机误差不独立的问题，即同一学校的学生因受到学校变量的影响而存在一定的相关性，从而无法满足传统回归分析的前提条件。多层线性模型可以有效避免这一问题。此外，多层线性模型能够估计不同层级结构下变量间的交叉影响。例如，学生个人 ESCS 对成绩的影响可能会随着学校平均 ESCS 的不同而变化，这种波动就可以通过多层线性模型估计得到。最后，多层线性模型可以将成绩的差异进行分解，帮助我们识别学生成绩的差异有多少来源于个体，多少来源于学校，方便我们用个体变量和学校变量分别对差异进行解释。

以往国内的相关研究多建立在基本的描述统计之上，本文利用 HLM 模型对 PISA 数据进行更为详细深入的分析，为相关研究提供更为确切的实证证据。具体来说，我们构建了三个"个人—学校"双层线性模型。模型（1）仅加入了个体层面的移民类型变量：

$$Math_{ij} = \beta_0 + \beta_1 \, FirstGen_{ij} + \beta_2 \, SecondGen_{ij} + u_j + \varepsilon_{ij} \tag{1}$$

其中，i 代表学生，j 代表学生 i 所在的学校。$Math_{ij}$ 代表在第 j 所学校的第 i 个学生的数学成绩。$FirstGen_{ij}$ 表示该学生是否属于一代移民，如果是则 $FirstGen_{ij} = 1$，不是则为 0。同样，$SecondGen_{ij}$ 表示该学生是否属于二代移民，如果是则值为 1，不是则为 0。β_1 和 β_2 是本文最为关注的系数，分别反映了一代移民和二代移民与本地学生之间的数学成绩差异。u_j 代表了学校层面剩余的差异，而 ε_{ij} 则代表了个体层面模型还不能解释的差异。

模型（2）在模型（1）的基础上加入了两个个体层面的解释变量：性别（$Gender_{ij}$，男生 = 1，女生 = 0）和学生家庭经济文化背景指数（$ESCS_{ij}$）。

$$Math_{ij} = \beta_0 + \beta_1 \, FirstGen_{ij} + \beta_2 \, SecondGen_{ij} + \beta_3 \, Gender_{ij} + \beta_4 \, ESCS_{ij} + u_j + \varepsilon_{ij} \tag{2}$$

模型（3）在模型（2）的基础上又加入了一个学校层面的变量，即该校

---

① Raudenbush S. W. , HLM 5: Hierarchical Linear and Nonlinear Modeling. *Lincolnwood IL Scientific Software International*, 2000, 114（100）: 881 – 886.

学生的平均经济文化背景（$schoolESCS_j$）。模型（3）的结果显示了在控制性别、个人家庭背景、学校平均家庭背景后，一代和二代移民的数学成绩是否与本地居民存在显著的差异。

$$Math_{ij} = \beta_0 + \beta_1 FirstGen_{ij} + \beta_2 SecondGen_{ij} + \beta_3 Gender_{ij} + \beta_4 ESCS_{ij} +$$
$$\beta_5 schoolESCS_j + u_j + \varepsilon_{ij} \tag{3}$$

本文运用上述 3 个模型，分别分析了 2009 年和 2012 年的数据，通过对比两次测试的结果，我们可以看到移民类型对成绩的影响在 3 年中的变化。需要指出的是，我们对使用的所有变量都进行了加权，学生个人层面的变量使用学生个体的权重，学校层面变量则使用学校的权重。为了简便起见，在上述模型中并未将权重表述出来。

3. 结果和讨论

首先，表 3 对比了不同类型学生的数学素养情况。在 2009 年和 2012 年两次测试中，一代移民学生的数学素养明显低于其他两类学生。此外，从标准差可以看出一代移民学生的成绩差异也大于另外两类学生。本地居民和二代移民的成绩比较接近。从两次测试结果的变化来看，本地居民和二代移民的成绩都有所提高，而一代移民的成绩反而下降了一些。

表 3　2009 年和 2012 年不同类型上海考生的数学素养成绩

类型	2009 年	2012 年
一代移民	585.87	574.53
	(108.15)	(110.52)
二代移民	608.39	620.32
	(87.59)	(104.62)
本地居民	603.22	620.97
	(95.38)	(90.48)

注：括号中为标准差。

表 4 显示了运用 3 个双层线性模型分别对 2009 年和 2012 年的数据进行分析的结果。2009 年，模型（1）的结果表明，尽管一代移民的平均成绩低于本地居民，但这一差异在统计上不显著。二代移民的成绩高于本地居民，差异也不显著。模型（2）加入了个体层面的两个解释变量，性别和学生 ESCS 指数。在控制了这两个变量后，一代移民的效应增大，而二代移民的效应则变小。也

就是说，在去除了性别和 *ESCS* 的影响后，我们可以更明显地看到一代移民略微落后于本地居民，而二代移民与本地学生更为接近。此外，从模型（2）的结果我们也可以看出，男女生之间存在显著差异，*ESCS* 与成绩呈正相关，但每一个单位的 *ESCS* 对成绩的影响并不显著。模型（3）加入了学校平均 *ESCS*，一代移民的效应进一步加大，但在统计上仍然不显著。二代移民的效应则继续减小。性别和个人 *ESCS* 对成绩的影响与模型（2）类似，而学校平均 *ESCS* 则对成绩有显著的正效应，即生源的平均家庭经济文化水平越高的学校，在 PISA 测试中取得的成绩越好。这一结果与过去的研究发现相吻合：生源越是处于社会经济优势地位的学校更容易获得更多、更优质的教育资源，进而对学生成绩产生显著的影响。综上，从 3 个模型的分析结果可以看出，2009年进入 PISA 抽样框的学生中，一代移民获得了较为公平的教育。

而 2012 年的结果则不如 2009 年乐观。模型（1）的结果显示，一代移民成绩显著低于本地居民，二代移民与本地居民没有显著差异。模型（2）中，加入了性别和个人 *ESCS* 后，一代移民的负效应较模型（1）几乎不变，二代移民的效应接近 0。性别差异比 2009 年更大一些，而原本不显著的个人 *ESCS* 则对成绩产生了显著的影响，在控制了其他变量后，*ESCS* 每提高一个单位，平均成绩提高 9.15 分。当加入学校平均 *ESCS* 时，移民的效应及性别、个人 *ESCS* 对成绩的影响都保持不变。和 2009 年一样，学校平均 *ESCS* 对成绩有显著的影响。

表 4　2009 年和 2012 年多层线性模型回归结果

	2009 年			2012 年		
	模型 1	模型 2	模型 3	模型 1	模型 2	模型 3
β_1	− 3.14	− 3.78	− 3.82	− 13.80 ***	− 13.25 ***	− 13.24 ***
	(3.17)	(3.14)	(3.13)	(3.87)	(3.60)	(3.60)
β_2	2.38	1.68	1.64	1.07	0.20	0.19
	(3.99)	(4.03)	(4.03)	(3.36)	(3.31)	(3.31)
β_3		11.63 ***	11.64 ***		15.48 ***	15.49 ***
		(1.96)	(1.96)		(1.96)	(1.95)
β_4		2.96	2.90		9.15 ***	9.05 ***
		(1.40)	(1.40)		(1.58)	(1.58)
β_5			86.10 ***			84.70 ***
			(5.41)			(5.88)

续表

	2009 年			2012 年		
	模型 1	模型 2	模型 3	模型 1	模型 2	模型 3
β_0	599.73	595.55	637.80	613.91	609.83	642.19
	(5.91)	(5.87)	(4.39)	(5.30)	(5.04)	(4.26)
σ_u	71.64	70.72	45.69	68.53	64.88	42.01
	(3.17)	(3.14)	(2.70)	(3.23)	(3.07)	(2.47)
σ_ε	65.48	65.18	65.18	67.19	66.39	66.39
	(1.27)	(1.26)	(1.26)	(1.25)	(1.22)	(1.22)

注：括号中是标准差；*** $p < 0.01$。

仅从数据结果来看，上海城市移民的教育公平状况从 2009 年到 2012 年似乎有了少许后退，但我们不能简单地依据统计结果下结论，而是需要参照其他相关研究和政策等，审慎地对待量化分析的结果。事实上，从 2009 年到 2010 年，上海对外来人口的教育政策是逐步放宽的。2008 年以前，非上海户籍儿童进入上海义务教育阶段公办学校免费就读的条件为"六证"，包括父母农民身份证明、就业证明、居住证明、计划生育证明、社会综合保险证明及监护人证明。从 2008 年秋季起，六证要求减少为两证，凡能提供父母农民身份、父母的上海市居住证或就业证明两方面证明材料的可以享受免费就读政策。2010 年又对持有临时居住证人员子女接受义务教育工作进行了规范，扩大了义务教育阶段公办学校接收比例，市、区教育行政部门鼓励公办学校放宽班额要求、吸纳非沪籍儿童入学。为何在对非户籍学生更为有利的政策背景下，教育结果公平的程度反而下降了呢？一种可能解释是，在非沪籍儿童较难进入本地公立学校时，很大一部分人在初三或更低年级就回到户籍所在地就读，或是在初三后就离开了学校，因此没有被纳入 PISA 的样本框，而这部分学生恰恰是"一代移民"中社会经济背景更差或成绩更低的群体。而当抽样框包含更大比例这一群体的学生时，我们就看到了原本没有显现出来的问题。

以上表明，宽松的就学政策，扩大了公平教育对人口的覆盖面，提升了基础意义上的入学权利公平程度。但在统计学意义上，也造成了特定群体学生之间成绩差异的扩大。从模型（1）的结果可以看出，校际差异（σ_u）大于校内差异（σ_ε），因此上海一代移民教育公平问题，更多是家庭经济背景与学生所入学校的水平所带来的。对于移民来讲，促进入学的"机会公平"，仍然远比注重教育教学的"过程公平"优先和重要。

三 结语

PISA 对我们的意义远不止于与其他国家比赛后的排名高低。在教育公平方面，我们可以从国际比较和历史比较的角度，探究不同性别和家庭经济文化背景学生是否获得了公平的教育机会、资源和结果，还可以运用测试结果对教育公平的状况和机理进行多种层次的深入分析，找到政策调整的切入点。PISA 数据为我们提供了宝贵的研究资源：以能力为导向的评估框架可以为我们的课程改革和考试评价改革提供思路；评价结果让我们对学生的知识运用能力、思考能力等有更清晰和深入的了解；结合背景数据，我们还可以分析有哪些因素对我国学生成绩产生显著影响，从而更好地为学生发展提供所需的教育资源等。

当然，PISA 数据也存在一些限制。首先，PISA 采集的是横截面数据，对数据中出现的相关性都不能简单地认为是因果关系。例如，有少数国家和地区，其班额和成绩呈正比，但绝不能由此得出大班额对提高学生成绩有效的结论。此外，由于 PISA 强调国际可比性，因此一些我国特有的信息（如学生的户籍类型等）没有被涵括进去。充分、合理地使用 PISA 数据，谨慎、理性地对待 PISA 数据的分析结果，方能最大限度发挥 PISA 的作用，为我国教育政策的不断完善提供更多科学的依据。

B.9
教育精准扶贫的实践路径、方法与思考

张兆勤　封清云　王成德*

摘　要： 我国制定了2020年贫困人口必须全部脱贫的奋斗目标。教育
扶贫的基础性地位、先导性功能和根本性作用早已清晰显现，
教育扶贫具有阻断贫困代际传递的使命。本文以甘肃省为例，
研究了甘肃省教育精准扶贫的思路、措施、路径与方法，为
全国推进教育精准扶贫提供借鉴。

关键词： 精准扶贫　教育扶贫　农村教育　甘肃

2015年《中共中央国务院关于打赢脱贫攻坚战的决定》制定了2020年贫困
人口必须全部脱贫的奋斗目标。截至2015年8月，我国仍有7000多万贫困人
口，如期脱贫任务十分艰巨。联合国教科文组织的研究表明，人均受教育年限与
人均GDP的相关系数为0.562。[①] 教育在扶贫脱贫中具有基础性地位、先导性和
持续性作用。当前，教育扶贫是防止贫困代际相传的有效途径已成共识。

一　教育精准扶贫的现状

教育扶贫是指针对贫困地区的贫困人口进行教育投入和教育资助服务，使
贫困人口掌握脱贫致富的知识和技能，通过提高当地人口的科学文化素质以促

---

* 张兆勤，兰州文理学院副校长，曾任甘肃省教育厅师范教育处处长，主要研究方向为教育
管理、家庭教育、乡村教师校长支持、学校发展规划、农村教育、语言文字政策；封清云，
甘肃省教育厅干部，负责教育扶贫工作，协助办理兰州新区职教园区工作；王成德，兰州
文理学院教授，甘肃省心理咨询师学会副会长。

① 柴葳：《教育是最根本的精准扶贫》，《中国教育报》2016年3月3日。

进当地的经济和文化发展，并最终摆脱贫困的一种扶贫方式。① 贫困是一种复杂的社会现象，既有自然环境恶劣的影响，也有教育条件限制的影响；既有社会经济文化的影响，也有个人主观能动性的影响，多种因素的交互作用导致贫困，因而防贫脱贫、精准扶贫也成为一项综合的复杂的系统工程。

《中共中央国务院关于打赢脱贫攻坚战的决定》把"通过教育脱贫一批"作为五大精准扶贫、精准脱贫的重要途径之一。教育部在落实中共中央"精准扶贫、精准脱贫"基本方略和习近平总书记"扶贫先扶智"思想过程中，先后组织实施了20项教育惠民政策措施。

各级党委政府把教育扶贫摆在了发展社会事业的首要位置，省级教育部门也相继出台《关于精准扶贫教育支持计划的实施方案》等文件。贵州省重点实施八大教育精准脱贫计划：学生精准资助惠民计划、职业教育脱贫富民计划、办学条件扩容改善计划、教育信息化推广计划、教师队伍素质提升计划、农村和贫困地区招生倾斜计划、教育对口帮扶计划、特殊困难群体关爱计划。② 湖北省着重实施"五个精准"：精准改造、精准招生、精准资助、精准就业、精准培训，制定了1个行动计划和26个配套实施方案。青海省实施基础教育提升计划，职业教育、高等教育脱贫行动计划，教育资助惠民计划，特殊困难儿童关爱计划，民族教育质量提升计划，教育结对帮扶行动计划等六项计划。③

笔者在中国知网检索发现，精准扶贫战略重点研究其内涵、关键环节等内容。精准扶贫政策重点研究产业扶贫和转移就业、易地扶贫搬迁、教育扶贫、救济式扶贫、生态扶贫、资产收益扶贫等精准政策，以及贫困治理体制机制实践中出现的矛盾、问题及积极的支持策略和应对措施。

二 教育精准扶贫实践困境

教育扶贫具有阻断贫困代际传递的使命，教育扶贫实现路径是让贫困家庭子女都能接受公平、有一定质量的教育。

---

① 谢君君：《教育扶贫研究述评》，《复旦教育论坛》2012年第3期。
② 王雨：《8大计划阻断贫困代际传递》，《贵州日报》2016年3月2日。
③ 赵静：《教育脱贫：变"大水漫灌"为"精准滴灌"》，《青海日报》2016年4月19日。

虽然各地在教育、文化、卫生扶贫方面投入了大量的资金，取得了一定的成效，但受经济基础薄弱和自然条件严酷等因素制约，城乡发展不平衡的问题亟待解决，公共资源均衡化方面与群众的期望还有一定差距。特别是事关教育发展的硬件建设和软件建设，前者主要是"改薄"任务艰巨，后者主要是师资培训的实效有待加强。分析如下。

（一）贫困地区的综合贫困态势依然严峻

一方面生态环境恶化，灾害频繁，改造自然环境的能力有限，物力人力资源贫乏。另一方面，很多贫困村社教育、文化、卫生事业落后，信息闭塞，自我发展意识淡薄，形成恶性循环，致使心理贫困加剧。随着脱贫工作的有力推进，剩余的贫困村和贫困人口主要集中在自然环境艰苦、信息不畅、经济发展程度低的边远村社。这部分贫困人口居住分散，农户联合和专业合作社组织化程度不高，农户单打独斗的局面还没有得到根本转变，致富"造血"功能培育难度不断加大。

（二）基础设施欠账较多，配套资金缺口大

以甘肃省定西市为例，市财政自给率不足12%，虽然已有将近2/3的财政资金投入精准扶贫，但精准脱贫任务要求配套资金的缺口仍然较大。教育方面实施全面改薄项目、贫困生资助、教师培训、教育信息化建设、职业技能培训等急需大量资金；文化方面精准扶贫乡村文化场所设施建设点多面广、总量大、投入少，除了省市财政将"乡村舞台"设备专项资金列入了财政预算外，各县区财政均没有安排建设专项经费。

（三）部分县区全面改薄项目进展缓慢，农村教师队伍亟须整合

全面改善贫困地区义务教育薄弱学校基本办学条件主要涉及两大类，一是校舍改造类，二是设备购置类。目前改薄项目报批及招投标环节较多，前期手续繁杂，致使部分项目无法在预期内开工，建设周期延长。部分县区全面改薄工作覆盖面广、涉及量大、任务艰巨。另外，教师质量是影响贫困地区教育质量的关键。据调查，目前乡村教师队伍主要存在以下突出问题：乡村教师数量不足、队伍不稳、老龄化严重、知识老化、教育教学能力不足及乡村教师普遍

负担重、压力大等。① 大多数县区村小和教学点英语和音体美教师"教非所学"问题突出。随着农村幼儿园建设步伐的不断加快，学前教育师资力量短缺问题更加显现。

（四）职业教育缺少特色，农民技能培训过于形式化

县区职业教育仍然以升学为导向，很多职校乐于组织大量学生参加三校生考试，直接就业的学生不到30%。对农民的技能培训周期短、技能不实用，加上农民的热情不够高，农民难以掌握一门真正实用的技术。

三 甘肃省教育精准扶贫的实践探索

由于受历史地理、自然环境、经济发展水平等诸多因素制约，甘肃总体呈现贫困面积大、贫困人口多、贫困程度深的特点。甘肃省共有86个县，其中58个县分属连片特困县，还有17个县属于不在国家扶贫片区内的插花型贫困县，贫困县占87%。按照国务院扶贫开发领导小组办公室的数据，在甘肃全部贫困人口中，"因学致贫"的人口占到13%。

面对原因错综复杂的贫困问题，甘肃省委、省政府提出了"六个精准"的要求：对象精准、目标精准、内容精准、方式精准、考评精准、保障精准。2014年，甘肃省就出台了《关于积极推进教育扶贫工程的实施意见》，推进教育强民、技能富民、就业安民的扶贫举措。2015年以来，省教育厅组织实施"9＋1"精准扶贫教育专项支持计划，即学前教育、义务教育、普通高中教育、职业教育、乡村教师队伍、民族教育、学生资助、高校招生、留守儿童等9个专项支持计划和《支持革命老区教育跨越式发展行动计划》。本文拟从四个支持计划出发，深入探讨其做法与经验。

（一）甘肃省教育精准扶贫的四项计划

1. 精准扶贫农村留守儿童教育专项支持计划

留守儿童问题是一个突出的社会问题，需要及时、公平、持续解决农村留

---

① 庞丽娟：《乡村教师队伍建设应成为精准扶贫重点》，《光明日报》2016年4月19日。

守儿童在基本生活、上学等方面的困难，甘肃省采取八项举措解决留守儿童的学习生活和健康发展问题。

一是健全农村留守儿童基本信息动态管理机制。各市（州）、县（市、区）按照重新确定的农村留守儿童定义和摸排口径，准确掌握农村留守儿童父母务工地点、家庭经济来源等基本情况。

二是大力改善农村留守儿童教育条件。扩大农村学前教育资源覆盖面，优先保障农村留守儿童就近入园。加快农村寄宿制学校建设步伐，基本满足农村留守儿童的学习和寄宿需要，优先保障农村留守儿童的用餐需求。

三是加强农村留守儿童关爱保护工作队伍建设。进一步建立健全组织领导机构和工作制度，逐步实现农村留守儿童教育关爱工作制度化、规范化和常态化。加强对农村留守儿童相对集中学校教职工的专题培训。

四是加强农村留守儿童服务阵地建设。加强青少年校外活动中心、乡村学校少年宫、留守儿童之家等建设，配备足量图书、通信设备和活动器材，满足留守儿童情感、心理等方面的需求。

五是切实提高农村留守儿童教育水平。关注农村留守儿童心理，开展个体心理辅导，加强法制安全教育。定期开展丰富多彩的文体活动，缓解留守儿童孤独情绪，使其体验学习的快乐，增强对生活的信心。

六是健全完善农村留守儿童教育关爱工作长效机制。建立农村留守儿童及其监护人特殊情况强制报告机制，落实辍学学生登记、劝返复学和书面报告制度。学校定期对农村留守儿童学习、生活、身体发育和健康等情况进行了解。

七是提高农村留守儿童监护人的教育水平。学校要建立与农村留守儿童父母的交流沟通制度，通过开展"三个一"活动密切孩子与父母之间的情感交流。发挥家长委员会和家长学校的作用，广泛开展富有特色的服务活动。

八是积极构建农村留守儿童关爱救助网络。各地教育部门加强与共青团、妇联、关工委等部门的沟通联系，形成共同关心、教育、关爱农村留守儿童的工作格局。

2. 精准扶贫乡村教师队伍专项支持计划

在教育精准扶贫工作中，乡村教师的数量和质量是影响我国教育和教师队伍发展的关键因素。甘肃省的目标是多渠道扩大贫困县（市、区）学校优质教师的来源，使之"下得去、留得住、教得好"。

一是摸清贫困地区学校和教师现状。针对贫困户学生所在学校、任教教师建档立卡，动态掌握其基本情况。制定精准的教师补充、培训、评优选先等方案，吸引更多优秀人才助力贫困地区教育。

二是促进贫困地区师资专业化水平。通过各种形式开展师德教育，形成师德建设长效机制。整合国培、省培项目，统筹规划、整体设计、突出重点，提升贫困地区中小学、学前教育师资专业化。

三是招聘优秀人才到农村任教。着力破解结构性矛盾，严格把关各环节，实现按岗招录。实施"幼儿教师特岗计划"，重点支持贫困地区、革命老区、少数民族地区补充乡村教师。2012~2016年全省共招聘补充中小学、幼儿园教师34313人，其中乡村教师32230人，占招聘教师总数的93.9%。

四是提升教师服务贫困村能力。面向农村启动了省级农村乡镇骨干教师培养、培训、评选工作，搭建农村乡镇以下教师专业成长与发展平台和渠道，实施乡村教师能力提升"三计划两工程"，每年培训贫困地区600名幼儿园园长和3000名教师。实施"3000乡村教师访名校"、"巡回支教"项目，加强师资紧缺学科教师和民族地区双语教师培训。

五是提高贫困地区教师各项待遇。在评选园丁奖和各级优秀教师等奖项时，向贫困地区教师倾斜，适当放宽条件。表彰奖励长期扎根农村、为人师表的贫困地区教师。2013~2016年为边远乡村教师发放生活补助共计10.59亿元，确保乡村教师待遇总体上高于县城教师。

六是实施"三区人才"支持计划教师专项计划，每年选派1400名左右的优秀教师到"三区"进行为期1年的支教，有力地提升了"三区"学校教师队伍素质，为教育改革和发展提供了人才支持。

表1　精准扶贫教师培训、交流、支教工作分年度任务一览

地区 \ 年度		2015	2016	2017	2018	2019	2020	合计
学前教育教师培训	国培	520	600	690	760	660	600	3830
	省培	130	150	170	190	160	150	950
中小学教师培训	国培	12800	14400	16000	17600	16000	15600	92400
	省培	3200	3600	4000	4400	4000	3900	23100
民族地区教师培训（双语）		1340 (290)	1340 (290)	1340 (290)	1340 (290)	1340 (290)	1340 (290)	8040 (1740)

续表

地 区 \ 年 度	2015	2016	2017	2018	2019	2020	合计
中等职业学校教师培训	2000	2000	2000	2000	2000	2000	12000
中职学校"双师型"教师培养	4000	4500	5000	5500	6000	6500	
"三区"教师支教	1400	1200	1200	1200	1200	1200	7400
藏区"顶岗实习"支教	300	400	400	400	400	400	2300
城市中小学校长到贫困地区中小学挂职	200	200	200	200	200	200	1200

资料来源：甘肃省教育厅关于印发《甘肃省精准扶贫学前教育专项支持计划（2015~2020年）》等七个教育精准扶贫专项支持计划的通知（甘教厅〔2015〕94号）中的《甘肃省精准扶贫乡村教师队伍专项支持计划（2015~2020年）》。下同。

3. 精准扶贫学前教育专项支持计划

学前教育是国民教育体系的重要组成部分。为保障贫困地区和困难家庭适龄幼儿均能接受学前教育，甘肃省制定了八项措施。

一是着力扩大贫困农村学前教育资源。科学编制贫困地区农村幼儿园建设规划，纳入政府为民办实事项目予以重点保障。重点依托农村中小学闲置校舍改造建设一批幼儿园，采取现有幼儿园改造扩容、乡镇园办分园、联合办园、设立巡回支教点等多种形式。

二是切实加强幼儿师资队伍建设。逐步补足配齐农村幼儿教师，对贫困地区农村幼儿教师在职称评聘、培训进修、评优提职等方面予以倾斜。从2016年开始，将农村幼儿园教师周转房列为省政府为民办实事项目。

三是大力改善农村幼儿园办园条件。设立专项资金分期分批实施农村幼儿园办园条件改善工程，为农村幼儿园配备安全绿色环保的设施设备和玩具、教具、图书。积极引导鼓励社会力量，通过捐赠、帮扶等形式帮助幼儿园改善办园条件。

四是重点支持革命老区和藏区农村学前教育加快发展。统筹实施民生实事项目、藏区双语幼儿园项目、发改委农村学前教育推进工程，加大对革命老区和藏区在项目实施、资金投入、师资补充、培养培训等方面的倾斜力度。

五是规范扶持民办学前教育发展。通过保证合理用地、减免税费、以奖代补、派驻公办教师、政府购买服务等方式，支持社会力量办园。

六是健全完善学前教育资助体系。制定计划分期分批逐步落实学前教育免费政策。从 2016 年起，对全省在园幼儿按每生每年 1000 元标准免除（补助）保教费，对 58 个贫困县的 6.57 万建档立卡贫困户学前 3 年在园幼儿再增加 1000 元学前教育券补助，走在了全国前列。

七是建立城乡幼儿园结对帮扶机制。引导鼓励省市级示范园和一类园与农村园建立一对一帮扶机制，建立 15 个省级学前教育研训基地，开展师资培养培训和教研指导服务。

八是提高规范管理和科学保教水平。切实规范幼儿园办园行为。加强对农村幼儿园保教工作的指导，坚持以游戏为基本活动，开展家长培训，提高科学育儿水平。

表 2　甘肃省精准扶贫学前教育支持计划行政村幼儿园建设工作任务台账

单位：所

地区＼年度	合计	2015 年	2016 年	2017 年	2018 年	2019 年	2020 年
全省	10003	1346	1855	2656	1447	1434	1265
兰州市	202	10	64	74	22	22	10
金昌市	2	1	1				
白银市	434	183	121	79	22	21	8
天水市	1902	178	261	611	357	355	140
武威市	350	62	86	129	22	22	29
张掖市	28	3	2	5	6	5	7
平凉市	518	279	197	42			
酒泉市	15	3	4	2	3	2	1
庆阳市	1063	275	443	345			
定西市	1491	148	250	555	256	253	29
陇南市	2815	36	102	379	658	656	984
临夏州	902	165	208	273	101	98	57
甘南州	281	3	116	162			

4. 精准扶贫义务教育专项支持计划

义务教育阶段是儿童一生发展的重要时期，是儿童思想道德、人格特征形成的关键期，也是身体发育、心理发展、学习知识、训练技能的关键期。

一是加大财政投入。2015～2018 年各级财政累计投入 146.3 亿元。持续加

大义务教育财政性经费投入力度，确保教育经费"一个比例"和"三个增长"。

二是科学统筹规划。分析确定每所学校办学条件的缺口，根据义务教育学校布局专项规划，一一列出清单，制定专门方案。全面推动义务教育学校达标建设工作，科学整合各类教育工程项目。

三是建立考核机制。对义务教育精准扶贫实施进展、质量和成效进行考核，并将其作为对市（州）政府绩效考核的重点内容。将重点项目作为督查督办的重要事项，实行行政问责制。

四是加大宣传力度。做好义务教育精准扶贫的宣传工作，让广大人民群众和师生了解中央和省上的惠民政策，了解义务教育精准扶贫项目的建设内容、实施进度及项目实施的效果，确保项目有序稳步推进。

表3　精准扶贫"全面改薄"项目分年度建设任务一览

单位：万元

| | 项目规划资金额度 | | | | |
	中央财政资金	省级财政资金	市级财政资金	县级财政资金	总计
甘肃省合计	677834.79	317789.16	74721.27	391590.32	1462975.12
2015年	173812.82	83226.92	21954.49	106390.08	375293.57
2016年	168046.57	77329.06	17961.29	97319.20	360656.18
2017年	167934.56	79118.02	18520.64	96481.86	367602.08
2018年	168040.83	78115.16	16284.85	91399.17	359423.28
58个贫困县区小计	542206.10	280746.52	49084.68	289919.39	1173087.02
2015年	138845.59	68959.30	11767.09	78422.09	297994.07
2016年	134494.53	70068.13	11379.35	72280.96	288223.03
2017年	134379.87	69858.43	12677.39	72267.87	294730.56
2018年	134486.11	71860.66	13260.85	66948.46	292139.35
17个插花县合计	135628.69	37042.64	25636.59	101670.93	289888.10
2015年	34967.24	14267.62	10187.40	27967.99	77299.50
2016年	33552.04	7260.93	6581.94	25038.24	72433.15
2017年	33554.69	9259.59	5843.25	24213.99	72871.52
2018年	33554.72	6254.50	3024.00	24450.71	67283.93

注：表中略去了"基础设施建设（平方米）"和"生活设施设备、教学仪器设备配套"相关信息。

为保障各项专项支持计划的顺利实施，各级教育部门明确了主体责任、分工与分级目标的完成时限，确定了检查监督、激励问责机制等相关制度。

（二）甘肃省教育精准扶贫取得的实效

甘肃省聚焦与全国同步建成小康社会战略目标，实施"9 + 1"教育精准扶贫专项支持计划，实现了不让一名学生因贫失学的目标。2012 ～ 2015 年，共向 78.52 万名家庭经济困难学生发放助学贷款 43.3 亿元。汇集各受教育阶段的扶贫对象、扶贫现状、扶持措施和扶贫进展等信息，将政策措施量化为具体指标嵌入系统模块，准确反映扶贫进展和效果，高效服务教育扶贫政策的精准落实。2015 年甘肃省教育精准扶贫荣获"全国教育改革创新特别奖"。2016 年 2 月，教育部新闻发布会专题介绍了甘肃教育精准扶贫取得的成效。近年来，甘肃省教育事业呈现快速发展态势。

1. 普惠性学前教育资源迅速扩大

坚持将学前教育作为重大民生工程和重要改革举措予以保障推进。2011 年以来，累计投入 57.95 亿元，在园所建设、设施配备、民办奖补、师资培训、幼儿资助等方面提供资金和政策保障，实现了建园总数、在园人数、幼儿教师数、学前教育毛入园率"四个翻番"。全省现已建成独立幼儿园和小学附设幼儿园 6436 所，较 2010 年增加 4029 所；在园幼儿 70.11 万人，较 2010 年增加 31.17 万人。把发展农村学前教育作为解放农村劳动力的重要举措，实施"三步走、全覆盖"战略，2014 年实现 58 个集中连片贫困县乡镇幼儿园全覆盖；2015 年实现 58 个集中连片贫困县 2000 人以上行政村幼儿园全覆盖；2016 年实现集中连片贫困县 1500 人以上行政村、插花型贫困县、革命老区和藏区有需求的行政村幼儿园全覆盖。全省学前三年毛入园率从 2011 年的 39% 提高到 2016 年秋季的 82%。鼓励社会力量以"公建民营"等多种形式参与办园。将所有贫困县农村幼儿园教师纳入乡村教师生活补助范围。

2. 义务教育办学条件全面改善

坚持均衡发展、提质发展的思路，加快城乡教育一体化发展。推进创建"三个千所示范校"，2014 年以来全省创建中小学德育示范校、快乐校园示范校、语言文字规范化示范校各 600 所。近年来，通过实施中小学校舍安全工程、中西部农村初中校舍改造工程等教育工程项目，持续改善义务教育薄弱学校办学条件。三年累计投入资金 145.3 亿元，完成五年规划总投入（214 亿元）的 67.8%。实施土建项目 15821 个、设备购置项目 54790 个。义务教育阶

段学生生均校舍建筑面积增加 1.34 平方米，78% 的学校生均校舍面积达标。更新学生课桌椅 131.7 万套，实现了一人一桌一椅的目标。推进县域内义务教育学校校长教师交流轮岗。大力推进"三通两平台"建设，近三年配备"班班通"设备 4.76 万套，2015 年中小学宽带网络"校校通"比例达到 84.1%，优质资源"班班通"比例达到 73.3%。全省特殊教育学校达到 37 所，38 个县区建立残疾儿童随班就读资源中心。

3. 教育保障水平逐年提升

建立教育投入稳定增长机制。公共财政教育支出从 2010 年的 233.34 亿元增加到 2015 年的 497.2 亿元，年均增长 18.8%。2015 年公共财政教育支出 497.19 亿元，占全省 GDP 的 7.32%，连续五年成为全省第一大公共财政支出。制定高职、中职、学前教育以及特殊教育生均公用经费拨款标准，实现教育投入制度性增加，全省教育经费保障水平实现历史性突破。创新农村中小学教师补充机制，坚持按需设岗、精准补充，通过省政府民生实事、教育部"特岗计划"等项目，近三年补充农村中小学教师 1.6 万余名、幼儿教师 9221 名，引进免费师范生 1357 名。切实提高乡村教师待遇，在全国率先出台乡村教师支持计划实施办法，规定贫困县乡村教师生活补助每月不低于 500 元。近三年全省投入补助资金 5.34 亿元，16.69 万名乡村教师受益。着力打造专业化教师队伍，近三年累计培训中小学、幼儿园教师近 44 万人次。

4. 稳步推进教育综合改革，教育教学质量逐年提升

通过深化改革，不断满足群众对"上好学"的新需求。一是推进教育综合改革。先后完成"阳光体育"运动、职业教育集团化办学等国家教育体制改革试点项目 14 项，出台甘肃省深化教育考试招生制度改革实施方案。落实义务教育免试就近入学政策，推进普通高中学业水平考试改革。减少和规范高考加分项目，改进高考招生投档录取模式。加快推进职业教育考试招生改革，扩大中职学校对口升学和省内单独测试招生规模，实施应届高中毕业生和中职毕业生推免录取试点。二是深化基础教育课程与教学改革。先后制定深化义务教育课程教学改革推进计划、义务教育课程改革指导意见。深化职业教育教学改革，制定深化职业教育教学改革、全面提高人才培养质量的实施方案和中等职业教育课程改革方案。

四 教育精准扶贫的若干思考

教育扶贫的各项政策措施惠及了广大贫困家庭的学生。但是，基础设施落后、师资力量薄弱、优质教育资源不足、办学活力和科研创新能力不强等困难和问题依然是西部欠发达省份教育发展的短板。"十三五"时期是打赢精准脱贫攻坚战、实现与全国一道全面建成小康社会的决胜阶段，教育发展要以服务经济社会发展为导向，以提高教师队伍整体素质为关键，着重解决困扰教育改革发展的主要矛盾和突出问题。贫困地区农村教育发展是一项综合性、系统性工程，依靠单一的举措难以奏效，必须以系统思维整体推进。

（一）从稳定师资角度进一步改善和提高农村教师待遇

由于住房、津贴、补贴、交通费等工资外因素的影响，农村教师生活水平整体较城镇教师低，职称评定、评优选先按教师人数比整体也偏低。特别是近十年来补充到农村的中小学教师以应届大中专毕业生为主，他们一旦成为骨干教师或教学能手，调入城镇学校的愿望就更强烈。下一步要继续改善和提高农村教师待遇，从省级层面加快农村教师周转房建设，让乡村教师能够留得住、安心工作。

（二）解决学前教育师资的数量和质量问题

如何重点补充贫困地区行政村幼儿园师资，以及如何从高校毕业生、大学生村官、农村富余小学教师、未就业高校毕业生中聘用农村幼儿园专任教师和保育员，如何将农村幼儿园教师纳入乡村教师生活补贴范围的问题，均需要认真研究和尽快解决。

（三）真正改善贫困地区农村幼儿园幼儿营养状况

从人的一生发展来讲，幼儿时期是儿童身心发展的重要时期，也是儿童社会化的关键阶段。新建和改扩建的幼儿园，有很大一部分附设在农村小学，小学生每天能够吃到营养餐，同在一个校园里的幼儿园孩子却无法享受。将贫困地区农村学前教育纳入"营养改善计划"，着力解决农村幼儿身心发展问题值得思考。

（四）进一步增加重点高校在贫困地区的招生人数

从长远发展来看，精准扶贫需要大量的人力资源。加大"中西部地区对口支援协作计划"、"贫困地区专项招生计划"和"地方农村专项招生计划"等支持力度，增加贫困地区学生接受优质高等教育的机会，特别是为贫困地区培养"下得去"、"留得住"、"教得好"的师资显得尤为重要。

（五）继续加大义务教育寄宿制学校建设和监管力度

如何从资金、项目方面给予特殊支持，改善边远地区学生寄宿条件，按标准配齐相关生活、运动等配套设施，严格监管全面改薄和幼儿园项目建设。建议采取定期督查和随机抽查的方式，真正把各个工程建成优质工程、放心工程，全面改善办学条件，这是全民都关注的大事。

地方教育制度创新的新进展

肖丹 杨旻*

摘　要：　通过对第五届地方教育制度创新奖获奖案例的分析，可以认识当前地方教育制度创新的基本特征：促进农村教育科学发展、地方教育行政体制改革最为活跃；教育创新的主体行政层级增高，"东西规律"明显但差距缩小；教育创新的动因更加多元，主动型创新增多；管办评分离成为主要创新点，普惠性学前资源的长效机制逐渐建立，社会多元力量参与教育变革。

关键词：　制度创新　管办评分离　农村教育体制改革　社会参与

2015 年是"十二五规划"收官之年，《国家中长期教育改革和发展规划纲要（2010—2020 年）》实施过半，教育改革全面推进，一些领域取得重点突破。国务院和教育部对"十三五"期间的教育谋划布局，密集出台了一系列教育政策，深入推进管办评分离的教育治理改革，教育领域的创新活动日趋活跃。

在此背景下，21 世纪教育研究院举办第五届"地方教育制度创新奖"的评比，为认识当前自下而上的教育制度变革提供了鲜活的例证。

一　创新案例基本情况描述

（一）创新的领域：农村教育、教育行政体制改革最为活跃

第五届"地方教育制度创新奖"入围案例 34 个，分布在以下 7 个领域：

---

* 肖丹，21 世纪教育研究院副研究员；杨旻，北京工商大学教师，21 世纪教育研究院研究员。

地方教育行政体制改革、农村教育科学发展、促进义务教育均衡发展、学前教育、职业教育、民办教育和社区教育。从地方教育制度创新领域的分布情况（见图1）来看，促进农村教育科学发展的案例最多，地方教育行政体制改革其次。需要提出的是，在本届案例分类中，促进义务教育均衡发展的案例主要为城市地区通过学区治理、一体化管理实现优质均衡。而在农村撤点并校、城镇化浪潮中，城乡义务教育资源的极度不均衡问题令农村教育改革成为创新的重要内容，因此，解决县域内义务教育不均衡问题的创新案例被归类到农村教育改革类别中。

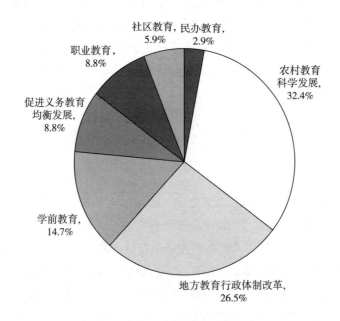

图1　2016年创新案例分布领域

（二）教育创新的主体：行政层级增高，"东西规律"明显但差距缩小

1. 创新主体所在行政层级

从案例频次来看，2016年县市区政府是教育制度创新的主体；省级层面的制度创新也占据一定比例，为20.6%，且较2014年有所增加，说明创新主体的政府层级增高。从创新比例上看，在全国29个省会所在市、5个非省会

副省级市和69个直辖市所在区中分别有 1 个、2 个、2 个创新案例，而在 274 个普通地级市中，却只有 2 个创新案例。这说明"中心城市"较之于普通地级市具有较高的政策支持度，较强的财力支撑和较为显著的改革风气，教育制度创新的可能性更大。

表1　2016 年、2014 年创新案例在各行政层级的分布

年份	所属层级	非省会副省级城市	普通地级市	省(市、区)	省会	县市区	直辖市所辖区
2016	频次	2	2	7	1	20	2
2016	比例(%)	5.9	5.9	20.6	2.9	58.8	5.9
2014	频次	0	8	3	1	11	2
2014	比例(%)	0.0	32.0	12.0	4.0	44.0	8.0

表2　2016 年各行政层级创新案例占比

所属层级	非省会副省级城市	普通地级市	省(市、区)	省会	直辖市所辖区
创新频次	2	2	7	1	2
行政层级总数	5	274	34	29	69
创新比例(%)	40.0	0.7	20.6	3.4	2.9

2. 创新案例所在区域

东部地区的"教育制度创新"最多，西部其次，中部最后。中东西部差距在缩小。第五届、第四届"地方教育制度创新"评比中共 59 个入围创新案例分布于 23 个省（市、区），西部的四川与东部的山东、浙江并列第一，各有 6 个创新案例入围，共占两届创新案例总数的 31%。青海、内蒙古两地有所突破，各有 1 个创新案例入围，而宁夏、西藏五届以来均没有案例入选。地方教育制度创新存在着一定的"东西规律"，这与各地资源禀赋差异有关。但中西部地区的创新案例显示，经济发展水平并不是教育制度创新的唯一变量。东中西部的创新差距也正逐步缩减。前三届创新奖中，东部地区案例数量超过一半，为 57.8%，第四届为 48%，第五届为 44.1%。

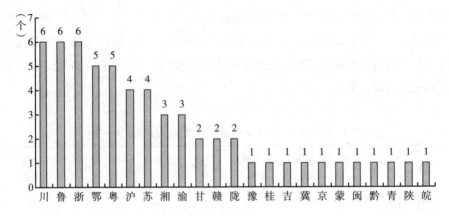

图 2　教育制度创新案例在各省份的分布情况（2014 年、2016 年两届案例合计）

表 3　2016 年、2014 年创新案例所在大区分布

年份	所属大区	东部	中部	西部
2016	频次	15	9	10
2016	比例(%)	44.1	26.5	29.4
2014	频次	12	6	7
2014	比例(%)	48.0	24	28

3. 教育创新的动因更加多元，主动型创新增多

政府创新常常是组织内外因素共同作用的结果。分析创新动因有助于我们了解地方制度创新的促发者、改革的基本类型和主动程度。根据创新的利益相关方，可将创新动因归类为"上级政府压力"、"组织发展需要"、"社会公众需要"、"管理对象触动"、"NGO 触动" 5 个类别。这里，将社会公众主要定义为与教育关系最为紧密的家长、学生群体。案例中未明确提到的创新动因均归入"其他动因"。

2014 年、2016 年创新案例动因分布的统计情况（见图 3）显示：第一，"管理对象触动"高居所有创新动因之首。半数案例的创新动力来自教育行政管理部门对教育管理问题的回应，属于"倒逼"型改革，具有被动型改革的特征。

第一，源自上级政府压力的教育创新。第五届案例中提到创新来源于"上级政府压力"的占 20.6%，第四届为 4.0%。主要表现为各地为响应上级

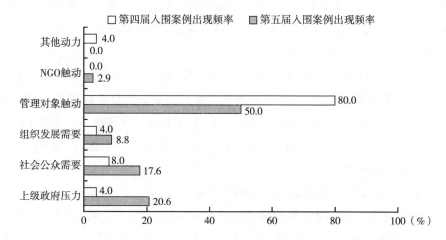

图3 第五届（2016年）、第四届（2014年）入围案例创新动因分布

试点改革要求、国家规划要求而被动开展的创新。湖北省郧西县为应对义务教育均衡验收，在地方财力薄弱的情况下，被倒逼出吸纳社会力量捐资助学，进而创新出"名誉校长"管理机制。山东省寿光市创新中职教师招聘管理机制是落实山东省开展"双师型"师资建设项目时实施的地方创新实践。中西部省份，如贵州省、青海省、甘肃省在国家提出实施学前教育三年行动后，纷纷加大省级统筹力度，创新师资招聘培训机制，提升普惠性学前资源覆盖率。

第二，回应公众需求的教育创新增多。第五届创新案例中创新动因为"社会公众需要"的占17.6%，较第四届（8.0%）有大幅提高。社会公众需求主要为外来人口入学（入园）需求、关怀留守儿童的社会需求。如深圳市实施民办教育学位补贴以分担家长压力，上海市浦东新区通过全方位扶持民办普惠园（包括保育点）发展以解决"地段生"入园贵的问题。湖北省鹤峰县、湖北省武汉市新洲区等敏锐地回应留守儿童的发展需求，创新性地建立关爱留守儿童工作机制。然而，也应该认识到，回应社会公众需求是政府创新的应然动因，但从第五届创新案例的统计数据来看，地方政府对公众教育需求的回应仍十分不足。

第三，回应组织发展需要的教育创新增多。第五届创新案例中创新动因为"组织发展需要"的占8.8%，较第四届（4.0%）大幅提高。教育行政部门自身机构臃肿，政出多门，各部门职能定位不清、履职摇摆不定，管理错位、缺位现象频出，使得地方教育行政部门机构改革及管理服务升级成为其改革的重

要内容。如杭州市上城区实行管办助评服务型机构改革，将管理机构、办学机构、导助机构、评价部门相分离，以提高教育公共服务的质量、效率，是基于组织发展需要的主动型改革。

第四，教育创新开始受到 NGO 的触动。第五届中出现了由 NGO 触动引起的创新。甘肃省宕昌县以公益组织进入为契机，基于自身教育基础薄弱的现实，在政府主导下，解放思想，广开门路，以开放的态度积极寻求专业化社会组织的服务，引进了许多关涉区域内涵发展的教育项目，改变了区域教育生态封闭、薄弱的现状。

4. 教育创新的外部参与增多，开放性增强

对创新案例提及的外部参与类别进行频次统计发现（见图 4），第五届"地方教育制度创新奖"案例外部参与较往年增多。第五届 34 个入围案例中，有 11 个案例明确说明了外部力量参与创新，有 4 个案例提及两个以上的外部参与主体。而前三届总共 159 个入围案例中，仅有 4 个案例提及两个以上的外部参与主体。且外部参与主体主要为直接参与职业教育或民办教育的企业及社会力量。从第五届统计数据可以看出，地方教育制度的"低开放"封闭状态正逐步打破，外部参与日益活跃，家长、社区、企业、科研单位等外部参与较第四届明显增多。

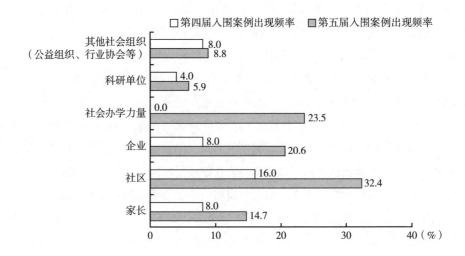

图 4　第五届（2016 年）、第四届（2014 年）入围案例创新外部参与分布

第一，教育行政部门在从"管理"走向"治理"的转型中，越来越重视多元参与治理。通过简政放权改革，把一部分管理、监督的权力向社区、家长开放。如青岛市在全市推动中小学建立了家长委员会和校务委员会，并逐步建立了教师、家长、学生、社区代表和专家参与的学校治理机制。重庆市綦江区建立学区自治委员会，目的是撬动原有条块分割的体制，在政府和学校之间搭建一个缓冲地带，带动社区广泛参与学区治理。

第二，越来越依靠科研机构提供智力支持。通过主动寻找外脑参与顶层设计，引入第三方机构进行监测评估，实现决策的科学化，提高监督的公信力。如成都市新津县在推进学校法人治理结构建设时，主动寻找外脑参与创新制度的顶层设计。上海市在改革职业教育贯通培养方案时，建立多方参与的智囊团。青岛市引入中国海洋大学的智力支持进行第三方评估，并建立了较为成熟的合作机制。

第三，地方政府在资源不足的情况下，开始主动吸收各类社会支持，对民间组织的态度日益开放、包容。甘肃、贵州、青海等中西部落后地区积极与公益组织、专业机构、高校开展广泛合作，在政府主导下，多方参与，弥补资源不足。如甘肃省会宁县与西部阳光基金会"童趣园"项目合作，建立山村幼儿园；青海省与首都师范大学合作培养幼教师资；贵州省与当地团委合作，招募幼教志愿者。这些社会支持正成为落后地区教育创新得以实现的有益资源。

二 地方教育制度创新的新特征

（一）管办评分离成为主要创新点

加大政府简政放权力度，实现管办评分离，构建政事分开、权责明确的教育管理体制成为主要创新点。青岛市全面推行学校管理权限清单制度，将副校长聘任、内部机构设置和中层干部聘任等 14 个方面的管理权限全面下放给学校。《青岛市中小学管理办法》开了国内学校立法的先河。重庆綦江区通过建立学区自治委员会，健全学区内教育治理结构，将学区职能逐渐向社会管理过渡，打破校际资源壁垒，形成学区内有限教育资源的聚集效应。深圳市龙岗区推进"政府资助学校试点改革"。通过引进优质的社会资源，增加了该地区的

优质教育资源供给；通过优质社会资源承办，实现了学校所有权和办学权的分离。深圳市通过《民办学校义务教育阶段学位补贴试行办法》等政策探索，实现教育财政从公办学校财政向公共学校财政的现代转型。

建立现代学校制度，重在学校内部治理。杭州市上城区依章自主办学，推进基于规划的学校自主发展办学模式，已形成每三年自主制订学校发展规划、每年进行学校发展规划实施情况的自评、每三年进行终结性评估的工作常规。成都市武侯区实行"教师自聘、管理自主、经费包干"学校管理体制改革，突破性地解决现代学校制度建设中的"财政依附"、"人事依附"两大难题。成都市新津县开展的学校法人治理结构改革，为经济比较贫困、教育发展比较落后的县市提供了有益借鉴；而上海市虹口区以学校章程为核心的五个"一"现代学校制度体系、上海奉贤区实施促进学校自主发展"星光计划"和创新发展"支点计划"、设立"学校自主发展专项"和"学校创新发展专项"，则为区域教育现代化起到示范作用。

科学、规范、公正的教育评价制度是管办评分离的质量保障体系，实现"评"的专业性和公信力是"管办评分离"能够落地的重要体现。重庆市成立教育评估院，实现了监测与评估的一体化，积极采用现代化评价方法和技术，构建起普查数据与专题数据、静态数据与动态数据、质化数据与量化数据相结合的结构化、模块化的数据库，有效保证了评估的科学性、规范性，开拓了评估为学校、教师和学生服务的新形式、新途径。

（二）义务教育均衡发展进入优化阶段

迈向优质均衡发展阶段的城市义务教育，出现了一些学校发展均衡、学业成绩好、学生负担轻的先进地区，如山东省威海市、山东省济南市天桥区、内蒙古自治区鄂尔多斯市东胜区。威海市是我国《义务教育法》、《教育法》、《民办教育促进法》改革的先行试点市，环翠区试点将辖区内中小学进行二级分片管理，赋予其自我管理权限，改变了传统义务教育中单线直管的权力结构。山东省济南市天桥区组建紧密型城乡教育共同体，推动区域教育的整体提升。内蒙古自治区鄂尔多斯市东胜区推进学区改革，实现教育均衡普惠发展。

在城乡教育均衡发展的视野中处理好"城挤乡空"的问题，既要增加城区的学校布点和资源投入，又要强基固本、办好老百姓家门口的学校。江西省弋阳县、上栗县等许多地方的实践已经证明，这是化解城区"大班额"问题、实现城乡教育双赢的治本之道。江西省弋阳县对城乡教育资源分配进行"维峰填谷"式的调整：调整城乡教育资金配置比例，资源配置向乡村倾斜，改变评价指标体系，保障底层学生受教育机会；规范城区招生，采取划片入学，改变城区择校乱象。浙江省出台《关于推进农村中小学小班化教育工作的指导意见》助力农村教育的内涵发展。武汉市新城区逐渐建立了区域、学校和大学三方合作的模式，开创了"D－S－U"伙伴协作式区域整体变革的留守儿童教育研究与实践之路。

（三）农村小规模学校改革受重视

在许多偏远地区和山区，远离县城和乡镇的村小、教学点支撑着难以进城上学、农村最弱势群体子女教育。建设好乡村小规模学校，成为保障教育公平、教育精准扶贫的重点和难点。四川省阆中市政府因地制宜，多措并举，整体推进乡村教育改革和发展，为偏远的乡村孩子在家门口获得公平优质的教育提供了保障，为每个农村孩子通过教育改变命运提供了机会。河南省濮阳县扶持了多个学校发展共同体和教师成长自组织，并据此成立了"濮阳县微型学校联盟"。对作为区域乡村学校的自组织，教育局给予了一定的领导和支持，如组织"一专多能"教师培训，进行区域走教的统筹与调配等，有效促进了校际资源共享、交流研讨。

（四）农村教师队伍政策亮点频出

在改善硬件条件的同时，各地的经验显示，提高农村学校教育质量，关键在于好校长、好教师。充实农村学校师资的关键是培养本土化的优秀教师。湖南省级党委、政府持续十年大力支持农村教育特别是农村教师队伍建设。出台的乡村教师定向培养计划体现了灵活多样的招生方式和培养模式，"县来县去"、"县来乡去"、"乡来乡去"、"乡来点去"四种招生计划确保招生培养与乡村教师岗位需求"零距离"对接。广西壮族自治区实施免费定向培养全科教师，重点解决农村教师队伍整体素质不高以及结构性矛盾等问题。通过提高农村教师群体的培养质量来优化学生的综合素质教育。山东省潍坊寿光市创新中等职业教育特聘教师管理制度，利用山东省"能工巧匠进职校"等政策，

自主聘任了 89 名技术精湛、能力出众的兼职教师。

稳定乡村教师队伍的重要措施是提高乡村教师待遇。湖南省泸溪县从 2006 年起提高乡村教师岗位津贴，目前村小和教学点教师的岗位津贴每月最高可达 1400 元，对稳定教师队伍起到了明显作用。江西省弋阳县通过社会集资为优秀的乡村教师颁发奖金，也在一定程度上起到了稳定教师队伍的作用。

（五）普惠性学前资源的长效机制

学前教育是我国各级教育中突出的短板。如何建立政府主导、社会参与、公办民办并举的办园体制，贵州省、青海省、甘肃省白银市会宁县、上海市浦东新区、浙江省宁波市江北区以多年的实践和探索给出了解答。

从农村学前教育的视角来看，贵州省在自身财力薄弱的情况下，大力发展公办学前教育，提出"广覆盖、保基本，兜底线"的发展思路。贵州省各地因地制宜地利用民房、村委会、撤点并校后闲置的校舍建立山村园、乡镇园，通过政府购买服务、招聘志愿者等方式补充学前教育师资，通过集团化办园管理模式的创新发展县域内城乡学前教育，为我国偏远落后地区普及学前教育提供了现实样本和发展路径。青海省改革学前教育资助制度，实施了三江源地区"1＋9＋3"教育经费保障补偿机制、覆盖六州的异地办学奖补机制等，覆盖所有学龄前儿童。甘肃省白银市会宁县通过政府主导、社会参与、公办民办并举，实现村级幼儿园全覆盖。

从城市学前教育的视角来看，上海市浦东新区从 2005 年起实施政府购买民办幼儿园服务，为适龄儿童提供可选择的学前教育服务，保障"地段生"享受普惠性学前教育服务的权利，降低民办园办学成本，打通了民办幼儿园发展的绿色通道。浙江省宁波市江北区通过多种举措保障民办普惠性师资队伍建设，在保障学前教育教师最低工资和各项福利待遇方面初见成效。

（六）职业教育改革创新有所突破

职业教育是我国现代国民体系的重要组成部分，深化校企合作是职业教育发展改革的重要途径。广东省先于全国较早开展学徒试点。作为全省两个教育部首批现代学徒制试点区的佛山市自 2013 年试点现代学徒制，按照政府主导、多方联动、校企合作、资源整合、集群发展、国际接轨的思路，探索形成了符合现代产业发展要求和城镇化进程需要、企业和职业学校双主体育人的现代学徒制。山东省寿光市为缓解中等职业教育"双师型"教师短缺，将编制的20%用于学校自主招聘"能工巧匠"和兼职教师，由市级财政承担教师薪酬。2013年以来，寿光市唯一公办的中职学校——寿光市职业教育中心学校自主招聘了近百名符合条件的高级技师担任专业实习指导教师，并参照"副教授"平均薪酬水平支付报酬。此外，还建立了兼职教师资源库和档案库，鼓励兼职教师和原有教师组建教学合作团队，在特聘教师管理方面积极探索经验。

促进中等职业教育与高等职业教育衔接的贯通试点，试图将中等职业教育与高等职业教育课程、培养模式和学制进行有效整合。上海市在全国率先实行贯通培养试点，在保障贯通有效衔接上、教育内涵提升上进行了初步探索，其实施的制度安排虽不完善，但可供我国目前正在开展试点的地区参考、反思。

（七）社会多元力量参与教育改善

政府创新社会管理模式，需要找到行政规律、社会规律之间的结合点。甘肃省宕昌县基础教育十年间获得较大程度提升的重要经验在于，在政府的主导作用下，以开放的态度接纳社会组织的项目，并有计划有选择地进行合作与落实。组建并逐步完善教研队伍，提升教师教育水平，同时也使得各种社会组织的教育项目得以在宕昌取得较好的效果。湖北省十堰市郧西县凝聚"新乡贤"之力，实行组织县直单位包联帮建、动员社会人士积极捐建、动员承建商捐减建校资金、聘请名誉校长、授予冠名权、建立教育基金会等创新方法。深圳市罗湖区成立深圳首个区级家委会联盟，帮助将家长的意见建议更加有效地反馈给学校、班主任和教师。河北省沧州市献县全面实施开放式办学，与社区形成了良性互动局面。

对于民间组织来说，找到政府、民间合作的有效结合点，才能利用政府的杠杆放大公益活动的影响力。与既往的政府、民间合作形式不同，在"鹤峰模式"中，发起者、牵头者为民间组织，政府主动寻求合作，民间公益活动被纳入地方决策的考虑范围中。由解决留守儿童温饱到解决重病患儿大病医保问题，再到尝试让留守儿童的父母返乡就业，客观上从整体上为农村留守儿童的身心健康发展提供了多方位的系统解决及保障方案。

在上述各个案例背后，都活跃着有作为的地方教育局局长的身影。他们在似乎不可能的情况下做出各种探索和改变，显示教育家精神是地方教育制度变革最重要的内在动力与能量源泉。我们要建立教育改革的可持续机制，最重要的，就是深化对教育家精神的认识和倡导，创造教育家办教育的制度环境，推动区域教育的健康发展。

B.11
北京市中考改革的行动轨迹与内涵分析

苏尚锋　王维维*

摘　要：　2016 年国家发布新一轮中考改革方案，目标是形成基于学业
　　　　　水平考试成绩、结合综合素质评价的高中阶段学校考试招生
　　　　　录取机制。北京市作为改革试点，近年来在中考改革上进行
　　　　　了一系列探索，实行示范性高中指标下放、改革考试内容、
　　　　　降低考试难度、开展综合素质评价等措施，以促进教育公平
　　　　　和学生个性发展，强化学生实践能力和综合素质的培养。但
　　　　　在开展富有成效的探索的同时，也面临着崭新的问题与挑战。

关键词：　中考制度改革　综合素质　名额到校

2016 年 9 月，教育部印发《关于进一步推进高中阶段学校考试招生制度改革的指导意见》，力求完善初中学业水平考试制度和学生综合素质评价制度，以确保到 2020 年左右初步形成新的基于学业水平考试成绩、结合综合素质评价的高中阶段学校考试招生录取机制和规范有序、监督有力的管理机制，促进学生全面发展、健康成长，维护教育公平。[①]

作为国家教育体制改革试点单位，北京市从 2013 年开始在初中毕业生学业水平考试、综合素质评价、高中招生录取等方面进行了积极探索，积累了许多有益的经验。近两三年来，北京市更是结合自身优势和课程改革特点，开展

＊　苏尚锋，首都师范大学教授，教育学博士；王维维，北京市八十中学实验学校温榆河分校
　　学生发展处主任，全日制教育硕士。

①　教育部：《教育部关于进一步推进高中阶段学校考试招生制度改革的指导意见》（教基二
　　〔2016〕4 号），2016 年 9 月 19 日。

更加系统化的中考改革制度设计，实行一系列组合型举措，在地方教育改革探索中独树一帜。

一 系统设计，行动在先

2013 年 10 月，北京市出台了《2014～2016 年中考中招框架方案（征求意见稿）》，顶层设计并统筹部署了三年中考改革的方向和举措。2015 年 12 月，下发《北京市教育委员会关于本市中考中招与初中教学改进工作的通知》，从考试科目和分值、考试内容与形式、考试时间、考试招生方式等方面对 2016 年中考做出了详细的规定，为初中教学改革指明方向。2016 年 4 月，北京市公布《北京市关于深化考试招生制度改革的实施方案》，依据此方案，2018 年起实施的新中考文化课考试科目将从目前的五科增加至九科，除语文、数学、外语必考外，考生可从其他几个科目中选考三科，选考科目考试成绩依照一定比例进行折算，合计形成中考总成绩，允许考生扬长避短。

2016 年北京市教委下发《关于加强和改进初中学生综合素质评价工作的实施意见（试行）》，要求在 2018 年将综合素质纳入中考评价之中，并将评价结果作为初中升学的重要参考和依据。可见，北京中考改革所秉持的理念精神及做法与全国中考改革的方向是一致的，只是起步更早、行动在先。

北京市中考改革除了在时间安排上紧凑之外，还在内容上逐步深化。自 2011 年《全日制义务教育语文课程标准》（修订版）颁布以来，北京市以考试评价改革为杠杆，不断促进教育发展。从 2014 年中考开始，调整各科目的考试内容，推动教学变革；从 2018 年中考开始，允许学生对考试科目有多种选择，引导学生发挥自己的学习优势；从 2019 年中考开始，将学生学习的过程性评价纳入中招评价体系之中，初步形成基于初中学业水平考试成绩、结合综合素质评价的高中阶段学校考试招生录取模式。

二 北京市中考改革方案：科目和分值调整

根据北京市中考改革方案，自 2018 年起，考试科目和分值调整为：语文、数学、外语、地理、历史、思想品德、生物（化学）、物理、体育九门课程。中考满分为 580 分（不含加减分），其中语文总分值为 100 分；数学总分值为 100 分；外语总分值为 100 分，其中 60 分为卷面考试成绩，40 分为听力、口语考试，与笔试分离，学生拥有两次考试机会。物理、生物（化学）、思想品德、历史、地理五门的原始满分均为 100 分，每门课均含开放性科学或社会实践活动 10 分。学生可以从五门中选取三门来参加考试，其中，物理、生物（化学）必须至少选择一门。选取的三门成绩，从高到低分别按照 100%、80%、60% 的系数折算，也就是，三门折算后的满分为 100 分、80 分和 60 分。此外，体育为 40 分，包含 30 分的现场考试与 10 分的过程性考核。学生需要学习九门课程，每一门课程都需要完成学业水平考试（见表 1）。

表 1　2018 年中考考试内容与分值分布——科目调整 3 + 3

类别	科目	分值	
必考	必考 3 门	语文	100 分
		数学	100 分
		英语	100 分（其中 60 分为笔试成绩，40 分为听力、口语，两次考试机会）
		体育	40 分
选考 5 门选 3 门	两门中选择 1 门或 2 门	物理	100 分（含开放性科学综合实践活动 10 分）
		生物（化学）	100 分（生物与化学合卷考试）（含开放性科学综合实践活动 10 分）
	三门中选择 1 门或 2 门	历史	100 分（含综合实践 10 分）
		地理	100 分（含综合实践 10 分）
		思想品德	100 分（含综合实践 10 分）
总分		580 分	

注：牛伟坤《北京新中考 2018 年开始》，《北京晚报》2017 年 4 月 7 日。

由于规定了选考科目从理科的物理、化学（生物）中必须选 1~2 门，从文科的历史、地理、思想品德中必须选 1~2 门，则出现了约 9 种考试科目组合，而且限制了全文全理的组合，以体现文理学科的均衡（见表 2）。

这一方案与基础教育课程改革的价值是一致的，如增加学生课程选择的自主性，突出课程设计的实践和活动取向。通过设置可选择的考试科目，让学生

表2　2018年中考考试科目选择组合——9种科目组合发挥特长

种类	必考3门	选考1	选考2	选考3
1	语文、数学、英语	物理	生物(化学)	历史
2	语文、数学、英语	物理	生物(化学)	地理
3	语文、数学、英语	物理	生物(化学)	思想品德
4	语文、数学、英语	物理	历史	地理
5	语文、数学、英语	物理	历史	思想品德
6	语文、数学、英语	物理	地理	思想品德
7	语文、数学、英语	化学(生物)	历史	地理
8	语文、数学、英语	化学(生物)	历史	思想品德
9	语文、数学、英语	化学(生物)	地理	思想品德

从"学宽"到"考宽"，在众多学科中选择自己擅长的科目，鼓励学生的个性化成长。在一些考试科目中增加了10分的过程性实践活动内容，加强了对学生实践能力的考查。

在中考科目的设计和选择上，存在着基础性与选择性、学科知识与实践知识、身体智能与心理智能之间的权衡。这里不仅反映出决策者对于基础教育课程体系内在规律的思考，也反映出教育考试本身有待开展更加纵深的专门探究与专业化发展。

相比于此前的固定内容和评价方式，在学生中考成绩一定的情况下，按照不同科目的折算方式，可以呈现较大的差异。比如，五位学生语数外三门得分总和都是240分，折合后却呈现差别。这个成绩换算可以呈现学生现有学力的结构性差异，是一种激励学科优势分化的举措。最后有效成绩最高分值可以差出12分，这12分可以看成一种激励分值。然而，12分在240分中的比值是否合理，是否可以恰切地反映出个性发展的价值，激励分值的合适程度，以及激励方向的合宜程度，这些都是中考制度需要进一步研究优化的重要内容。此外，虽然实践活动占分、体育占分都具有较强的政策调节意义，但如何进行精确的估值，该分值与中考满分分值之间的比例也是需要探讨的话题。

按照中考改革方案，2019年中考，部分学生的中考成绩将按照考试成绩的70%与综合素质评价成绩的30%合成，体现了对学生过程性表现与综合素质的重视。但就目前来看，对 7∶3 比例的合理性还缺乏探讨，也缺少具体的政策执行设计。因为拿综合素质评价进行成绩折算本身就有极大的难度。因此，这可能只是一种暂时性、象征性的政策方向表述，会在今后的实际操作中不断地调整和完善。

三 示范性高中指标下放和"校额到校"政策

近年来北京市的中考改革实践，始终把保障教育公平、促进义务教育均衡发展作为制度变革的重要价值导向。在北京市下发的中考改革文件中，"教育公平"、"教育均衡"是被提到最多的关键词。其中的关键措施就是把示范性高中、优质高中的招生名额分配到普通初中学校。

（一）示范性高中名额分配占比逐年提高

将示范性高中、优质高中的招生指标直接分配到各普通初中学校，是为了缓解"小升初"的升学竞争，给普通初中学校以倾斜扶持政策，从而打破长期以来形成的上好小学—上好初中—上好高中的固定链条。即使是一所名不见经传的普通初中，只要学生在校内名列前茅，就照样有机会进入优秀高中。2013 年，北京市示范性高中的名额分配比例大约为 15%；2014 年提高到30%，参与名额分配的不仅有"示范性高中"，还包括一些新兴的"优质高中"；2015 年，名额分配比例提高至 40%；2016 年，名额分配比例被调高至50%，同时增加了报考"名额分配"的学生中考成绩必须达到 500 分以上（含 500 分）的分数要求。可以看出，名额分配比例逐年上升，在区县范围内统筹优质教育资源，大大增加了普通初中学校的学生进入优质高中的受教育机会。

（二）实行"校额到校"的倾斜政策

2016 年 5 月，北京教育考试院发布了《关于做好 2016 年优质高中招生计划定向分配到初中校工作的通知》，要求本市中招的名额分配批次增加"校额到校"的招生方式。即针对 2015 年中招升入优质高中比例低于 30% 的一般公办初中，采用定向分配到校的方式补足名额到 30%。通过"校额到校"录取

的考生总分需达到 500 分，在填报志愿时每个志愿学校可填两个专业①。录取时，"校额到校"招生录取安排在名额分配批次与名额分配和市级统筹录取同期进行。

"校额到校"政策保证了每一所初中学校至少有 30% 的学生能升入优质高中学校，主要是为了遏制优质高中名额被优质初中学校的学生大面积占领的态势，同时也能刺激享受"校额到校"的学生与学校不断提升自我实力，以求实现与优质高中的顺利衔接。

（三）建立市级优质高中教育资源统筹工作机制

为了弥补区域之间优质教育资源的巨大差距，使中心城区之外、教育资源相对薄弱的城区和远郊区县也能分享优质高中资源，北京市制定了含北大附中、人大附中、北京四中、八中在内的十所优质高中的跨区县招生计划，除了海淀、东城、西城三个区以外，其他区县每所初中学校都可获得一个进入这十所名校的名额。作为一种补偿措施，为优质教育资源欠缺的区县学生提供进入城区优秀高中的机会。

（四）实行艺术专业人才培养贯通政策

一些优质高中专门留出一定的名额，与艺术类院校联合培养学生。经过三年艺术素养学习，考核合格者可进入北京市直属高校学习，然后可申请加入"双培"或"外培"计划②。名额指标落实至各区县，并适度向远郊区县倾斜。这为学生升入高中提供了多种选择，特别是为有跨区就读打算的学生开辟了一条绿色通道，同时，也为现在城乡接合部新建学校提供一条较为便捷的办学道路。

四 改革考试内容，调整难度系数

2014 年 10 月，北京市教育委员会下发了《中小学学科教学改进意见》。

---

① 高中的专业是指在一所学校中依据不同的标准设置的录取指标，比如，有的学校设置寄宿生和非寄宿生两个录取专业，有的学校设置普通班和特色实验班两个录取专业等。

② "双培计划"是市属高校每年输送一些优秀学生，到二十多所中央高校的百余个优势专业中，进行中长期或短期访学。"外培计划"是市属高校每年输送一些学生到境外海外著名高校开展为期两年的访学。

该意见指出"学科教学内容与社会、自然的密切联系，使学生学到鲜活的知识与技能。语文写作教学重在引导学生表达真情实感，创新写作形式，如通过'微写作'解决实际问题。英语教学需加强听说练习，配备外籍教师辅导。学校要组织学生走出去，各学科用于开展校内外综合实践活动课程的课时平均不低于10%。物理、化学学科把学生初中三年以来参加开放性科学实践活动的成绩纳入中考评价体系"。2015年及以后的中考命题集中反映出了上述导向。比如，物理学科的命题中出现了用物理原理和知识解释国家科技馆中展品的相关现象，语文学科的命题中出现了用语言文字解决生活情境中的真实问题。这一导向将学生学习的空间由校内引到校外乃至整个社会之中，学生由抽象的理论学习拓展到在具体生活实践中学习，追求学生学习过程和结果的有效性、完整性。

北京市中考考试内容有意摒弃机械记忆、反复训练获得的死知识，更加注重学生能力和思维的发展；重视过程性的评价与记录，为高中招生提供更多可参考的评价方式，进而为高考改革的铺开打下坚实的基础。在中考试题命制过程中，命题人有意将小学的相关知识加入中考之中，考查学生义务教育阶段九年的积累，保证学生达到课程标准规定的要求，较快适应高中的学习生活。比如，在中考语文试题中，将简单常用的汉字笔顺纳入考试，重视学生语文基础知识的掌握情况。有的试题则渗透着一些开放性的赏析与评价，注重考查抽象思维与创新能力，这与高中学段所倡导的"语言建构与运用、思维发展与提升、审美鉴赏与创造、文化传承与理解"语文核心素养培养步调相一致。

据北京市教委副主任李奕介绍，新中考的试题更注重考查学生的思维能力和对基础知识的掌握能力，并非应试做题的能力。试题的变化是要引导教学的走向，使得今后学校的课堂教学更加聚焦思维方法的培养，而不是简单地让学生做难题。"新一轮的改革更加强调的是'用知识'而不是'背知识'"。"那些靠刷题、靠死记硬背的学生在这种变革中估计是要吃些亏了"。因此，这是一个洗牌的过程，但不是对过去简单的颠覆，而是"去产能"[①]。可见，当前的中考改革必然引发从学习到评价的一系列课程变革，同时，对教师的教育教学理念与行为提出挑战。

---

① 樊未晨：《从今年高考试题，看北京中高考改革趋势》，《中国青年报》2016年8月15日。

在新的北京市中考改革的政策影响下，学生能够体验到丰富多彩的课程内容，不仅有列入学校课表内的课程，还有许多学校组织的校外综合实践类课程。在诸多的学习体验中，学生能找到自己的兴趣爱好，开拓思维，进而发展自身的能力。从 2015 年开始，思想品德、历史、地理、生物被列入 2018 年中考科目，学生需要在这些科目考核中被评定为合格。这一变化将引起学生、教师、家长对此前的"副科"的重视，有利于促进学生在多个领域的全面发展。

从 2014 年开始，北京市中考试题就在考试内容和难度系数上发生了变化。北京市教委《关于做好 2015 年高级中等学校考试招生工作的意见》中，"降低难度"无疑是非常重要的一条规定。意见中明确提出"去掉难度系数小于 0.2 的考题"，这意味着在中考卷面上不再出现只有 20% 以下的考生能完成的试题。虽然这一规定会在一定程度上影响中考试卷的区分度，但它可以有效地调整目前的复习应考状态，可以不让八九成的学生成为考试陪练。

北京市的高考命题、考试内容也发生了类似的变化。从北京教育考试院公布的 2015 年北京高考各科平均分来看，各科平均分总体上继续呈现上升态势。2015 年北京高考文史类各科平均分总分 493.44 分，比 2014 年高了 23.81 分，比 2006 年高了 99.34 分；2015 年北京高考理工类各科平均分总分 522.58 分，比 2014 年高了 16.86 分，比 2006 年高了 73.07 分。北京市高考 600 分以上考生的占比，2014 年为 13.56%，2015 年达 18.5%，明显呈现升高态势。[①] 有人批评高分考生"扎堆"降低了高考选拔的区分度，但其实，高考改革的方向，就是要一改长期以来的"唯分数论"，通过强化综合素质评价的作用，使不同的高校、不同的学科选择最适合的学生。

降低难度系数这一规定将引导学生不再一味地强抠难题，而是在夯实基础后关注自身的特长培养，也使得学校教育从片面重视分数转变为注重个性化的、适合的教育，从关注"分层发展"转变为关注"分类"发展。

五　注重实践能力和综合素质的培养

新中考方案愈发重视对学生动手能力的考察。历史、地理、思想品德、物

---

① 《2016 年中国教育在线高招调查报告》，中国教育在线，2016 年 6 月 2 日。

理、生物（化学）五门考试科目均包含 10 分开放性科学社会实践活动分数。根据中考改革方案，2016 年 9 月入学的学生，其参加实践活动的情况已被纳入中考评价之中。因此，北京各中小学校都非常重视学生的各类综合实践活动，开辟专门的时段，精心设计，将课堂教学活动延伸到校园之外，通过与社区、科技馆、博物馆等校外教育机构的合作，拓展综合实践活动的内容与方式，实践活动已经成为学生学习的一条重要途径。

为了更充分地利用北京市丰富的文化、物质资源，发挥首都地区的地缘优势，北京市教育行政部门鼓励学校、社会机构积极开发校内外课程资源，丰富初中学生的学习内容，同时提倡学校组织开展社会大课堂学习、学科实践活动等。2015 年秋季学期，43 万人次学生参与到初中开放性科学社会实践活动中；2016 年春季学期，3 万多名初一学生纷纷到高校、科研机构、企业等单位开展动手实践。开放性科学社会实践活动有多达上千个的项目供学生自主选择，渗透了物理、化学、生物多学科知识，涉及健康与安全、自然与环境、电子与控制多个领域。

2016 年 8 月开始实施的《北京市初中综合素质评价工作实施意见》，要求学校客观记录并科学评定学生在思想道德、学业水平、身心健康、艺术素养、社会实践、个性发展六个方面的表现，将综合素质评价记录结果纳入中考评价，作为初中升学的重要参考和依据。

六　中考改革的积极影响和面临的问题

（一）公平和优秀的矛盾

北京市中考改革通过名额分配、校额到校以及市级统筹等调控措施以确保普通初中学校的学生同样拥有上优质高中的机会，在教育均衡的探索中迈出了一大步，对初中和高中的教育生态带来巨大的改变。一方面，普通初中学校可以有 30% 的学生进入优秀高中，但它们的办学水平并没有明显改变，是一种借助外力的"硬着陆"方式。而高中学校生源状况的相对均等化，必然使原有的高中学校地位等级发生变化，给具有较高声誉和教学质量的传统名校会带来严重的冲击。优质高中设置了不低于 500 分的录取线，是对这种可能损伤的

弥补。这里隐含着一种矛盾：如果为了 500 分而无法保证 50% 的名额实现，那么究竟应该保哪一头呢？如果强调分数，就可能会降低政策本身的调整力度；而如果强调 50% 的名额实现，就难以保证教育质量。也有人质疑这一政策对部分学生发展的促进作用。比如，"校额到校"的名额比例提升至 50% 后，一个中等学习水平的学生在一所一般初中校升入优质高中的概率要大于在优质初中校升入优质高中的概率，这种"低分高就"的状态是不是一种"逆向歧视"？这是否利于中间水平学生的进步与发展？这二者之间的矛盾——公平和优秀的矛盾，恰好是当前深化教育体制改革过程中所遭遇的最核心的矛盾，是需要在改革实践中解决的。

当然，生源的变化无论是对初中还是对高中学校都意味着一种挑战。初中学校能够接受较好的生源，有可能促进其学校氛围的改变和教学品质的提升。而高中名校则需要改变面向少数优秀学生的教学，通过因材施教的分层教学，提升、转化学生的能力，这才是真正的高水平教育，因为如果只能教优秀学生，很难说是优质教育。

（二）学校的紧运行和师生负担

北京市中考改革自上而下地推进，倒逼着中小学教育教学管理方式发生变革。影响学校的发展已经不仅仅是中考成绩高低这一要素，更是学校三年整体规划的能力、学校组织学生开展活动的能力、学校改革的应变能力等一系列综合要素。

2014 年 11 月北京市教委下发《北京市中小学学科改进意见》，语文、英语、科学三个学科系统根据此改进意见迅速组织研讨、交流，调整教学，并在当年的中考命题中予以体现。随着 2018 年、2019 年中考内容和分值的调整，思想品德、历史、地理、生物（化学）等选考科目的增加，此前教师所习惯的教学组织体系被打破，教师的教学经验面临着失灵的危险境地，由教学时间压缩、学生学习专注力的调整引起的问题十分明显，教师不得不重新建构本学科的教学体系，提高教学效率。

北京市中考改革政策频出，导致 2014 年、2015 年、2016 年入学的初中生所接受的考核评价方式都不一样，出现初中三个年级的学生在所选择的课程、学习方式、评价内容等方面都不相同，学校基本处于"摸着石头过河"的探索之中。中考改革对各校近年来逐步形成的校本课程体系亦产生了较大的影响。各学科拿出 10% 的课时开展学科实践活动，鼓励开设辩论社、戏剧社等社团。2018 年中考科目中增加历史、地理、思想品德、生物（化学）等，使得已经饱和的学校课程必须再做调整。如何兼顾各方利益、合理安排课程成为学校面临的最具有挑战性的难题。同时，学校管理也需要优化和调整。据了解，北京市第八十中学实验学校温榆河分校将年级组长从班主任中分离出来，除了承担必要的教学工作之外，专门负责本年级的教育教学工作，提升学校的教育教学管理的效率与质量。

北京市中考改革的推进，特别是中考科目的可选择以及计分方式的变化，让学生在升学路径上有了更多的选择，有利于学生个性化的发展。与此同时，出现的新问题是学生在丰富的课程安排之中异常忙碌，他们既要完成学校课程布置的各项任务，又要踊跃参与其他活动。有一部分人认为这样下来学生的课业负担非但没有减轻，反而有明显加重的迹象。此外，教师作为贯彻与落实改革的重要主体，需要应对来自学生的对学科专业知识的挑战。为了加强自身的专业性，教师需要重新建构实践知识体系，参与多方面的培训；同时，也需要在情感和态度上获得更多的关怀和支持。

B.12
高校财务信息公开初析

林洵多*

摘　要：　本文对 2012 年以来高校信息公开的由来和依据做了系统梳理，并以"985"和"211"高校、教育部直属高校、上海高校为视点，分析了高校财务信息公开的现状。2012 年高校信息公开起步以来，进展缓慢，"985"、"211"高校预算、决算信息的公开率低于 70%，但其中教育部直属高校财务信息的公开率达到了 97% 以上，目前高校财务信息公开推进不力的主要是地方高校。2016 年国内媒体对高校财务信息公开予以了关注，但并未引起社会舆论的关注，社会参与监督的舆论氛围还未真正形成。为改变地方高校财务信息公开推进不力的现状，文章提出了从管理侧着手加大工作力度的四项建议。

关键词：　高校管理　财务信息公开

　　高校财务信息公开是我国高校信息公开的重要内容之一，也是国家规定教育领域须重点公开的信息之一。2012 年在国务院、教育部的推动下，我国高校财务信息公开起步，但历时四年进展缓慢，症结何在？本文对此做一初步的分析，以期引起各方的关注。

一　高校财务信息公开的由来和依据

　　2008 年《中华人民共和国信息公开条例》正式施行。两年后教育部发布

＊ 林洵多，现任 21 世纪教育研究院教育信息公开评议顾问，原任上海市教育委员会副秘书长。

了《高等学校信息公开办法》，明确将"财务、资产与财务管理制度、学校经费来源、年度经费预算决算方案，财政性资金、受捐赠财产的使用与管理情况，仪器设备、图书、药品等物资设备采购和重大基建工程的招投标"列为高等学校应当主动公开的信息之一，这也是教育部文件中首度对高校财务信息公开的规范性表述。

从《高等学校信息公开办法》发布至 2012 年，未见全国有高校在学校网站主动公开财务信息，其中很重要的原因是财务信息公开涉及的政策性、专业性较强，没有明确的专门口径和规范格式，高校难以操作、实施。为此，2012 年教育部下发了《教育部关于做好高等学校财务信息公开工作的通知》，对高校财务信息公开做出了明确的具体要求，特别是为高校预算、决算信息的公开制定了 8 张表格作为高校财务信息公开的规定格式，包括高等学校收支预算总表、高等学校收入预算表、高等学校支出预算表、高等学校财政拨款支出预算表、高等学校收支决算总表、高等学校收入决算表、高等学校支出决算表、高等学校财政拨款支出决算表等。

2013 年《国务院办公厅关于印发当前政府信息公开重点工作安排的通知》提出"加大高校财务信息公开力度"的要求。教育部随后下发了《教育部关于进一步做好高等学校财务信息公开工作的通知》，重申了对高校信息公开工作的要求，同时明确要求"公开预算决算信息，并细化至项级科目"。2014 年教育部公布了《高等学校信息公开事项清单》，该清单具体包括：财务、资产管理制度；受捐赠财产的使用与管理；校办企业资产、负债、固有资产保值增值等信息；仪器设备、图书、药品等物资设备采购和重大基建工程的招投标；预算信息；决算信息；收费项目、收费依据、收费标准及投诉方式。其中，涉及高校财务公开的事项主要为资产财务管理制度、收费信息、预算信息、决算信息。

对于民办高校而言，2002 年《中华人民共和国民办教育促进法》第三十八条是民办高校财务信息公开的法律依据。民办学校的年度财务会计报告，应委托会计师事务所依法进行审计，并公布审计结果。

二 高校财务信息公开的现状

目前还没有数据信息可以说明全国高校财务信息公开的完整状况，因此只能借助局部的数据信息来了解此项工作推进的大致情况。

（一）视点之一："985"、"211"高校

本视点依据的是中国社会科学院法学研究所发布的《中国高等教育透明度指数报告2014》、《中国高等教育透明度指数报告2015》，这两个报告披露了该所2014年、2015年对全国"985"、"211"高校（共115所）信息公开进行年度测评的结果。

——财务信息公开栏目的设立。2014年有103所高校在学校网站设置了财务管理专栏，占同类高校的89.57%；2015年有104所高校在学校网站设立了财务管理专栏，占同类高校的90.43%。

——财务、资产管理制度的公开。2014年有88所高校公开了本校的财务及资产管理制度，占同类高校的76.52%；2015年有101所高校公开了本校的财务及资产管理制度，占同类高校的87.83%。

——收费信息的公开。2014年有75所高校公开了本校收费项目及标准，占同类高校的65.22%，有74所高校公开了本校的收费依据，占同类高校的64.35%；2015年有91所高校公开了本校收费项目、收费标准及收费依据，占同类高校的79.13%。

——预算信息公开。2014年有78所高校公开了2014年度收支预算总表，占同类高校的67.83%；有77所高校公开了2014年度收入预算表和支出预算表，占同类高校的66.96%；有78所高校公开了2014年度财政拨款支出预算表，占同类高校的67.83%。2015年有78所高校公开2015年度收支预算总表，占同类高校的67.83%；有74所高校公开了本校2015年度收入预算表，占同类高校的64.35%；有76所高校公开了2015年度支出预算表，占同类高校的66.09%；有73所高校公开了2015年度财政拨款支出预算表，占同类高校的63.48%。

——决算信息公开。2014年有80所高校公开了2013年度收支决算总表，占同类高校的69.57%；有78所高校公开了2013年度收入决算表，占同类高校的67.83%；有79所高校公开了2013年度支出决算表，占同类高校的68.7%；有80所高校公开了2013年度财政拨款支出决算表，占同类高校的69.57%。2015年有74所高校分别公开了2014年度收支决算总表、收入决算表、支出决算表和财政拨款支出决算表，占同类高校的64.35%。

（二）视点之二：教育部直属高校

本视点依据的是 21 世纪教育研究院发布的《2015 年度高校信息公开情况评价报告》，此报告披露了该院 2015 年对教育部直属高校（共 75 所）信息公开进行年度测评的结果。

——财务、资产管理制度的公开。2015 年有 73 所高校公开了本校财务、资产管理制度，占同类高校的 97.3%。

——收费信息的公开。2015 年有 73 所高校公开了本校收费项目、收费标准、收费依据及投诉联系方式，占同类高校的 97.3%。

——预算信息公开。2015 年有 74 所高校公开了 2015 年度收支预算总表、收入预算表、支出预算表、财政拨款支出预算表，占同类高校的 98.7%。

——决算信息公开。2015 年有 73 所高校公开了 2014 年度收支决算总表、收入决算表、支出决算表、财政拨款支出决算表，占同类高校的 97.3%。

（三）视点之三：上海高校

本视点依据的是上海市教育委员会 2014 年、2015 年对上海高校信息公开进行测评的结果。

1. 教育部在沪高校（8 所）

（1）财务、资产管理制度的公开。2014 年有 7 所高校公开了本校财务、资产管理制度，占同类高校的 87.5%。2015 年有 8 所高校公开了本校财务、资产管理制度，占同类高校的 100%。

（2）收费信息的公开。2014 年有 8 所高校公开了本校收费项目、收费标准、收费依据及投诉联系方式，占同类高校的 100%。2015 年此事项的信息公开情况与 2014 年相同。

（3）预算信息的公开。2014 年有 8 所高校公开了 2014 年度收支预算总表、收入预算表、支出预算表、财政拨款支出预算表，占同类高校的 100%。2015 年此事项的信息公开情况与 2014 年相同。

（4）决算信息的公开。2014 年有 8 所高校公开了 2013 年度收支决算总表、收入决算表、支出决算表、财政拨款支出决算表，占同类高校的 100%。2015 年此事项的信息公开情况与 2014 年相同。

2. 市属本科高校（29所）①

（1）财务、资产管理制度的公开。2014年有24所高校公开了财务、资产管理制度，占同类高校的82.8%。2015年有24所高校公开了财务、资产管理制度，占同类高校的82.8%。

（2）收费信息的公开。2014年有25所高校公开了本校收费项目、收费标准、收费依据及投诉联系方式，占同类高校的86.2%。2015年有27所高校公开了本校收费项目、收费标准、收费依据及投诉联系方式，占同类高校的93.1%。

（3）预算信息的公开。2014年有11所高校公开了2013年度收支预算总表、收入预算表、支出预算表、财政拨款支出预算表，占同类高校的37.9%。2015年有8所高校公开了2014年度收支预算总表、收入预算表，占同类高校的27.6%；有6所高校公开了2014年度支出预算表，占同类高校的20.7%；有9所高校公开了2014年度财政拨款支出预算表，占同类高校的31%。

（4）决算信息的公开。2014年有16所高校公开了2013年度收支决算总表，占同类高校的55.2%；有15所高校公开了2013年度收入决算表、支出决算表，占同类高校的51.7%；有13所高校公开了2013年度财政拨款支出决算表，占同类高校的44.8%。2015年有15所高校公开了2014年度收支决算总表，占同类高校的51.7%；有14所高校公开了2014年度收入决算表，占同类高校的48.3%；有15所高校公开了2014年度支出决算表，占同类高校的51.7%；有13所高校公开了2014年度财政拨款支出决算表，占同类高校的44.8%。

3. 市属高职高专院校②**（2014年28所、2015年24所）**

（1）财务、资产管理制度的公开。2014年有21所院校公开了财务、资产管理制度，占同类高校的75%。2015年有22所院校公开了财务、资产管理制度，占同类高校的91.7%。

（2）收费信息的公开。2014年有21所院校公开了本校收费项目、收费标准、收费依据及投诉联系方式，占同类高校的75%。2015年有22所院校公开了本校收费项目、收费标准、收费依据及投诉联系方式，占同类高校的91.7%。

---

① 市属29所本科高校包含6所民办本科高校。
② 市属高职高专院校包含11所民办高职高专院校。

（3）预算信息的公开。2014 年有 6 所院校公开了 2014 年度收支预算总表、财政拨款支出预算表，占同类高校的 21.4%；有 3 所院校公开了 2014 年度收入预算表、支出预算表，占同类高校的 10.7%。2015 年有 1 所院校公开了 2015 年度预算总表、收入预算表、支出预算表、财政拨款支出预算表，占同类高校的 4.2%。

（4）决算信息的公开。2014 年有 4 所院校公开了 2013 年度收支决算总表、财政拨款支出决算表，占同类高校的 14.3%；有 5 所院校公开了收入决算表、支出决算表，占同类高校的 17.9%。2015 年有 2 所院校公开了 2014 年度收支决算总表、支出决算表、财政拨款支出决算表，占同类高校的 8.3%；有 3 所院校公开了 2014 年收入决算表，占同类高校的 12.5%。

4. 民办高校（6 所民办本科高校、11 所民办高职高专院校）

（1）财务、资产管理制度的公开。2014 年有 12 所民办高校公开了本校财务、资产管理制度，占上海民办高校的 70.6%。2015 年有 13 所民办高校公开了本校财务、资产管理制度，占上海民办高校的 76.5%。

（2）收费信息的公开。2014 年有 13 所民办高校公开了本校收费项目、收费标准、收费依据及投诉方式，占上海民办高校的 76.5%。2015 年有 16 所民办高校公开了本校收费项目、收费标准、收费依据及投诉方式，占上海民办高校的 94.1%。

（3）预算信息的公开。2014 年仅有 1 所民办高校公开了 2014 年度支出预算表，占上海民办高校的 5.9%；2015 年没有民办高校公开预算信息。

（4）决算信息的公开。2014 年有 1 所民办高校公开了 2013 年度收入决算表、支出决算表，占上海民办高校的 5.9%，另有 1 所民办高校公开了 2013 年度财政拨款支出决算表，占上海民办高校的 5.9%。2015 年仅有 1 所民办高校公开了 2014 年度收入决算表、支出决算表，占上海民办高校的 5.9%。

三　对高校财务信息公开现状的若干分析

依据上述数据信息，还不足以对全国高校财务信息公开状况做全面、精确的判断，但它们仍为我们提供了一个可做出大致判断的基础。

第一，从全国"985"、"211"高校的情况看，当前，作为财务信息公开

载体的财务信息公开栏目的设置率已超过90%，主动公开本校财务、资产管理制度信息的高校已超过87%，主动公开本校收费信息的高校也已接近80%，但公开预算信息和决算信息的高校却低于70%。"985"、"211"高校是全国高等教育的优质资源学校，这部分学校的财务信息公开状况尚且如此，为数众多的地方高校的整体状况大致不难判断。

第二，从教育部直属高校的情况看，公开财务信息的核心事项（财务资产管理制度、收费信息、预算信息、决算信息）的高校达到了97%以上，在个别地区（如上海市）甚至达到了100%。这一状况表明，2013年以来教育部直属高校的财务信息公开按教育部的要求基本达到了规范化的水平，同时也表明教育部目前对高校财务信息公开的要求是切实可行的。由此也可以推断，目前"985"、"211"高校财务信息公开整体水平还不尽如人意的原因，主要是其中非教育部直属高校的财务信息公开与教育部的要求尚有一定的差距。

第三，从地方高校层面情况看，地方高校的财务信息公开与教育部直属高校相比存在明显的差距。目前地方高校财务信息公开的难点主要集中在预算信息、决算信息的公开上，而且呈现了高职高专院校明显落后于本科高校的状况，这一现象与目前高校管理的层次差异具有一定的关联性，但更与管理的力度不够直接相关，在此有必要对预算信息、决算信息公开状况做深入的解析。2012年《教育部关于做好高等学校财务信息公开工作的通知》下发后，地方教育行政部门和地方高校认为是针对部属高校的，除部分教育部直属高校外，鲜有地方高校随之主动公开财务信息。2013年教育部再次发文后，部分省市教育行政部门予以了及时响应，如江苏、山东、安徽、湖北、湖南等省份先后出台了相应的文件，对本省地方高校的财务信息公开提出了明确的要求，而更多的省份则未见出台这方面的具体文件，这也是众多的地方高校至今缺乏财务信息公开操作依据以致高校财务信息公开滞后的原因所在。同时，目前部分高校对信息公开（包括财务信息公开）执行不力的现象也客观存在，对此，未见教育部、各省份教育行政部门组织开展高校财务信息公开的专项督查或核查，未对公开不力的高校实行必要的责任追究，这一管理举措的缺失，助长了目前对财务信息公开仍未予以重视的高校的侥幸心理。

第四，值得关注的民办高校财务信息公开。目前民办高校财务信息公开整体处于高校的末端。从教育部到部分省份教育行政部门已出台的高校信息公开文件，都未专门涉及民办高校的财务信息公开，民办高校作为高校的组成部分显然也不应置身事外，但如按公办高校财务信息公开的操作口径、规定格式处理，因其资金来源、属性的差别又明显不适用，这也是民办高校财务信息公开实实在在面对的尴尬，教育行政管理部门若不能有区别地研究制定适合民办高校财务信息公开的要求，目前民办高校财务信息公开严重滞后的状况是难以有效扭转的，在全国民办高校总量已占全国高校总数 28.7% 的当下，这一问题尤其不可小觑。当然，民办高校也应依法履行财务信息公开的责任，长期以来，按《中华人民共和国民办教育促进法》的规定每年主动公布学校财务审计结果的民办高校几乎未见，这一现象的存在与教育行政部门的监管缺位或不力直接相关。

四　媒体舆论对高校财务信息公开的关注

2016 年 3～11 月，光明教育、《新京报》、澎湃新闻等国内媒体针对 2015 年度 75 所教育部所属高校财务信息公开先后做出了相关报道，报道的关注点集中在高校的钱从哪里来、高校存在东西"贫富"不均、综合性大学花钱多、多校购房补贴过千万元、高校赚钱能力差距大等方面，也有的报道引用了专家学者对高校财务信息公开的评论观点，如中国政法大学教授王敬波认为，要提高学校的财政透明度，就要把学校的美誉度作为拨款的依据之一，而不是仅依靠直接的行政命令。有专家认为高校"其他收入"构成复杂，目前的决算信息没有详细公布。还有专家认为高校"三公"经费、教师工资、学生补助等信息未在决算信息公开中体现，因此，高校应该使财务预算决算信息更加透明。

上述报道并未能引起社会舆论对高校财务信息公开的关注，社会参与高校财务公开监督的舆论氛围还未真正形成，其原因在于：首先，高校财务信息的专业性较强，仅从目前各高校公开的统一格式的预算决算信息中，一般难以看出问题所在。其次，在社会对现行高校财务管理体制及相关政策法规缺乏了解的情况下，还难以做出高质量的分析判断。由此可见，要将高校财务信息公开引向对高校财务管理的有效监督还有待于一个持续努力的过程。为了加快这一进程，政府主导和社会参与都有各自可以作为的空间。政府教育管理部门应着

眼于进一步细化规则、提高透明度、便于监督，进一步完善高校财务信息公开的业务规范，特别是各省份教育行政部门必须对地方高校财务信息公开形成明确的规范性要求，并予以主动公开，这些工作将为社会的知情和参与监督提供更为厚实的基础。社会作为高校财务信息公开监督不可或缺的参与方，需进一步提高积极参与监督的主动性，非政府组织和专业机构特别应发挥自身的专业优势和人才优势，主动担当参与监督的社会责任，提高对高校财务管理实施社会监督的精准性和实效性，助推高校财务管理体制、机制的改革，应该说社会监督在这方面可以作为的空间和潜力还是很大的。媒体作为社会舆论监督的重要载体，应持续关注高校财务信息公开，不断提高监督的水平和影响力。

五　推进高校财务信息公开的对策建议

从上述分析可见，目前高校财务信息公开的瓶颈主要在于为数众多的地方高校，改变地方高校财务信息公开推进不力的现状应从管理侧着手，加大工作力度，务求实效，可采取的对策包括如下四点。

第一，加强专项督查。建议教育部组织开展对高校财务信息公开的专项督查，重点督查2013年以来各省份教育行政部门制定本地区高校财务信息公开相关规定的情况，各省份教育行政部门对推动本地区高校财务信息公开采取的举措及实际成效，并要求各省份教育行政部门按统一口径核查本地区高校财务信息公开的实际状况并上报教育部。

第二，建立高校财务信息公开年报制度。建议教育部建立高校财务信息公开年报制度，定期汇总各省份教育行政部门上报的相关信息，对高校财务信息公开工作推进不力的省市及时予以通报，并加强相关的调查研究和工作指导，强化省市教育行政部门对地方高校财务信息公开的监管责任，建立、完善常态化的监管机制。

第三，研究制定民办高校财务信息公开的办法。民办高校因其经费来源、属性与公办高校有较大差异，对其财务信息公开的要求应有别于公办高校。建议教育部会同部分省市教育行政部门在调查研究的基础上，制定适用于民办高校的财务信息公开办法，为民办高校的财务公开提供可操作的依据。

　　第四，鼓励、支持社会机构参与对高校财务信息公开的监督。高校财务公开是政务公开的组成部分，政府教育行政部门对其负有监管责任，但也需要社会公众参与对其的长期监督。因此，教育行政部门应鼓励、支持社会机构参与对高校财务信息公开的监督，包括对高校财务信息公开实施第三方评议，积极营造有利于高校信息公开（包括财务信息公开）持续深入开展的社会氛围，促进高校财务信息的公开透明，推动高校财务管理体制、机制的改革和完善。

B.13
高校自主招生区域公平问题探析*

李雄鹰 崔 萍**

摘 要： 近年来，高等教育的区域公平问题引起社会高度关注。本文通过探究、分析发现，自主招生区域公平问题的主要表现形式是入学机会的区域差异。导致这一问题的原因有三：具有自主招生资格的高校地域分布不均衡，部分自主招生政策措施对中西部考生不利，招生考试评价体系对中西部考生存在隐形不利因素。为此提出解决自主招生区域公平问题的对策。

关键词： 自主招生 高校管理 区域公平

21世纪以来，随着高等教育的飞速发展和社会对人才的多样化需求，中国高校一直沿用的统一考试招生模式——高考的弊端日益显现。为弥补高考制度的缺陷和适应中国高等教育发展的规律，体现时代对人才的需求的自主招生制度应运而生。自2001年江苏省三所高校（东南大学、南京理工大学和南京航空航天大学）最早获得有限的招生自主权开始，2003年教育部两份通知文件将其上升到了国家层面。2010年《国家中长期教育改革和发展规划纲要（2010～2020年）》进一步明确指出各有关高校要依法自主招生，扎实推进考试招生制度改革。其后，党的十八届三中全会以最高决议的形式认可了教育部

---

* 本文为基金项目：2015年国家社科基金西部项目"基于公平的高校自主招生考试评价体系建构研究"（项目编号：15XGL023）成果。

** 李雄鹰，兰州大学高等教育研究所副教授，博士，主要从事高等教育理论与考试研究；崔萍，兰州大学教育学院硕士研究生，主要从事高等教育学研究。

的思路。截至 2016 年底，自主招生扩展到 95 所不同类型、不同层次的高校，招生规模逐渐扩大。

由于自主招生制度牵动各方利益，出台以来受到了社会各方的广泛热议，评价褒贬不一。其中关于自主招生的公平问题引起社会公众的广泛质疑，批判者认为，家庭背景优越的学生更可能被自主招生录取，自主招生恶化了高考公平①。自主招生制度自实行以来，逐步显现高校、学生和政府的三方利益博弈，腐败和不公平问题丛生②。自主招生的公平问题凸显，而区域公平问题作为其中的焦点之一，已经引起社会的极大关注。

一　高校自主招生区域公平问题的表现

区域公平是社会公平的重要表现形式，与大众的切身利益、国家的和谐稳定密切相关，尤其关系到教育水平区域差距的缩小、公众学习积极性的调动。目前，我国自主招生区域公平问题已经成为招生制度改革的焦点问题之一，其主要表现形式是自主招生入学机会的区域差异，又可以细化为自主招生考试资格的区域差异和自主招生录取结果的区域差异。教育学家胡森将教育公平划分为三种不同类别：起点公平、过程公平、结果公平③，入学机会的区域差异深刻影响着学生是否具有同等的考试资格，能否享有公正的录取结果，因而可以归结到起点公平和结果公平。

在自主招生考试中，享有同等的参加考试的机会是学生最基本的权利。笔者通过对高校学生信息网"阳光高考"平台发布的《2016 年自主招生报名审核通过名单》的统计，以五所东部重点大学（清华大学、北京大学、复旦大学、上海交通大学、浙江大学）为例，对其报名审核通过的人数统计如下（见图 1）。

---

① 尹银、周俊山、陆俊杰：《谁更可能被自主招生录取——兼论建立高校自主招生多元评价指标体系》，《清华大学教育研究》2014 年第 6 期。

② 黄晓婷、关可心、陈虎、熊光辉、卢晓东：《自主招生价值何在？——高校自主招生公平与效率的实证研究》，《教育学术月刊》2015 年第 6 期。

③ 秘少凯：《机会公平对自主招生规模的限制》，2015 年 7 月 13 日，http：//wenku. baidu. com/link？url ＝ h8FoR3aXBCMDgGD4Fr6BHgPWMCHiK5vhtN3JpyDjUoEqU31xlXlLRYZRmethVmC9VDvWrOh9Vse XiCKOD_ xGeuzk –166 – ngkczUaT_ JK69O。

从图1不难看出，报名北京大学审核通过的人数中北京市、浙江省、山东省、江苏省、湖北省、湖南省的人数较多，广西壮族自治区、甘肃省、贵州省、海南省、宁夏回族自治区、青海省占据的人数极少甚至为0。各省报名清华大学审核通过的人数中居前六位的分别是北京市、湖南省、山东省、河南省、四川省、辽宁省，居后六位的省份分别是贵州省、宁夏回族自治区、海南省、西藏自治区、青海省、云南省。各省报名复旦大学审核通过的人数中居前六位的分别是上海市、江苏省、浙江省、湖南省、四川省、山东省，居后六位的省份分别是云南省、宁夏回族自治区、内蒙古自治区、贵州省、西藏自治区、青海省。各省报名上海交通大学审核通过的人数中居前六位的分别是江苏省、四川省、上海市、辽宁省、浙江省、江西省，居后六位的省份分别是海南省、广西壮族自治区、贵州省、宁夏回族自治区、青海省、西藏自治区。各省报名浙江大学审核通过的人数中居前六位的分别是浙江省、四川省、河南省、江西省、湖南省、陕西省，居后六位的省份分别是甘肃省、上海市、贵州省、海南省、青海省、西藏自治区。通过对各省份报名审核通过的人数中居后六位的省份再次进行统计发现，贵州省、海南省、宁夏回族自治区、西藏自治区在东部五所高校中均出现了四次。总体看来，自主招生名额在不同区域间的投放不均衡，其中东部地区获得的名额多，落后的中西部地区获得的名额较少，个别省份甚至名额为零。

同样，在自主招生考试中，享有同等的进入高校深造的机会是考生的重要权利。自主招生在各省份最终录取的考生人数是各省份通过自主招生考试占有优质教育资源的重要表现。笔者通过对高校学生信息网"阳光高考"平台发布的《2016年高校自主招生录取考生名单》的统计，再次以五所东部重点大学（同上）为例，对各个省份的录取考生人数统计如下（见图2）。

通过图2可以看出，北京大学在各省份录取的人数中居前六位的分别是浙江省、湖北省、湖南省、北京市、河北省、江苏省，居后六位的省份分别是云南省、广西壮族自治区、甘肃省、宁夏回族自治区、西藏自治区、青海省，录取人数均为零。清华大学在各省份录取的人数中居前六位的分别是湖南省、北京市、江西省、河南省、四川省、山东省，居后六位的省份分别是云南省、广西壮族自治区、贵州省、海南省、西藏自治区、青海省，录取人数皆为零。复旦大学在各省份录取的人数中居前六位的分别是湖南省、江苏省、上海市、四川

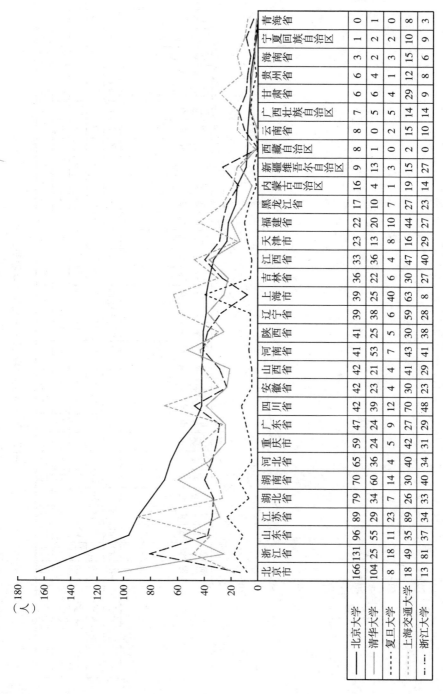

	北京市	浙江省	山东省	江苏省	湖北省	湖南省	河北省	重庆市	广东省	四川省	安徽省	山西省	河南省	陕西省	辽宁省	上海市	吉林省	江西省	天津市	福建省	黑龙江省	内蒙古自治区	新疆维吾尔自治区	西藏自治区	云南省	广西壮族自治区	甘肃省	贵州省	海南省	宁夏回族自治区	青海省
北京大学	166	131	96	89	79	70	65	59	47	42	42	42	41	41	39	39	36	33	23	22	17	16	9	8	8	7	6	6	3	1	0
清华大学	104	25	55	29	34	60	36	24	24	39	23	21	53	25	38	25	22	36	13	20	10	4	13	1	0	5	6	4	2	2	1
复旦大学	8	18	11	23	7	14	4	5	9	12	4	4	7	5	6	40	6	4	8	10	7	1	3	0	2	5	4	1	1	2	0
上海交通大学	18	49	35	89	26	30	40	42	27	70	30	41	43	30	59	63	30	47	16	44	27	19	15	2	15	14	29	12	15	10	8
浙江大学	13	81	37	34	33	40	34	31	29	48	23	29	41	38	28	8	27	40	29	27	23	14	27	0	10	14	9	8	6	9	3

图1 2016年部分自主招生高校报名审核通过人数

159

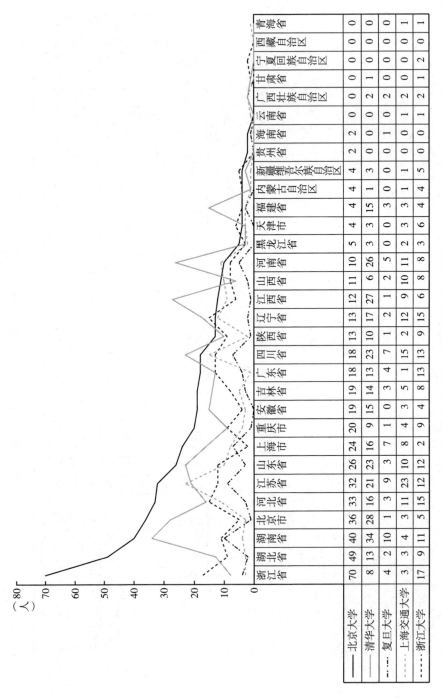

图 2 2016 年部分自主招生高校录取考生人数

	青海省	西藏自治区	宁夏回族自治区	甘肃省	广西壮族自治区	云南省	海南省	贵州省	新疆维吾尔自治区	内蒙古自治区	福建省	天津市	黑龙江省	河南省	山西省	江西省	辽宁省	陕西省	四川省	广东省	吉林省	安徽省	重庆市	上海市	山东省	江苏省	河北省	北京市	湖南省	湖北省	浙江省
北京大学	0	0	0	0	0	0	2	2	4	4	4	4	5	10	11	12	13	13	18	18	19	19	20	24	26	32	33	36	40	49	70
清华大学	0	0	0	1	0	0	0	0	3	1	15	3	3	26	6	27	17	10	23	13	14	15	9	16	23	21	16	28	34	13	8
复旦大学	0	0	0	0	2	0	1	0	0	0	3	0	0	5	2	1	2	1	7	4	3	0	1	7	3	9	3	1	10	2	4
上海交通大学	1	0	0	0	2	1	0	0	1	1	0	3	2	11	10	9	12	9	15	1	5	3	4	8	10	23	11	3	4	3	3
浙江大学	1	0	2	1	2	1	0	0	5	4	4	6	3	8	8	6	15	9	13	13	8	4	9	2	12	12	15	5	11	9	17

省、河南省、浙江省，居后六位的分别是贵州省、云南省、甘肃省、宁夏回族自治区、西藏自治区、青海省等 11 个省份，录取人数皆为零。上海交通大学在各省份录取的人数中居前六位的分别是江苏省、四川省、辽宁省、河北省、河南省、山东省，居后六位的分别是青海省、贵州省、海南省、甘肃省、宁夏回族自治区等省份、西藏自治区等省份。浙江大学在各省份录取的人数中居前六位的分别是浙江省、河北省、辽宁省、广东省、四川省、江苏省等省份，居后六位的分别是云南省、甘肃省、青海省、贵州省、海南省、西藏自治区。通过对录取人数居后六位的省份再次进行统计发现，青海省、西藏自治区在东部五所高校中均出现了五次，甘肃省和贵州省均出现了四次。总体看来，自主招生在各区域的录取人数不均衡，东部地区多于中西部地区，部分中西部省份甚至没有考生通过自主招生考试进入高校就读，这也说明了中西部地区浪费了自主招生指标，没有享受到优质的高等教育资源。

二　高校自主招生区域公平问题的成因

自主招生区域公平是社会公平在教育领域的延伸，也是社会公平的重要基石。当前，高校自主招生中存在的区域公平问题是多种因素相互作用的结果，主要包括具有自主招生资格的高校存在地域分布上的不均衡（如招生名额投放的地方保护主义）、部分自主招生政策措施的区域优惠（招生规模的扩大、倾斜政策的提出、高校联盟对优质生源的吸引）、招生考试评价体系对中西部考生存在隐形不利因素（选拔目标与报考条件、评价体系形式与内容对中西部地区考生的挑战）等。

（一）具有自主招生资格的高校地域分布不均衡

通过对自主招生报名审核通过的名单人数和录取考生名单人数的统计发现，绝大多数省份存在严重的地方保护主义倾向，反映到自主招生的名额投放上，即各个省份都倾向于向本省投放更多的招生名额，如，北京大学、清华大学、复旦大学、浙江大学分别将最多的招生名额投放到本校所属省份北京市、上海市和浙江省。甚至存在向属地周边省份、"高考大省"名额倾斜投放的间接的地方保护主义，如山东省、河南省等纷纷成为各高校青睐的名额投放省份，这一观点在刘进等的《中国高校自主招生地方保护主义的大数据分析》一文中也得到了佐证①。直接和间接的地方保护主义意味着各省或者其周边省份拥有自主招生资格的高校越多，该省拥有的自主招生名额也就越多，对优质高等教育资源的占有比重越大。笔者通过对高校学生信息网"阳光高考"平台拥有自主招生资格的高校按照省份统计如下（见图3），由于北京外国语大学、中国农业大学、中国矿业大学（北京）、中国地质大学（北京）、东北林业大学5所高校虽然具有自主招生权，但是在2016年并未进行实际招生，不会影响对各省自主招生名额的投放，故将其排除在外。

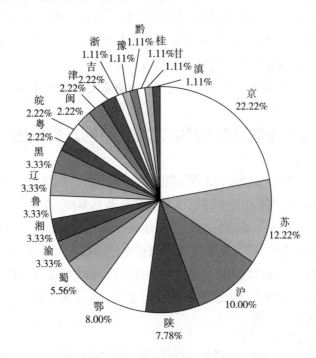

图3 2016年自主招生高校各省份分布

通过图3可以看到，截止到2016年，拥有自主招生资格的高校主要分布在北京市、江苏省、上海市等东部发达省份，分别占到总数的22%、12%、10%，贵州、广西、甘肃、云南分别仅占总数的1%。虽然浙江省和河南省拥

---

① 刘进、陈建：《中国高校自主招生地方保护主义的大数据分析》，《上海教育科研》2016年
5月。

有自主招生资格的高校也仅占总数的1%，但是作为高考大省的浙江省，尤其是河南省，可以通过相邻省份或者东部其他省份高校获得较多的自主招生名额。相较之下，中西部地区的省份既没有较多的自主招生高校，自身也不是传统的"高考大省"，也很难通过相邻省份获得较多的自主招生名额，这就进一步拉大了中西部之间教育水平的差距，区域公平问题更加凸显。

（二）部分自主招生政策措施对中西部考生不利

自主招生制度试行了十多年时间，制度本身也几经演进、规范和调适，但是其中还是不乏对中西部地区考生不利的政策规定：2005年，教育部放宽了对部分生源质量好的自主招生高校招生计划的限制，突破5%的限额。2008年，自主招生对两大"地区"和一类考生予以倾斜，重点选拔综合素质优秀、创新能力和学科特长突出的考生[①]。2006年，北京科技大学、北京交通大学等5所高校率先进行自主招生联考，选拔优秀考生。2009年，5所高校以清华大学为首尝试"通用基础测试方法"，共同组织文化课考试，校间共享考生成绩。2010年，联考办法迅速发酵，北京大学、清华大学、同济大学、北京科技大学纷纷以本校为首，联合其他同规格、同目标高校建立"北约""华约""卓越""京都派"等各大考试联盟，将自主招生联考推向高潮，开始了大规模的生源争夺大战。

通过以上政策措施分析可知，首先，在现有自主招生模式之下，招生规模的扩大加剧了区域不公平。其次，政策的倾斜，更多倾向于新课程实验和素质教育地区，显然中西部地区占有的份额较少，不具优势。最后，各大联盟的成立，使得东部地区的高校强强联合，展开抢夺生源的大战，中西部的自主招生高校更加不具备招生优势，加之优质生源的流失，这进一步拉大了地区之间的教育差距。

（三）考试评价体系对中西部考生存在隐形不利因素

自主招生制度的设计意图在坚持统一高考制度前提下，克服长久以来的

---

① 《教育部办公厅关于做好2008年高等学校自主选拔录取改革试点工作的通知》，教育部网站，2007年11月30日。

"大一统"局限，充分发挥高校招生自主权与主动性。在自主招生过程中，高校自主设计选拔录取方案，实施审查、考核与评价活动，并结合考生的统一高考成绩确定学校最终录取结果，招生过程充分展现高校人才选拔的特色和人才培养的诉求。其与统一高考的最大不同在于，可以充分体现高校的办学理念和选才理念。因此，近几年来，享有自主招生权限的高校纷纷推出个性化的自主招生评价体系。综合分析各高校的考试评价方案，自主招生在选拔目标与报考条件、考试评价形式和内容方面一定程度上不利于经济相对落后的中西部地区考生。

1. 选拔目标与报考条件

招生考试的选拔目标是制定与实施评价方案的纲领，也是各大高校展现其招生理念的窗口。通过梳理和分析 2016 年部分"985"高校自主招生章程中关于选拔目标与报考条件的文本表述，可以捕捉不同高校所传递出的评价理念和选才目标，并从中窥探对中西部考生来说可能存在的隐形不利因素（见表1）。

表1 2016 年部分"985"高校自主招生选拔目标与报考条件一览

高校名称	选拔目标与报考条件
北京大学	具备突出学科特长、具备创新潜质，全国决赛或国际比赛获得优异成绩
清华大学	具有各类特长及创新潜质
复旦大学	成绩优异、学科特长突出、具备创新潜质；基本德行优良（诚实守信、遵纪守法），有坚定的学科理想和信念
山东大学	品行端正、诚实守信、遵纪守法，学科特长突出、具备创新潜质
北京师范大学	理想信念坚定、思想品德优良、诚实守信、遵纪守法，高中阶段学业优秀且具有学科兴趣、特长基础及创新潜质
西安交通大学	思想品德优良、学科特长突出、具备创新潜质
中山大学	学科特长突出、具备创新潜质，学科竞赛省级赛区获奖

资料来源：根据 2016 年相关高校自主招生简章整理而成。

通览以上高校自主招生选拔目标的文本表述，可发现以下几点特征。其一是高校普遍强调"创新潜质"，体现出大学与时俱进的时代精神和责任感，重视创新人才的选拔与培养。其二是各高校均秉持"以生为本"的价值追求，充分考虑到学生的个性化发展，为具有学科特长、领域特长的学生提供机遇。其三是在重视学生学科知识、发展潜能的同时，也注重考查学生健全人格及社会责任感等非智力因素，表明高校全面培养人才之理念。

但是，自主招生的选拔目标和报考条件设定一定程度上不利于落后地区的中西部考生。通过对词频进行分析，综合素质，尤其是学科特长、创新潜质等词语成为各高校表述选拔目标与报考条件的高频词语。单从获奖角度而言，所谓的学科特长一般是指在数、理、化、生、史、地、政等学科领域获奖，但是大部分高校比较偏爱在理科竞赛中获奖的学生；创新潜质多是指在全国或者省竞赛中获得创新或者发明奖项。用家长中流行的一句话概括自招门槛：理科生要竞赛，文科生要作品。这些选拔目标没有考虑到中西部考生在学习基础上存在差异性的事实，目标笼统、千校一面，缺乏区分度和可操作性。另外，报考条件要求较高，致使中西部地区大部分学生能够跨越自主招生大门的可能性并不高。

2. 考试评价形式与内容

自主招生制度是统一高考体系的重要补充内容和辅助形式。具有自主招生资格的高校一般在高考之前的4~5个月公布自主招生简章，有报考意愿的考生根据简章内容准备材料进行报名，高校组织专家审核报名材料并公布初审合格的名单；考生参加全国统一高考，高校组织笔试和面试（部分高校仅仅组织面试考核），进而确定并公布具有入选资格考生的基本录取信息。备考过程的漫长和准备考试的艰难，对处于偏远落后地区的中西部考生的心理和家庭财力都是极大的考验。

高校通过材料审核、笔试、面试等方式进行评价选拔。材料审核主要从考生提交材料的真实性、材料所反映的考生综合情况等方面进行判断。笔试和面试的考试内容是自主招生高校选拔目标和选才理念的直接体现，笔试基本以高中9门课程为边界设定。面试是自主招生制度选拔人才的有效补充形式，考生的知识视野、应变能力、思维表达能力、个性及潜质等方面可通过面试得以呈现。自主招生制度试行以来，各高校都在不断完善和充分利用这一选拔途径。就面试的形式而言，各高校一般采取多对多的办法，即多名考官同时面试多名考生。开放式问答或情境问答在考题中比较常见，可以充分考查学生的思辨能力和表达能力，激发考生的想象力和创新性思维。以北京大学、清华大学等6所重点大学2016年的部分自主招生考题为例（如表2所示），结合其往年面试题目来分析，自主招生面试题目可谓优缺并重，隐藏着深层次的区域不公问题。

表2　2016年部分高校自主招生面试题目举例

高校名称	自主招生面试题目
北京大学	1. 谈谈吴佩孚、段祺瑞等人为何被称为"北洋军阀"？2. 试论述经济的发展与文化之间的关系？3. 举出自己最喜欢的三个英文翻译成中文的词并说明理由。
清华大学	1. H7N9信息发布后引起社会恐慌怎么办？2. 在现代社会中,如何做到取信于人？
复旦大学	1.《西游记》中的妖怪共有几个？2. 一枚硬币围绕另一枚硬币旋转,若是内侧的硬币没有转动,那么外侧的硬币共旋转了几圈？3. 现代飞机的升力来自哪？
中国人民大学	1. 对四大文明古国的看法。2. 古巴比伦文字写在哪里？3. 哪几种气体可以用作喷泉？4. 水能变成油吗？5. 如何看待苏格拉底名言"认识你自己"？
中山大学	1. 如何用4个0来算24点？2. 北京、上海的雾霾哪个更重？3. 大数据如何在数学中应用？4. 你理想的大学应该是有严格的规章制度管理还是比较自由宽松？
南京大学	1. "文学"这个词对你来说是什么词性？2. 想办法测出太阳表面的温度。3. 肥皂和洗涤剂哪个更环保？4. 蜗牛生病后会从壳里钻出来让鸟吃掉,问原因到底是什么？5. 母鸡和公鸡在下蛋前如何进行交流？

　　从其优点看,一是自主招生的试题形式具有很大的灵活性,多是以发散性的简答题形式或者论述题形式考查考生,让考生充分表述自己的想法。二是试题的命题范围广泛,突破了传统的以知识考查知识的套路,从理科领域、文科领域或者文理混合的领域出题,既脱离教材又不彻底偏离教材,使得考生有本可寻。三是试题的命题紧扣时代,既弘扬了时代主旋律,又凸显当代青少年的社会责任,具有较强的教育意义。四是试题内容源于生活,从考生切身体悟的身边生活实景出发,既是对考生释放关注现实生活的信号,更是对考生理论最终用于指导实践的启发。从其不足看,总体上可以概括为"偏难古怪"和缺乏系统性。

　　对于中西部地区的自主招生考生来说,试题的灵活性、广泛性、时代性、生活性对考生的思维能力是极大的考验。由于这些考生地处中西部地区,地理位置因素导致教育资源分配不均,信息相对闭塞,教育差距的天然屏障限制了考生思维能力的发展。同时,中国对考试尤其是关系考生命运的关键性考试极其重视,这样一项考试会引发考生、家长、学校、教育培训机构等多方面的联合行动,各方不遗余力积极参与其中,力求赢得起跑线上的胜利和最优的教育资源。自主招生实施十多年来,迄今为止社会上已有上百家培训机构专门致力于自主招生笔试、面试的培训和针对性辅导。虽然自主招生试题的一系列优点、缺点限制了培训机构功能的发挥，但是，培训机构的部分功能还是得到了正常的发挥，帮助了考生应考。对于经济落后地区的中西部考生来说，一般家庭无法承受昂贵的培训费用，相较之下，更多的东部地区考生选择通过培训增加被录取的砝码。

三 解决高校自主招生区域公平问题的对策

上文探讨、分析了高校自主招生区域公平问题的表现和成因。如何解决高校自主招生区域公平问题成为当下的重要议题。随着自主招生制度的成效性日渐凸显，其规模的扩大指日可待，要更好地让公平为效率保驾护航，首先要解决好自主招生区域公平问题。

（一）优化高等教育资源配置

高考录取中的地域不均衡，根源在于地域间高等教育资源的失衡。因此，从优化高等教育资源配置出发，从根本上解决问题是很有必要的。要加大对相对落后的中西部地区人、财、物力的投入，为其教育经费增加、师资水平提高、办学条件改善提供支撑，进而缩小中西部地区学生与东部地区学生之间的教育差距。现阶段，尤其要合理配置具有自主招生资格的高校数量，为中西部地区的学生享有优质教育资源增加砝码。总之，优化高等教育资源配置是根本，否则高校自主招生区域公平的实现将会非常困难。

（二）政策措施制定实施向中西部倾斜

制定国家和高校自主招生政策措施应充分考虑全国各地教育发展水平差异巨大的事实，照顾教育欠发达和教育资源薄弱的中西部地区学校、考生及家长的利益，通过宏观政策倾斜加快相应地区教育发展，确保考生考试机会、录取机会均等。例如，2007年，国家推行自我推荐和中学推荐相结合的政策，使得考生充分行使自主考试、自主报名的权利，消除了先前将生源范围限定在某些地区和某些高校的弊端；2015年，国家规定自主招生考试在统一高考之后进行，使得更多的考生将精力投入相对公平的统一高考中，也为处于中西部地

区的考生赢得了考虑时间。高校纷纷出台保护中西部地区考生的政策措施。例如，北京大学在原有的贫困地区专项计划之外，于 2015 年推出专门针对农村考生、中西部考生的"筑梦计划"，该计划对处于偏远地区的中学考生，适当放宽资格审查标准、降低考核环节要求。清华大学的"自强计划"，为中西部地区具有高尚品格、顽强精神和优异成绩的优秀学子敞开了希望之门。同样，中国人民大学的"圆梦计划"为身处落后地区但成绩优异、具有创新潜能的学生提供了继续深造的机会。

（三）考试评价体系建构考虑地区差异

自主招生考试评价体系包括选拔目标、报考条件、评价形式和评价内容。面对当前我国中西部地区与东部地区经济、教育发展不均衡的国情，考试评价体系要因地区而异。首先，在选拔目标和报考条件的设定上，目标表述应该清晰明了，具有一定的可操作性，报考条件要对中西部地区的考生适当降低，比如，并不一定需要有参加全国比赛获奖的经历，可以将该项条件降低到有在该省份或者中西部某几个省份参加比赛获奖的经历。其次，自主招生考试在多地实行"三位一体"综合评价形式，即"高考成绩＋高中学业水平考试＋综合素质评价"，其中第一项指标高考成绩对中西部考生相对公平，但后两项指标的落到实处才是关键，高中学业水平考试和综合素质评价的标准也应该对中西部考生适当降低。最后，考试评价的内容主要是自主招生面试题目的设定，可以适当结合中西部地区考生的文化背景做适当的拔高，也可以结合东部地区的文化背景做适当的降低。总之，对于中西部考生而言，考试评价体系建构要考虑地区差异。甄选人才对于高考这一大规模的选拔性考试来说固然重要，但是其背后复杂的区域公平问题也不容忽视。

B.14
关于改善乡村小规模
学校教育质量的探索
——"自下而上"实践经验的梳理

王丽伟*

摘　要：　本文梳理总结了当前形势下乡村小规模学校的价值及定位，基于现实中各级教育主管部门、乡村小规模学校、社会组织等主体的实践，梳理了在乡村教师队伍补充、稳定和成长，乡村小规模学校教育教学形式、内容和手段探索等方面一些"自下而上"的经验，并针对各个主体提出行动建议。

关键词：　乡村教育　小规模学校　教育质量　乡村教师

一　乡村小规模学校的价值及定位

乡村小规模学校不是某一社会发展阶段的过渡形态，不会随着城镇化进程的加快而消失，相反，它十分有可能成为未来乡村学校的重要形态并长期存在。这一点，政府、学界和民间已经有基本共识。

根据教育部官网公布的统计数据，2015年全国共有乡村学校（包括村小和教学点）200199所，其中，学生数少于100人的乡村小规模学校有111420所，占乡村学校总数的55.7%。① 2016年7月，国务院发布的《关于统筹推进

---

　*　王丽伟，21世纪教育研究院农村教育研究中心主任。
　①　引自2016年12月东北师范大学中国农村教育发展研究院发布的《中国农村教育发展报告（2016）》。

县域内城乡义务教育一体化改革发展的若干意见》指出，到2020年，城乡二元结构壁垒基本消除……乡村小规模学校（含教学点）达到相应要求。办好乡村小规模学校已经是国家教育发展战略层面的目标。

对于保留并办好乡村小规模学校的价值，可从儿童权利、文化传承、乡村建设和现代教育制度建设四个方面进行阐释。首先，根据"儿童优先"原则，目前保留下来的乡村小规模学校能够保证许多儿童就近入学的基本权利，尤其是经济收入较低、对教育选择能力较弱的家庭的儿童；其次，广大的乡村地区蕴藏着丰富的乡土文化，文化的传承仰赖于本土的学校，数量巨大的乡村小规模学校恰恰处在这样的乡土环境中，担当着文化传承的重任，而丰富的乡土文化，也更有利于将乡村儿童培养成为有根的人；再次，乡村学校一般是所在乡村的文化中心，可以发挥凝聚乡村文化和维持区域稳定的功能；最后，从建立现代教育制度的角度出发，小规模学校的生师比低，学生个体的独特性更容易被教师关注，"天然小班"也更利于教师开展个性化、人性化的教育，国际上的发达国家如德国、英国、芬兰，学校规模就是150人左右，我国台湾地区20年前就把"小班小校"作为教育现代化的目标。

在认可乡村小规模学校价值的前提下，还需厘清乡村小规模学校的发展定位。首先，乡村小规模学校不是城市学校的"微型版"，更不能将其看作城市学校的分校，而是具有独立身份和价值的学校，应该是属于乡村、为了乡村的学校；其次，乡村和城市所占有的资源差异巨大，因而，不能用同一指标评价城乡教育，尤其不能以单一的学业成绩评价乡村儿童的发展，要看到乡村学校，尤其是乡村小规模学校学生在非认知能力方面的发展优势，并在教育实践中着重提升其非认知方面的能力；再次，提升乡村小规模学校教育质量是长期的、系统性的工作，需要各级教育主管部门、学校以及社会组织形成合力，在目前绝大多数学校的办学条件已经获得基本保障的情况下，应着重从教育内涵发展的角度探索提升教育质量的方法。

二　提升乡村小规模学校教育质量的实践经验

立足于乡村小规模学校的价值与定位，并结合当前社会发展进程，尤其是乡村发展的实际情况，目前要想提升乡村小规模学校的教育质量，教师是关键，教育形式和内容改革是突破点。在上述方面，各地教育主管部门、许多小规模学校以及各类社会组织进行了诸多有价值的尝试。

（一）教师队伍的补充、稳定及成长

目前，乡村小规模学校教师队伍发展中存在的重要问题包括：教师数量的绝对缺失、结构性缺失、流动性大和整体水平有待提升等。换言之，乡村小规模学校需要的是"下得去、留得住、教得好"的教师，而解决乡村小规模学校教师队伍建设问题要着眼于整个乡村教师的队伍建设。

1. 补充——定向、免费与全科培养

湖南省于 2006 年启动《农村小学教师专项培养计划》，即在初、高中毕业生中择优质生源，免除其学杂费和住宿费，并给予补贴，通过 4～6 年的小学教育专业方面的培养，对合格者授予大专或本科学历，毕业后派往乡村任教。广西壮族自治区基于现实情况实施《广西农村小学全科教师定向培养计划》，拟从 2013 年到 2017 年培养 5000 名左右"语数外通吃，音体美全扛"的教师。

湖南和广西的实践有如下的共同特点：第一，都遵循"从哪来回哪去"的原则，比如湖南确定了四种招生和派遣方式，包括县来县去、县来乡去、乡来乡去和乡来点去，均在县级及以下，并且照顾到教学点。由于其招收生源的"重心低"，因而，容易实现毕业后定向派遣至乡村工作至少 5 年的高履约率。第二，都以学制灵活、待遇优厚和就业保障吸引优质生源。广西是初中毕业 5 年、高中毕业 2 年获得大专学历，湖南是初中毕业 5 年获得大专学历，6 年获得本科学历，高中毕业 4 年获得本科学历。两地均是就读期间免交学费、住宿费，并发放补贴，同时能够保障就业，因此吸引了足够数量成绩优异的初、高中毕业生报名，使得最终入学的学生是"优中选优"。第三，都注重教师全科教学能力和实践能力的培养，比如广西特别强调了全科师范生必须学习通识课程、专业基础课程、专业课程、教师教育课程和实践课程，同时特别注重音体美素质的培养。湖南还特别要求实习不得少于 6 周（专科）至 8 周（本科），实习是否合格与能否毕业挂钩。

从实效来看，以湖南为例，10 年来，已招生 4 万余人，毕业 1.05 万多人，除极个别特殊情况外，99% 已补充到农村学校任教。据湖南省教育厅对 2011～

2014 年毕业的 3577 名公费定向师范生的调查显示，已有 3255 人受到县级以上奖励，占毕业生总数的 91%；335 人已成为所在学校校级或中层管理骨干①。

社会组织在补充乡村教师队伍方面有传统的"长期支教"项目，但出于安全与效率的考量，大多在乡镇、县城的学校实施，而传梦公益基金的"资教工程"则探索了一条从本地招聘素质教育教师的"新支教"形式，让乡村小规模学校大大受益。原因有三：一是该项目明确指出针对贫困、边陲、少数民族地区的村级完小和乡村教学点实施，因而实际合作的学校大部分是乡村小规模学校；二是教师招聘立足于当地，以当地应届及往届的教育专业毕业生为主体，签署六年期合同，在提供优厚薪资待遇的同时，提供乡村教师发展的进修机会，从来源、待遇和发展空间上保证了教师从业的稳定性；三是项目教师承担音乐、体育、美术、英语等课程教学，有针对性地解决乡村小规模学校结构性缺编严重的问题。

2. 稳定——提升职业吸引力与在流动中沉淀

湖南省泸溪县受益于湖南省免费定向师范生培养政策，乡村学校优质教师补充得以保障。同时，县域内通过改善办学条件、提升乡村教师经济待遇、改革职称评定与评价制度等系统性措施，让乡村教师获得"实惠"、愿意留在乡村任教。其中，改善办学条件的措施包括，实施农村学校标准化工程和城乡教育信息化工程，缩小城乡学校办学条件差距。提升乡村教师经济待遇包括：一方面为乡村教师提供有竞争力的生活补贴，目前泸溪县村小教师每人每月生活补贴为 1400 元；另一方面，实施周转房、廉租房建设，让乡村教师以每平方米 9 毛钱的价格租住两室一厅一卫一厨的 50~70 平方米的房子。改革职称评定和评价制度体现为放宽对乡村教师职称评定的要求，职称数量和教师评优的指标均向乡村教师倾斜。通过上述一系列措施，乡村教师的生活、工作环境获得切实改善，乡村教师的幸福感、荣誉感增强，有效地稳定了乡村教师的队伍，尤其使得优秀教师能安心留在乡村小规模学校任教。

江西省弋阳县通过区域统筹，改善乡村学校的办学条件、增加乡村教师培训与评优机会、提高乡村教师的福利待遇；在此基础上，要求新聘任的教师全

---

① 肖国安：《逼出来的"战略性工程"——湖南实施公费定向师范生培养计划调查》，《中国教育报》2016 年 9 月 6 日。

部分配到乡村学校，工作五年内不得参加进城考试和调动，让一批人循环地、可替代地在农村教学。五年当中，每年都有一批新教师进入乡村学校教书，每年也都会有乡村教师通过考试进城，但每一批中都会有一部分教师留在乡村，这样形成了一个骨干教师沉淀的机制。

3. 成长——通识、"一专多能"与长期陪伴

河南省濮阳县为解决乡村小规模学校教师结构性缺失问题，列出专项经费助力乡村教师实现"全面发展"，乡村教师根据成长意愿自主报名，利用周末时间学习。主要项目有：一专多能研修，主要面向文化学科专任教师培训体育、音乐、美术等技能项目，推动开齐课程，探索跨学科整合教学实验，探索综合性课程教学有效途径和策略。特色课程研修，主要学习如何发掘本地教育资源，研习主题式特色课程开发，帮助汇聚学校办学特色，主要推荐课程模块有主题式综合课程、农村课程、互联网＋课程、诗教课程、游学课程等。学校文化建设研修，以体验式培训、案例教学方式，帮助提炼建设学校文化。上述培训项目获得乡村小规模学校教师的认可，在没有强制要求的情况下，场场爆满。

在社会组织中，21世纪教育研究院组织的"农村小规模学校教师成长计划"为有成长意愿的乡村小规模学校校长和教师提供通识性、陪伴性的培训。首先，培训课程以培养教师的通识性能力为主，包括教师思维方式的拓展，教师对儿童尤其是困境儿童的理解，教师分析问题、设计解决方案及实施的能力，教师运用社会资源的能力等；其次，注重学校的整体发展，培训要求以校长和教师的团队为对象，以学校整体发展为目标；再次，培训方式为线上、线下相结合，陪伴教师成长，并促进教师之间形成自组织，进而实现教师成长的持续性以及影响的广泛性。

目前针对乡村教师的培训种类繁多，河南省濮阳县与21世纪教育研究院培训的价值在于，立足于乡村小规模学校的发展，以教师自愿参与为基本原则，内容设置切实考虑乡村小规模学校教师的能力需求，增强培训的有效性。

（二）教育教学形式的探索

无论是从教育理念还是从国际经验来看，"小班小校"都是现代学校的基本面貌。因而要摒弃扶贫救弱的思路，从教育改革创新的视角，将小规模学校

的天然小班作为优势，顺势而为，进行教育教学形式改革探索。

1. 小班——以学生为中心的教育

甘肃省平凉市乡村小规模学校数量众多。以2016年为例，全市学生数在100人以下的乡村小规模学校有618所，占小学总数（1056所）的58.52%，共有学生29712人，平均每所学校约48人。平凉市崇信县从10年前开始"小班化教育"的探索，从教室环境创设、教师教学方式、课外活动等方面着手。

首先，将以教学功能为主的教室改造为服务于教学、游戏、阅读和生活的"多功能空间"。许多乡村小规模学校的教室都是可承载四五十人进行讲授式上课的大教室，学生减少后，不但浪费空间，且影响教学氛围。崇信县将小规模学校教室分为四个区域，由县教育局出资为各区域配备相应的基础设施，由教师和学生进行美化布置。其次，将讲授式的大课堂变为师生互动、生生互动的学习小组。教室的教学区域一改原来的排座模式，根据学生情况进行分组，教师走下讲台，组织学生通过小组合作等形式进行学习。再次，跨年级组织丰富的课间和课外活动。艺术、体育、游戏等活动本身对年龄和年级要求不严格，因而可打破年级界限组织实施。

崇信县的"小班化教育"经历了10年的探索，其核心是改变"大班大校"的教学管理思维，因地制宜地实施"小班小校"的教育。平凉市教育局将崇信县的探索经验推广至其他区县，每个区县在实施过程中又结合自身的特点和优势，但其基本理念不变，即以学生为中心，因势利导。

2. 复式——提升效率与非认知能力

在乡村小规模学校，尤其是教学点，班额特别小，而年级数量多，在师资不足的情况下需要实施"复式教学"。传统的复式教学形式为"动静搭配"，由于其客观上存在年级割裂和声浪干扰等弊端，被认为是一种低效的、落后的教学形式。因而，一些研究者和实践者共同探索出了一些高效率的形式，如"垂直互动"和"同动同静"模式。

联合国教科文组织甘肃省协会在定西市临洮县等地探索实施"垂直互动"复式教学模式，所谓"垂直"是指复式教学班学生年龄呈垂直分布，为顺应这一实际情况，教学者挖掘各年级可以整合的教材，寻找主题、目标、教学内容、学习方式相似或相近的课题，将其设计成为可以跨年级互动的学习活动，进而提高课堂教学的效率。

兰州大学西部基础教育研究与培训中心探索开发了"同动同静"复式教学模式，并在甘肃省多个地区进行试点和培训。这种模式具有不同年级动静同时的特点，即"同动"环节，教师同时向各年级传递教学信息，"同静"环节，各年级分别独立完成学习任务，教师穿梭于各年级进行个别指导。① 此外，注重引导多个年级共同学习，组织年级间的互动。

上述新的复式教学模式的实施，一方面提高了课堂教学的效率，另一方面，通过跨年级的互动，促进了学生非认知能力的发展②。混龄教育在教育学上是有理论依据的，也有国际经验可循，如奥地利、芬兰等基础教育发达的国家在小学阶段都采用混龄的方式，我国台湾50人以下的偏乡小校也在积极尝试混龄教育。

（三）教育教学内容和手段的拓展

立足于乡村学校的定位与优势、基础教育本身的功能和现代技术的发展，乡村小规模学校教育教学的内容和手段都可以获得拓展。

1. 乡土教育——培养有根的人

乡村需要属于乡村的教育，而不是去乡村化的教育，更不是模仿城市的教育。属于乡村的教育需要以乡土的文化浸润孩子的心灵，教养孩子的言行，锻炼孩子的能力，培养"有根人"。

四川省阆中市的乡村学校秉持"朴素而幸福的教育"理念，不去与城市学校比拼"校园文化包装"，而是基于现有的校舍和环境，融入本土的文化元素，师生一起进行美化和装饰，将本乡本土的典故以图文的形式呈现于校园，利用随处可见的瓦片、卵石、木块等做成装饰物。出自学生之手的书法、绘画、剪纸、木刻等作品虽然在艺术上略显笨拙，但从教育价值来讲，无可替代。阆中的"劳动实践基地"也让乡村学校更有乡村的味道，"劳动实践基地"让劳动技术课终于落到实处，让乡村的孩子真正懂得乡村的劳动与生活，并在此基础之上，有的学校开始收集传统农具，进行传统农耕文化的教育，把

---

① 孙冬梅、曾涛、黄坤：《复式教学"同动同静"新模式探析》，《天津师范大学学报（基础教育版）》2010年第1期。
② 甘肃省联合国教科文组织协会：《农村小学复式教学创新模式》，甘肃人民出版社，2016，第5页。

乡土的内涵向历史的深处延伸。

乡土文化是当地生活智慧和人文精神的集中表现，为了使学生能够提升生活能力，既能走出家乡，也能留在当地更好地生活，北京天下溪教育咨询中心与地方教育局合作，联合一线教师编写乡土教材，让乡土教材进入课堂。[①] 他们编写的乡土教材并不为简单的知识传授，而是在每个学习板块都设计活动让学生开展调查、讨论或者游戏，进行探究式学习。目前已经开发十余种教材，有《美丽的湘西我的家》、蒙汉双语的《家在科尔沁》、羌族文化语言教材《沃布基的故事》、藏族文化语言教材《夏嘉莫察瓦绒的小洛让的故事》等。

还有一种更为灵活的方式——"乡土活页教材"。四川省雅安市荥经县就是依托当地资源联合专家学者编写不同主题的乡土活页教材，一般每份活页教材围绕一个主题，由课文、注释、图片和活动建议四个部分组成，与传统乡土教材相比，优势在于教学周期短，更加灵活。目前已经编写三十余份乡土活页教材，如依托荥经砂器编写的《砂器作坊的姑娘》、依托龙苍沟森林公园资源优势与龙苍沟镇相关部门联合编写的《珙桐荥经》、基于千年古刹云峰寺文化编写的《桢楠王》等。

在学校层面，有一些乡村学校以当地乡土文化为主题，设计一堂或者一系列综合实践课程。例如位于信阳毛尖主要产区的雷山小学，就以茶文化为中心，探索开设茶文化乡土课程，根据茶树生长、茶叶生产和流通的季节安排课程，上课的场所不拘泥于室内室外，形式也多种多样，学生们参与度高，探究实践程度深。

有社会组织致力于帮助乡村学校定制个性化的乡土课程，如"禾邻社"，其主要的方式是通过《乡土探索者指南（学生用书）》、《乡土守护者指南（教师用书）》、网络课程资源库和教研平台等帮助乡村学校开展个性化定制乡土课程。再比如"蒲公英行动"，通过培训、教材编写、教学实验等形式将乡土美术引入农村小学课堂。

2.开放阅读——奠定基础与迸发活力

阅读是一项基本能力，是教育的基础也是目的之一。阅读被称为"成本最低的高贵之举"，与其他教育活动相比也确实成本低廉，尤其在乡村小规模

[①] 北京天下溪教育咨询中心－乡土教材网站，http：//www.xtjc.org/index.php？id＝447。

学校资源匮乏的情况下，配置适合的图书，营造良好的教育氛围，并辅以一定的支持，不但能够丰富学生的学习生活，并且能够提升学生的认知能力。资助了大量阅读推广项目的心平公益基金会委托 REAP 团队对贵州（担当者行动支持）和江西（六合公益支持）两个省的乡村阅读推广项目进行随机干预试验，以计量经济学的方法对阅读成果进行评估，阶段性的数据显示两地的阅读项目在提升学生的阅读、语文和数学三科成绩方面全部是正影响，尤其是贵州一些学校实施阅读项目后，其小学四年级学生的数学能力甚至比非项目学校领先了一年。①

目前，有许多社会组织致力于乡村阅读推广项目，② 通过书目研制、图书捐赠、阅读教师培训、阅读活动开展等多种形式进行。如深圳爱阅公益基金会，组织研制了《小学图书馆基本配备书目（2016）》，包括学生书目 3600 本，按小学低、中、高三个学段分类分级列出，每个学段 1200 本；班级书目 600 本，按小学 1～6 年级每个年级分类列出，每个年级 100 本；教师书目 200 种，包括阅读指导和教师成长类。③ 乡村小规模学校可以参照此书目为学校选购合适的图书。此外，北京天下溪公益图书平台致力于帮助做阅读推广的公益机构按需求选购图书。

上文提到的贵州的阅读项目，是六合公益在贵州省正安县开展的，项目学校大多数是学生数少于 200 人的学校。具体的操作包括：首先，图书配置，建立了班级图书角、爬壁书架和开放书吧，图书角按照人均 2 本在每个班级配置图书，爬壁书架放置本班级学生和教师推荐的书籍，开放书吧设置在教学楼的每一层，书的种类多。其次，阅读活动，学校统一安排晨诵、午读、暮醒和吟诵大课间、每班每周一节阅读课、全校每周一节统一阅读课。图书角等设置营造了良好的阅读环境和氛围，阅读活动的安排为学生进行阅读提供了保障和指导。再次，培养阅读教师，通过派遣老师外出学习和组织所在地的阅读研习营

① REAP 团队的这一研究正在后期资料整理和报告撰写阶段，以上结论引自心平公益基金会秘书长伍松的分享。

② 教育部发布的《中小学图书馆（室）规程（修订）2003》中规定，农村小学图书馆人均藏书量 15 本，报刊 40 种，工具书、参考书 80 种，据调研了解，农村学校人均藏书量基本能够达到这一指标，但存在图书质量参差不齐、图书馆开放程度低等问题，因此有许多社会组织致力于改善这一状况。

③ 引自《共建有品质的国家——〈小学图书馆基本配备书目〉研制报告》。

等，提升教师对阅读重要性的认识和指导学生阅读的能力。

许多开展了阅读项目的乡村小规模学校，不但如前文所述提升了学生的认知能力，并且大大地丰富了学生的在校生活，通过开展与阅读相关的各种活动，使得学校的生活变得更加有趣味，也使得乡村学生更有活力。

3. 互联网＋——将"孤岛"变为"群岛"

互联网改变了人们的生活方式，对教育内容和方式的影响也越来越深，这不仅仅体现在互联网技术层面，更体现在互联网思维方面。

21 世纪教育研究院 2013 年组织开展的"百所村小"调查显示，调查对象中英语课的开课率为 64.6%，音乐课为 72.0%，美术课为 73.2%，科学课为 65.9%。① 针对乡村小规模学校上述课程无法开齐的情况，沪江在 2015 年推出支持乡村小规模学校的公益课程项目——"互＋计划"，以 CCTalk 直播平台为依托，将现有的适合乡村小规模学校的音乐、美术、科学、英语等课程链接到乡村小规模学校的课堂，教师和学生之间可以通过音频或视频进行互动。到 2016 年底，已经链接起 20 多个省份 500 多所学校，不但让许多乡村小规模学校的艺术、科学等课程得以开设，同时平台上其他特色课程也免费共享，如二十四节气课、酷思熊儿童哲学课等。平台上还经常组织有趣的活动，如端午节立蛋活动，制作风筝放风筝等活动，在很大程度上丰富了乡村小规模学校的教育内容。类似的为乡村学校链接外部优质教育资源的公益项目还有"支教中国 2.0"的远程支教、友成企业家扶贫基金会的"双师教学"等。

乡村小规模学校大多处在较为偏僻的地区，同时也是信息化程度较低的地区，就像是散落在各处的"孤岛"，互联网＋乡村教育让乡村小规模学校从"孤岛"变为"群岛"。如农村小规模学校联盟，在集中活动之外，依托互联网平台进行信息反馈与线上培训，与校长和教师保持联系，同时，不同区域的校长、教师通过线上活动分享经验、交换信息、寻求帮助，互相鼓励，形成一个跨区域的成长共同体。

互联网的链接功能还能有效地盘活区域内的资源，使得区域内学校、教师

---

① 2013 年 21 世纪教育研究院组织了"百所村小"的调研活动，调研共收回 82 份调查问卷，80 份调研报告，调查区域覆盖 24 个省区 82 所小学，其中 60.6% 为学生数少于 200 人的学校。

的联系更加密切。如四川省广元市利州区的微型学校发展联盟，14 所联盟校不但通过互联网链接到了外部优质免费的课程资源，还将联盟学校中的优秀课程进行共享，本土的教师不用实地走教，在同一时间里为多所学校同时上课。同时，孩子对新事物的好奇心使之迅速熟悉互联网课程，并且通过互联网与外面的教师互动，一段时间后，许多教师反映学生的表达能力和自信心都有增强。

三 关于提升乡村小规模学校教育质量的建议

提升乡村小规模学校的教育质量需要各级教育主管部门、乡村小规模学校和社会组织各司其职，合力推进。

（一）各级教育主管部门——立足乡村，提供基本保障

各级教育主管部门首先需要深刻认识到保留乡村小规模学校的价值及其发展定位，并把办好乡村小规模学校作为区域教育均衡发展的重要切入点，而不是消灭乡村小规模学校以实现区域均衡。

区域教育局应根据各层级的职能为乡村小规模学校的发展提供保障。如在补充乡村教师问题上，需要省级统筹，参考目前已有的免费定向师范生、全科教师培养等实践经验，联合本省师范院校，培养"下得去、留得住、教得好"的乡村教师；区域教育经费方面，有条件的县、市应适当提高乡村小规模学校的生均经费标准，或者在区域内进行合理统筹协调，有目的地将教育资源向乡村小规模学校倾斜，提高乡村教师的职业吸引力，稳定教师队伍；赋予乡村小规模学校切实的独立身份，调整督导方式，为乡村小规模学校的校长、教师减轻负担，给予他们更大的探索空间；此外，为乡村小规模学校校长和教师提供他们切实需要的教育教学技能培训，为其成长提供机会。

（二）乡村小规模学校——解放思想，自我探索发展道路

乡村小规模学校独立发展的身份，一方面由教育主管部门赋予，另一方面离不开学校校长和教师自身认识的转变，不能一切等待被安排，而要积极主动探寻解决问题的办法。在信息技术发达、资讯丰富的今天，可以通过互联网共

享免费优质的教育资源，可以进行众筹以改善学校的办学条件，校长、教师可以获得各种学习和交流的机会，能够联系到任何进行乡村教育支持的组织和个人，可以借此找到解决问题的办法，或者至少找到同路人。

总之，一个真正想要探索乡村小规模学校发展道路的校长或教师，会用行动代替抱怨。前文提到的一些实践，仅仅是目前的实践中既有重要价值并被实践检验效果显著的，校长和教师可以学习借鉴。同时，办好乡村小规模学校、丰富教育内容、深化教育内涵，还应该有更多的道路，需要每所学校的校长、教师在各自的实践中不断探索。

（三）社会组织——灵活创新，做好支持者和引领者

社会组织的一大特点是灵活，可以根据现实的需要，灵活调整支持方向与方式，有的直接与学校合作，有的与区域教育主管部门合作。最近一年多以来，随着乡村小规模学校发展问题的凸显，社会组织对乡村小规模学校困境的认识越来越深刻，并且越来越多的组织愿意将有限的资源投入最需要的学校去，致力于提升乡村小规模学校的教育质量，这一趋势是值得肯定的。

同时，社会组织不仅是现有教育体制的补充，更是教育创新的引领者。针对乡村小规模学校的发展障碍，有的社会组织利用其社会动员方面的优势，发动广泛的社会力量关注、支持小规模学校，既发动遥远地方的爱心人士，也发动乡村小规模学校所在"社区"的人们，盘活社会和社区的资源，尤其是后者对于乡村小规模学校的长期发展意义重大。有的社会组织致力于对教育内涵发展的探索，除了上文提到的乡土、阅读、互联网等内容和方式外，还有社会组织在支持乡村小规模学校开展艺术教育、科学教育、自然教育，以及开设综合实践课程等，但目前尚缺乏更深入和系统的探索。

B . 15

城市打工子弟学校生存发展
现状综述

魏佳羽　秦红宇 *

摘　要： 本文主要综述了 2010 年至 2015 年北京、上海、广州打工子
弟学校发展的政策环境、学校发展历程及整体生存现状，同
时结合打工子弟学校学生的在校就读、转学、升学、就业等
相关研究，揭示大城市打工子弟学校的孩子初中面临返乡或
辍学的严峻现实，初步揭示这一群体面临升学难、低端就业
的现实及其代际传承的边缘生存状态。

关键词： 人口流动　城市化　流动儿童　随迁子女　打工子弟学校

改革开放以来，中国经济持续快速发展，城市化进程不断推进，并伴随着
大量人口从农村向城市转移，从中、小城市向大城市转移。1978～2015 年，
城市常住人口从 1.7 亿人增加到 7.71 亿人，城市化率从 17.9% 提升到
56.1%[1][2]，但截止到 2016 年底，户籍人口的城市化率仍然仅有 41.2%[3]。

---

* 魏佳羽，新公民计划总干事；秦红宇，21 世纪教育研究院研究员。

[1] 《中共中央国务院印发〈国家新型城镇化规划（2014～2020 年）〉》，http：//www. gov. cn/
gongbao/content/2014/content_ 2644805. html。

[2] 《2015 年国民经济和社会发展统计公报》，http：//www. gov. cn/xinwen/2016－02/29/content_
5047274. html。

[3] 《农业转移人口市民化更便利了——我国户籍制度改革取得重大进展》，http：//
finance. people. com. cn/n1/2017/0213/c1004－29075661. html。

2015 年末全国流动人口总量已达 2.47 亿人①，0～17 周岁流动人口数量约为 4000 万②。

至 2015 年末，全国义务教育阶段在校生中进城务工人员随迁子女达 1367.10 万人③，在小学就读 1013.56 万人，在初中就读 353.54 万人。直到 2014 年末，1029.25 万随迁子女在城市公办学校就读，占当年全部随迁子女的 79.5%④；265.48 万随迁子女就读于城市民办学校⑤，其中大部分为低收费民办学校（学费一般低于 5000 元/学期），通常被人们叫作"打工子弟学校"。

在人口流动的初期，并没有打工子弟学校，因为那时大多是青年人单枪匹马闯天下。20 世纪 90 年代中期，随着他们逐渐在城市落地、生根，也开始娶妻生子，但城市公办学校没有为"流动儿童"提供义务教育做好准备，孩子们在他们生活和成长的城市里面临着无学可上的困境。

面对这种情况，在打工人群中，一些人在菜棚、简陋的平房中开始以"教育自救"为目标进行私塾式办学⑥⑦，因为需求巨大，这些"学校"迅速从最初只有几个学生，发展到有几十、上百甚至超过千人的规模较大的学校，他们的父母也因此可以在城市里继续安心打工。

在过去的 20 年间，这些打工子弟学校在城市里的发展，也像流动儿童教育一样，经历了几多起伏，如今这些学校、这些孩子的生存发展状况如何呢？

---

① 流动人口是指人户分离人口中扣除市辖区内人户分离人口后的人口。市辖区内人户分离的人口是指一个直辖市或地级市所辖区内和区与区之间，居住地和户口登记地不在同一乡镇街道的人口。

② 流动儿童是指年龄在 0～17 周岁之间的流动人口。2010 年第六次全国人口普查数据显示，0～17 周岁流动儿童占流动人口（2.21 亿）的 16.2%。2015 年末全国流动人口总量为 2.47 亿，依照 2010 年流动儿童占流动人口的比例进行推算，则 2014 年末全国 0～17 周岁流动儿童约为 4000 万（2.47 亿 * 16.2%）。

③ 进城务工人员随迁子女，是指户籍登记在外省（自治区、直辖市）、本省外县（区）的乡村，随务工父母到输入地的城区、镇区（同住）并接受义务教育的适龄儿童少年。

④ 教育部：《2014 年全国教育事业发展统计公报》，http://www.moe.edu.cn/srcsite/A03/s180/moe_633/201508/t20150811_199589.html。

⑤ 教育部：《义务教育均衡发展专题》，http://www.moe.gov.cn/jyb_xwfb/xw_zt/moe_357/jyzt_2015nztzl/2015_zt18/15zt18_sscx/15zt18_tjgy_ywjy/。

⑥ 韩嘉玲：《北京市流动儿童义务教育状况调查报告》，《青年研究》2001 年第 8 期。

⑦ 叶俊：《打工子弟学校的变迁与历史轨迹》，http://www.zgxcfx.com/Article/28131.html。

一 城市，打工子弟学校

在过去 5 年间，中国流动人口数量以每年超过 800 万的速度持续快速增长，2009～2014 年，城市流动人口从 2.11 亿①增加到 2.53 亿。与之相伴，义务教育阶段进城务工人员随迁子女人数从 2009 年的 997 万增加到 2012 年的 1394 万②，3 年间累计增长 40%。但 2013 年进城务工人员随迁子女人数却反常地开始下降，降至 1277 万人，较 2012 年下降了 8.39%。2014 年进城务工人员随迁子女人数较 2013 年仅小幅上升至 1294 万人，其增长速度远低于流动人口的增长速度（见图 1）。

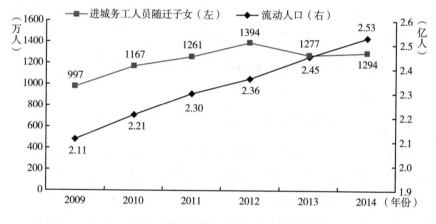

图 1　流动人口、义务教育阶段进城务工人员随迁子女人数

在过去 5 年间，义务教育阶段进城务工人员随迁子女在公办学校就读的比例一直在 80% 左右，流入地城市在达成"两为主"（即"以流入地政府为主，以全日制公办学校为主"）目标之后，对承担最后约 20% 流动儿童的义务教育责任一直显得犹豫不决，因此虽然在民办学校就读的义务教育阶段随迁子女比例在 2009～2012 年间一直在缓慢下降，在校生人数却在小幅上升（见图 2），

---

① 国家卫生和计划生育委员会流动人口司：《中国流动人口发展报告 2010》，中国人口出版社，2010。

② 教育部：2009～2014 年《全国教育事业发展统计公报》。

2013 年在民办学校就读的义务教育阶段随迁子女比例降至 5 年来最低点，其在校生人数也较上一年小幅下降。进入 2014 年，在民办学校就读的义务教育阶段随迁子女比例又上升至 20.50%，在校生人数也回升至 265 万。

图 2　在民办学校就读的义务教育阶段进城务工人员随迁子女

（一）北京：夹缝中生存的打工子弟学校

北京的打工子弟学校诞生于 20 世纪 90 年代初，这些学校诞生于菜棚和简易的民房中，最初的学生人数从几人到十几人不等。因为有效满足了很多流动儿童最基本的上学需求，在短短的几年间飞速发展，据不完全统计，截止到 2000 年底[①]，北京已经有超过 200 所民办打工子弟学校，在校生超过 4 万人，其中较大规模的学校在校生人数已经超过千人。

2001~2005 年，北京的打工子弟学校进入一个相对平稳的发展期，开始被社会上更多人关注，学校之间的竞争也开始增强，一部分学校在此期间也顺利"转正"，拿到办学许可证，一批"明星"学校也逐渐成长起来，2004 年 5 月 29 日，海淀行知实验学校的学生们还见到了温家宝总理[②]。

2005 年 9 月，北京市教委发布《北京市教委关于加强流动人口自办学校管

---

① 韩嘉玲：《北京市流动儿童义务教育状况调查报告》，《青年研究》2001 年第 8 期。
② 《打工子弟学校九年半获"准生证"　总理关注》，http://www.people.com.cn/GB/jiaoyu/1055/2566677.html。

理工作通知》，明确提出了"扶持一批，审批一批、淘汰一批"的工作思路。之后一年时间，北京打工子弟学校从 2005 年的 269 所减少到 2006 年的 239 所。2006 年 7 月，北京市政府发布《北京市人民政府办公厅关于进一步加强未经批准流动人员自办学校安全工作的通知》，随后北京市迎来最大规模的一场打工子弟学校关闭潮，仅海淀区就计划关闭全部 37 所未经审批的打工子弟学校，涉及学生超过 15000 人，全市范围内受影响的打工子弟学校或超过百所。①

2006 ~ 2011 年，北京没有审批过新的打工子弟学校，却也没再大规模关闭打工子弟学校，并且还会不定期地给予打工子弟学校一定的资金和培训支持。这段时间北京市打工子弟学校的数量仍然在减少，但在校生人数一直比较稳定，截止到 2010 年底，超过 11 万流动儿童在这些学校就读②。

2011 年 6 月，大兴、朝阳、海淀区近 30 所打工子弟学校相继收到关停通知，涉及近 1.4 万学生。2011 年 8 月 16 日北京市教委召开新闻通气会称，已经制定和采取了学生分流方案，"保证不让一个就读的学生失学"。

2012 年、2013 年、2014 年、2015 年，依然不断传来打工子弟学校被关闭的信息，只是每一所学校被关闭的原因都不再相同。同时，一些新的变化正在发生，"打工子弟学校"和"一般民办学校"的边界变得愈发模糊了。

比较 2004 ~ 2014 年北京市民办小学数量和在民办小学就读的非京籍学生的数据③（见图 3）可以发现，2011 年之前，民办学校数量一直在 20 所左右，在校非京籍学生人数一直在 30000 人以内，同期北京打工子弟学校无论是数量还是在校非京籍学生人数，均远超上述两个数字，显然在此期间民办打工子弟学校（无论是否获审批）并没有被纳入统计数据之内。

2012 年之后，被统计在内的北京民办小学数量迅速从 2011 年的 21 所上升至 2014 年的 65 所，增加了 44 所，在其中就读的非京籍学生人数也上涨至 2014 年的 6.26 万人。同期北京民办小学数量并没有大幅增加，将北京市教委在网站上

① 《北京被取缔打工子弟学校开学　取缔分流受阻》，http://news.xinhuanet.com/politics/2006-08/28/content_5013939.htm。
② 袁连生、王红、丁延庆：《流动儿童义务教育及财政问题研究》，北京师范大学出版社，2013，第 31 页。
③ 北京市统计局、国家统计局调查总队编《北京市统计年鉴》（2005 ~ 2015 年），中国统计出版社，2005 ~ 2015。

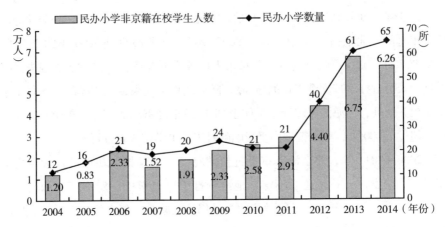

图3 北京市民办小学数量、在民办小学就读的非京籍学生人数

公开的小学名单，跟新公民计划统计的北京市打工子弟小学名单进行对比之后，可以发现北京市教委所公开的小学名单中共包含已审批打工子弟学校45所，这一数字与2014年较2011年增加的民办小学数量惊人地相近，可见2011年后民办小学数量大增主要是因为已审批的民办打工子弟学校被纳入了统计数字之内。上述信息对于已拿到办学许可证的40余所打工子弟学校来说，很可能意味着最艰难的日子已经过去，未来应该会有较大机会向一般民办学校进行转型。

在上述统计数字之外，截止到2014年底，北京还有62所未审批的打工子弟学校，其在校生人数超过4万人，对这些未审批打工子弟学校，我们很难找到精确的统计数字，但是在综合多方面的信息之后，我们依然能够大致呈现过去几年间北京打工子弟学校在校生人数的变化（见图4），北京市打工子弟学校在校生人数一直稳定在9万人以上，2006年尽管遭遇了最大规模的关校潮，但是在校生人数几乎没有受到影响，反而在2010年达到11.3万人，受2011年（拆迁）关闭学校的影响，2012年在校生人数回落至9.5万人，并延续至2014年（9.4万人）。受流动人口数量持续增加的影响，北京市流动儿童总量依然在持续增加，因此在打工子弟学校就读的流动儿童占全部流动儿童的比例仍然在逐年下降，到2014年底，降至18.30%的最低水平。

（二）上海：有一种民办学校不收学费

上海的打工子弟学校最早诞生于20世纪90年代初，随后一直默默地快速

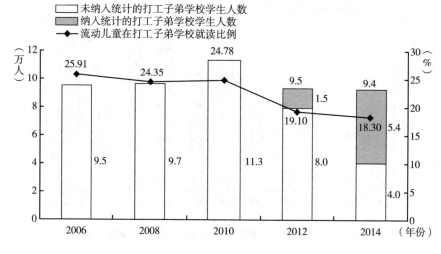

图4　北京打工子弟学校在校生人数

发展着，有统计称，截止到 2001 年底，上海有民办打工子弟学校 519 所，在校生超过 12 万余名。此后上海市政府也开始关注这一类学校，但是对于学校的管理仍主要聚焦于安全和办学条件的改善，学校之间处于一种自由竞争的状态，在竞争过程中学校数量有所减少，但是在校生人数一直在增加，至 2007 年，上海市在打工子弟学校就读的学生人数超过 17 万。

2008 年，上海市教委启动了农民工同住子女义务教育三年（2008 ~ 2010 年）行动计划。在此期间全市共审批设立 162 所以招收农民工同住子女为主的民办小学，政府向其购买约 12 万个免费义务教育学位，委托招收农民工同住子女免费就读，并根据招生人数给予生均成本补贴。同时关闭存在安全隐患、办学条件不合格的农民工子女学校 100 所。

上海市民办小学数量在 2007 年前持续小幅上升，至 2007 年学校数达到 24 所，在校生人数达到 3.5 万人（见图5）。显然前面提到的超过 10 万的在打工子弟学校就读的学生并没有被纳入教育统计数字之内。2008 ~ 2010 年三年行动计划期间，被纳入教育统计数字之内的学校数量迅速增加，2010 年已达 184 所，在校生 16.4 万人。至此上海市已经将全部 162 所以招收农民工同住子女为主的民办小学纳入教育统计之内，并将这批学校纳入民办教育管理（简称纳民学校），上海的纳民学校也就此进入快速发展的轨道。

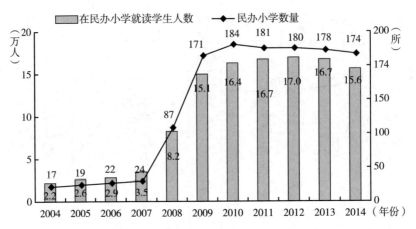

图5 上海市民办小学数量、在民办小学就读学生人数

市、区两级政府对于纳民学校的资金支持力度不断加大，将以招收随迁子女为主的民办小学基本成本补贴标准从2008年的2000元/生·学年，提高到2011年的4500元/生·学年，2012年达到5000元/生·学年，此后一直将补贴标准维持在这一水平，同时又将一些学校相关的非教学必要支出（比如学校保卫的工资），以专项资助的方式从上述成本补贴的范围内剥离出来，以减轻学校的财政压力。在增加资金投入的同时，不断开展适合随迁子女的教育教学研究，提高教育质量；编制了适合以招收随迁子女为主的民办小学实际的《学校规范管理手册》，委托专门机构开发了学校管理平台与教师教学电子平台，并组织校长、教师专题培训，促进学校管理的规范化和科学化，提高教师队伍的专业能力和水平。纳民学校的招生要求也已经与公办学校完全一致。

2013年5月出台《上海市居住证管理办法》，申请上海市居住证要求合法稳定居住、合法稳定就业，以及参加本市职工社会保险满6个月。2013年12月发布《上海市人民政府办公厅转发市教委等四部门关于来沪人员随迁子女就读本市各级各类学校实施意见的通知》，规定持上海市居住证的人员，或连续3年在街镇社区事务受理服务中心办妥灵活就业登记（逐步过渡到3年）且持有上海市临时居住证满3年（逐步过渡到3年）人员，其随迁子女在本市接受义务教育，可向上海市居住证或上海市临时居住证登记居住地所在区县教育主管部门申请。

在随后的2014年、2015年，很多随迁子女家长无法满足申请上海市居住证的条件，或办理上海市临时居住证不满 3 年，而满足条件的家长会优先选择让子女入读公办学校，纳民学校的在校生人数开始迅速下降，2015 年仅有 8.8 万人。流动儿童在纳民学校就读比例也迅速下滑至 2015 年的 17.58%（见图 6）。

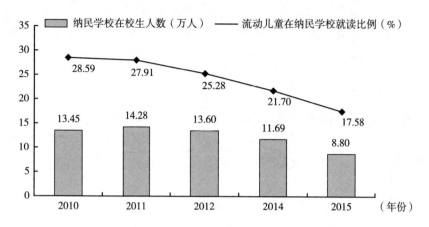

图 6　上海打工子弟学校在校生人数

（三）广州：包容性发展下的民办学校

广州的打工子弟学校同样诞生于 20 世纪 90 年代初，与北京和上海的情况不同，作为流动人口最早聚集和民办经济最为发达的区域，广州市打工子弟学校几乎一直是与社会的需求和民办教育相关法规相伴发展①。

1992 年广州市出现了最早的打工子弟学校，跟北京、上海一样，最初这些学校也处于"非法"的状态，政府采取了"既不支持，也不鼓励，出了事自己负责"的态度。但进入 90 年代中期，政府开始逐渐承认这些学校的合法性，1995 年广州第一所获得政府许可的打工子弟学校正式诞生，1997 年《社会力量办学条例》、2002 年《民办教育促进法》发布，广州几乎都同步配合落地执行，并且在实践中推动法规的修订完善。

因为难以获取准确的在民办学校就读随迁子女的数据，本文先通过广州市民办学校的数据来了解打工子弟学校的总体情况，然后再综合其他因素分析在

① 熊少言：《论广州市民办中小学教育 30 年的发展演变》，《经济师》2010 年第 9 期。

民办学校就读的随迁子女的信息。1999 年，广州市仅有民办小学 59 所，在校生 3.6 万人，随后几年民办学校迅速发展，至 2005 年，广州市已有民办小学 172 所，学校数达到历史峰值，在校生人数已达 21.6 万人，其发展速度远超北京和上海。此后广州市民办小学市场基本饱和，在市场竞争的过程中学校数小幅下滑，但是在校生人数依然持续小幅上涨，至 2014 年学校数下降至 151 所，但是在校生人数上涨至 31.3 万人的历史最高水平，比 2005 年在校生人数增加了 44.9%（见图 7）。

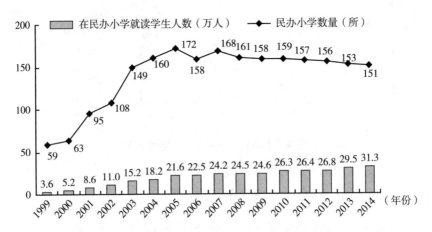

图 7　广州市民办小学数量、在民办小学就读学生人数

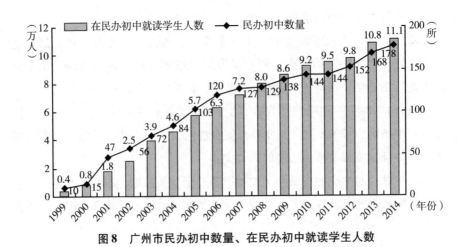

图 8　广州市民办初中数量、在民办初中就读学生人数

广州民办教育的发展不限于小学教育，初中阶段民办教育也一直在蓬勃发展，相较于广州市民办小学在快速发展后（2005年后）开始进入平稳期，广州市民办初中则一直处于快速发展中。1999年广州市仅有10所民办初中，在校生人数不过0.4万人，此后学校数逐年上升，至2014年达到历史最高的178所初中，在校生人数11.1万人。

2013年广州市有23万随迁子女在公办学校就读，占随迁子女总数的42%①，据此推算共有31.76万随迁子女在民办学校就读，占民办学校在校生总数的78.8%。

新华网2015年1月报道显示（注：2015年1月与2014年对应的数据是一致的），广州市义务教育阶段非广州市户籍学生63万人，目标将外来务工人员随迁子女入读公办学校比例提高到53%，还缺少5.3万个学位，可以算出义务教育阶段入读公办学校的随迁子女人数为28.09万人，入读民办学校随迁子女人数为34.91万人，占民办学校在校生总数的82.3%。

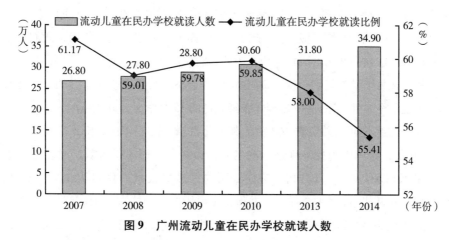

图9　广州流动儿童在民办学校就读人数

注：袁连生、王红、丁延庆《流动儿童义务教育及财政问题研究》，北京师范大学出版社，2013，第31页。

结合图9，可以看到在广州市包容性发展的政策下，广州市的民办学校一直处于稳定的发展之中，在接纳流动儿童入学方面一直扮演着非常重要的角

---

① 《广州外来人口达783万　子女42%有学上》，http：//st. southcn. com/content/2015 - 12/25/content_ 139554597. htm。

色，近年来随着公办学校接纳流动儿童人数的上升，流动儿童在民办学校就读人数的比例在下降，但是在民办学校就读的流动儿童人数依然在持续上升。

二 打工子弟学校的孩子

在城市中，全国有超过 200 万的孩子在民办打工子弟学校就读，他们走过了一条怎样的成长之路呢？笔者曾走访过一些打工子弟学校，也跟很多在流动人口社区工作的朋友有过交流，发现很多流动儿童，初中一毕业就已经开始进入社会工作，其中一些甚至没有完成初中学业，也有很多流动儿童因为不能在流入地升学，而不得不提早返乡为升学做准备。

目前，对于打工子弟学校学生就学、转学、毕业后去向的追踪调查少，大范围的实证调查并不多。为初步探索和了解几个主要城市的流动儿童发展状况，我们在 2015 年 10 月至 2015 年 12 月间进行了一次小规模的调研。调研计划在北京、上海、广州、成都、贵阳 5 个城市分别抽取 60 名"流动儿童"，这些儿童在 2010 年底时在民办打工子弟学校就读小学 5 年级或 6 年级，我们希望通过调查了解这些儿童的成长经历。为此我们在每个城市选择了 4 所民办打工子弟学校，在每个学校找到一位在 2010 年任教于小学 5 年级或 6 年级的班主任教师，通过每个教师联系到他/她当年曾经教过的 15 名学生，并实施调查。

调查最终收回有效问卷 162 份，其中北京 43 份，上海 32 份，广州 24 份，成都 60 份，贵阳因为找不到合适的老师，最终只收回 3 份有效问卷。对调查问卷采用 SPSS19.0 进行分析，考虑到不同区域的权重，我们从北京、上海、成都中各自随机选出 24 个样本，并保留了贵阳的 3 个样本，跟广州的 24 个样本一起组成 99 份样本，并对其进行分析。样本中包含男性 53 人，女性 46 人，性别比约为 1.2∶1。样本出生年份为 1997～2001 年。

初步调查结果显示，"流动儿童"并不总是流动的。小学阶段，样本中55.56% 的学生一直在同一所学校就读，转学次数达到 3 次的只有 5.05%，很多"流动儿童"其实并不流动（见图 10）。初中阶段，样本中 87.76% 的学生没有转过学，"流动儿童"几乎已经不流动了（见图 11）。

返乡和辍学，是流动儿童成长中绕不开的话题。在从小学升初中之后，样本中 14 名儿童离开父母工作的城市就读初中，其中有 10 人回到户籍所在的城市，

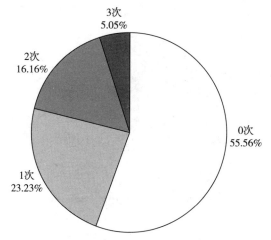

图 10　小学期间转学次数分布

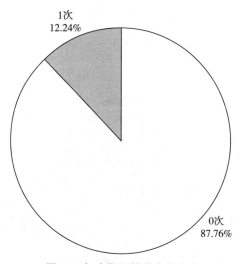

图 11　初中期间转学次数分布

4 人回到户籍所在的乡村；另有 2 名儿童去到了第三地的城市。留在父母工作地就读的儿童中，只有 32 人能够进入公办初中，另有 50 人就读于民办初中，还有 1 人没有进入初中就读，在小学毕业后就辍学在家。在初中阶段的学习过程中，又有 8 人陆续辍学，其中 1 人从户籍地农村辍学，2 人从城市民办初中辍学，5 人从城市公办初中辍学，在初中毕业前辍学的就有 9 人（见图 12）。

对于很多流动儿童来讲，能够在父母工作的城市跟父母生活在一起并且享

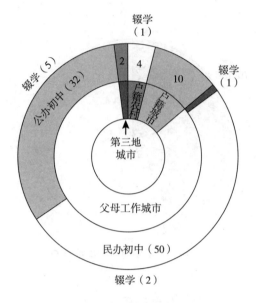

图12　初中阶段就学状况分布（人）

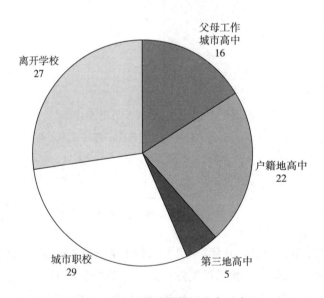

图13　高中阶段就学状况分布（人）

受到适宜的教育是一件非常困难的事情。图13显示，仅有16人能够在父母工作的城市获得入读高中的机会，22人返回老家继续读高中，另有5人去到了第三地读高中。有 29 人在城市就读职业学校，27 人出于各种原因离开学校，赋闲在家或者提早开始打工。

三 打工子弟学校孩子的未来

2014 年 9 月底，《国务院关于进一步做好为农民工服务工作的意见》明确提出保障农民工随迁子女平等接受教育权利的具体举措。与此同时，2014 年中央政府连续出台《国家新型城镇化规划（2014～2020 年）》、《关于进一步推进户籍制度改革的意见》两个文件，提出要积极推进城镇基本公共服务由主要对本地户籍人口提供向主要对常住人口提供转变，在 2020 年以前努力实现 1 亿左右农业转移人口和其他常住人口在城镇落户。关于户籍制度改革确定了对不同城市梯度开放的原则，但是提出了严格控制特大城市人口规模。在特大城市，由于对减少人口数量的硬性控制，出现所谓"以教控人"、高筑入学门槛的现象，这使流动儿童的入学机会受到很大影响。各地开始实行积分入学、积分入户的居住证制度，而从实践情况看，积分入学的主要受益对象仍然与高学历的优势人群有关。①

2010 年至 2015 年的另一项跟踪调查②显示，打工子弟学校学生高中（含职业高中）阶段升学率不足 40%，大学升学率不到 6%。在高中阶段，入读职业高中的比例高于入读普通高中。在大学阶段，有近一半学生入读独立学院和高职院校。他们中有 2/3 就业于低端服务业，平均月薪在 2500～3500 元；10% 左右以自我雇佣的方式就业；有 13%～21% 的处于无业状态。调查显示，这个群体中已经有人开始结婚生子、养育下一代，这意味着他们已经开始代际传承的"再生产"。

2014 年以来，在北上广深一线大城市，流动儿童进入公办学校的门槛越来越高，公办学校的进城务工人员随迁子女人数也变少了。也许会有更多的孩子返乡、更多的孩子辍学，游离在升学和就业的双重边缘地位，他们未来将何去何从？

---

① 温蕾、冯蕾等：《大城市积分落户，得积多少分才够？》，http：//www. banyuetan. org/chcontent/jrt/201487/108492. shtml。

② 宋映泉、曾育彪、张林秀：《打工子弟学校学生初中后流向哪里？》，北大中国教育财政科学研究所网站。

教育调查

Investigations

B.16
"家长眼中的学校教育"调查报告

秦红宇 *

摘　要：　本次调查从家长的视角了解家长对学校教育的满意度、对应
试教育倾向的评价和对改善学校教育的诉求。结果显示，家
长对学校教育的满意度不容乐观，介于"一般"和"比较满
意"之间，多数省份学校的家长满意度低于平均水平。家长
对民办学校的感受比公办学校更好。半数以上的家长认为孩
子所在学校应试教育倾向"严重"。家长期待学校在"注重
孩子全面发展"上做出改变的呼声最高。

关键词：　家长教育　满意度　应试教育

2016 年 11 月 23 日至 12 月 9 日，21 世纪教育研究院与腾讯教育频道联合

* 秦红宇，21 世纪教育研究院研究员。

发起"家长眼中的学校教育"调查,试图了解家长对学校教育的满意度和对应试教育倾向的评价与看法,以及对改善学校教育的诉求。参与调查的家长共13561人。

一　基本信息

(一)参与调查的家长基本信息

参与本次调查的家长,以本科、大专学历为主,两者合计约占61.75%,其次是高中或中专学历家长,将近两成(18.62%);参与调查占比最多的是小学生家长群体(42.76%),其次是初中生家长(20.02%)(见表1)。总体来看,参与调查的公办学校家长超过七成(75.92%),民办学校家长约占两成(16.59%),民办公助学校家长(2.06%)和公办民助学校家长(1.53%)及其他类型学校家长(3.89%)占比非常少。

表1　家长的学历类型和身份

单位:%

家长学历类型		家长身份	
博士及以上	1.32	幼儿园家长	12.80
硕士或双学位	4.69	小学生家长	42.76
本科	36.16	初中生家长	20.02
大专	25.59	高中生家长	13.78
高中或中专	18.62	其他	10.63
初中	10.91		
小学及以下	2.72		

(二)家长报告子女所就读学校的地域分布

参与调查的家长报告孩子就读的学校分布涉及31个省份。如图1所示,按学校占比由高到低排列,学校占比最高的是广东(11.65%),其次是四川(7.62%)和江苏(7.40%)、浙江(5.93%)和湖北(5.47%),中、东、西部省份学校分布相对均衡,宁夏、海南、青海、西藏参与本次调查的学校占比最小。

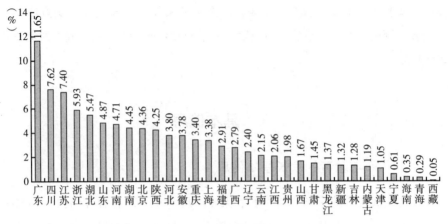

图1 家长报告子女就读学校的所在省域分布

从参与调查的家长报告子女所在学校的城乡分布来看，大部分家长的孩子在大中城市（省级或地级城市）的学校就读，其次是县城学校，最后是乡镇、村级学校①（参见表2）。

表2 家长报告子女所就读学校的城乡分布

	数量(个)	百分比(%)
省级城市学校	5194	38.30
地级城市学校	3567	26.30
县城学校	3025	22.31
乡镇学校	1436	10.59
村级学校	339	2.50

二 家长对学校教育的满意度评价

（一）家长对学校教育的满意度

此次针对家长对学校教育满意度的调查主要反映的是家长对子女目前所就

---

① 问卷问题为"您的孩子目前在哪上学"，设置省级城市、地级城市、县城、乡镇、村五个选项，默认家长选择其子女中的一个孩子目前所正在就读的学校。

读学校教育的主观感受,从三个指标进行感知性评价:一是家长认为孩子喜欢学校的程度;二是家长对于孩子在目前的学校上学的乐意程度;三是家长对孩子所在班级老师的总体满意程度。在三个指标得分[①]相加的基础上求平均值,得到参与调查家长的学校教育满意度总体均值为3.54;同时统计每个省份的家长满意度均值得分,31个省份学校的家长满意度均值得分为3.00~3.66。总的来说,参与此次调查的家长对学校教育的满意度介于"一般"和"比较满意"之间。

表3　家长的学校教育满意度评价指标

	指标	均值	总体均值
家长对学校教育满意度	孩子喜欢学校的程度	3.61	
	家长的乐意程度	3.57	3.54
	家长对班级老师的满意程度	3.43	

(二)家长对学校教育的满意度排序

参与调查的家长报告孩子就读的学校涉及31个省份,有11个省份的家长满意度均值高于总体均值,有18个省份的家长满意度均值低于总体均值。可见,在家长看来,学校教育并不太令人满意。

家长的学校教育满意度均值由高到低排在前五位的是吉林、广东、重庆、湖南、福建;居后五位的是甘肃、贵州、辽宁、山西、西藏;北京和安徽的学校,其家长满意度与全国平均水平相同(见表4)。其中特别值得关注的是江苏、上海的学校,其家长满意度均值低于总体均值(江苏为3.52,排在第17位;上海为3.48,排在第21位)。

(三)家长对学校教育满意度地区分布

家长对于学校教育满意度的认知,呈现东高西低的格局。总体而言,与中、

---

① 程度题选项反向计分,程度由低到高,计为1~5分,满分为5分,数值越大表示程度越高。

表4　家长的学校教育满意度排序

学校所在省份	家长的学校教育满意度均值	排名
吉　林	3.66	1
广　东	3.61	2
重　庆	3.61	3
湖　南	3.61	4
福　建	3.60	5
广　西	3.57	6
四　川	3.57	7
山　东	3.56	8
内蒙古	3.56	9
陕　西	3.56	10
浙　江	3.56	11
北　京	3.54	12
安　徽	3.54	13
宁　夏	3.53	14
新　疆	3.52	15
青　海	3.52	16
江　苏	3.52	17
江　西	3.51	18
海　南	3.50	19
湖　北	3.49	20
上　海	3.48	21
天　津	3.47	22
河　南	3.46	23
云　南	3.46	24
河　北	3.45	25
黑龙江	3.44	26
甘　肃	3.44	27
贵　州	3.44	28
辽　宁	3.41	29
山　西	3.36	30
西　藏	3.00	31

注：各省满意度均值由 excel 统计，默认四舍五入保留 2 位小数，均值数值相同的省份，排序靠前的实际均值要大。

东部相比，西部省份家长的满意度更低。①

东部9省的满意度均值为3.53，其中江苏、上海、天津、辽宁共4省的家长满意度低于总体平均水平（总体均值3.54）。中部10省的满意度均值为3.50，其中有一半的省份（河北、河南、黑龙江、湖北、山西）学校的家长满意度低于总体平均水平。西部12个省份的满意度均值为3.48，除了重庆、陕西、广西、四川、内蒙古5个省份的学校家长满意度高于总体平均水平外，其余7个省份（宁夏、新疆、云南、贵州、甘肃、青海、西藏）的学校家长满意度都低于总体平均水平。

（四）家长对学校教育满意度不同地域比较

图2为不同地域学校家长的满意度均值。从均值比较来看，地级城市学校家长的满意度均值最高，村级学校家长的满意度最低。

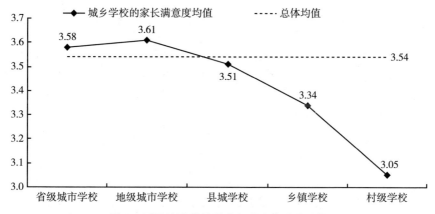

图2　不同地域学校的家长满意度均值比较

单因素方差分析表明，不同地域学校家长的满意度具有显著性。② 多重比较结果显示，省级城市学校和地级城市学校家长的满意度都显著高于县城、乡

---

① 财政部：《关于明确东中西部地区区域划分的意见》。文件指出自1999年实施积极财政政策以来，中央首先明确了东部为北京、天津、辽宁、上海、江苏、浙江、福建、山东、广东9个省份，西部为内蒙古、广西、重庆、四川、云南、贵州、西藏、陕西、甘肃、青海、宁夏、新疆12个省份，中部地区虽然没有明确指出，但是按排除法可将河北、山西、吉林、黑龙江、安徽、江西、河南、湖北、湖南、海南10个省份归为中部地区。本文对中、东、西部的划分，遵循该文件从经济地理和区域政策角度进行划分。

② 本次统计显著性水平：$p = 0.05$。

镇、村级学校，但是省级城市学校和地级城市学校的家长满意度在统计意义上无显著差异。县城学校家长的满意度显著高于乡镇学校，而乡镇学校家长的满意度则显著高于村级学校。

总体而言，城市学校的家长满意度高于农村。省级和地级城市、县城、乡镇、村级学校家长的满意度呈现递减的趋势，与城乡差异格局完全一致。

（五）不同学历的家长对学校教育的满意度评价

图3为不同学历家长的学校教育满意度均值比较图。从均值比较来看，本科学历家长的满意度均值最高，高中/中专学历家长的满意度均值最低。

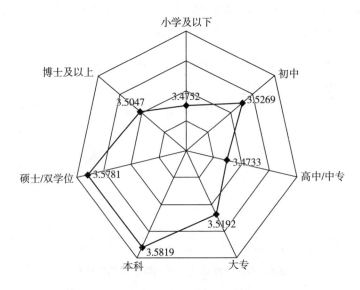

图3　不同学历家长的学校教育满意度均值比较

单因素方差分析表明，不同学历家长对学校教育的满意度存在显著性差异。多重比较结果显示，本科学历家长满意度显著高于大专学历家长，也显著高于高中/中专学历家长。这可能与城市学校家长中本科学历的比例更高有关。大专学历家长与高中/中专学历家长的满意度差异不显著，其他学历家长群体（博士及以上、硕士/双学位、本科、初中、小学及以下）两两之间的满意度也没有显著性差异。

也就是说，在统计意义上，本科学历的家长对学校教育的满意度高于大专和高中/中专学历家长，与其他学历的家长满意度无显著差异。

三 家长对学校的分项评价

进一步调查家长对于学校感到满意的方面，"离家近"竟然是家长们最为满意的方面，家长选此项的占 61.99%，尤其是乡镇及以下的学校，占比高达 75% 以上，可见实行就近入学政策的价值和效果。另外，家长关注的依次是学校的硬件环境（33.57%）、师资力量（26.80%）、学校管理（26.19%）以及学校的升学率和学校排名（25.64%），但选这四个方面的家长都只占三成左右，而对学校课外活动、课程体系满意的家长占比也都仅超过一成。

进一步对比省级城市学校、地级城市学校、县城学校、乡镇学校和村级学校家长对学校感到满意的具体方面，可以看出，在学校教育资源的供给（硬件环境、师资、课程体系、课外活动）和学校的管理方面，乡镇学校和村级学校感到满意的家长比例都要低于县城及以上城市学校的家长比例。

表5 城乡学校的家长对学校满意度分项评价占比

单位：%

	省级城市学校	地级城市学校	县城学校	乡镇学校	村级学校
升学率和学校排名	25.66	31.06	28.00	11.35	7.67
离家近	62.32	57.44	58.88	75.21	76.40
学习、生活的硬件环境	36.58	36.16	32.79	21.94	16.22
课程体系	16.65	12.59	9.19	6.82	7.08
课外活动	15.40	12.78	10.15	9.05	7.67
师资力量	27.09	30.59	29.26	14.90	10.91
学校管理	27.36	29.32	26.58	16.36	13.57
其他	9.30	9.14	10.05	12.95	16.22

四 家长对学校应试教育倾向的评价

（一）整体评价

总体来看，参与调查的家长认为应试教育倾向"非常严重"的占

31.30%，认为"比较严重"的占29.74%，即总体有六成以上家长认为学校应试教育倾向"严重"。认为"一般"的占25.43%，认为"不太严重"的家长占4.89%。认为孩子所在学校应试教育倾向完全不严重的家长占8.62%。①

（二）学校应试教育倾向严重程度分省份比较

参与调查的家长报告孩子就读学校分布于31个省份，统计分布在这31个省份的学校应试教育倾向严重程度均值，如图4所示。学校应试教育倾向严重程度总体均值为3.70，有11个省份的学校应试教育倾向严重程度在总体均值以下，分别是天津、广东、北京、浙江、福建、广西、上海、海南、江西、河南、湖南。全国约2/3的省份的学校应试教育倾向严重程度要高于总体平均水平，主要集中在教育相对落后的中西部地区，分别是青海、西藏、甘肃、黑龙江、宁夏、内蒙古、陕西、辽宁、山西、贵州、湖北、重庆、云南、新疆、江苏、山东、河北、四川、吉林、安徽，共计20个省份。

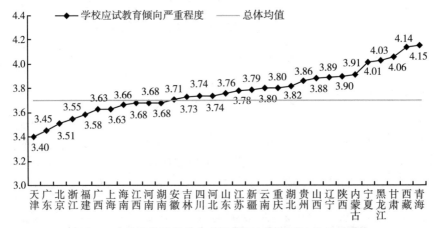

图4　31个省份的学校应试教育倾向严重程度均值比较

在家长看来，天津的学校应试教育倾向严重程度最低（均值为3.40），其次是广东（均值为3.45），再次是北京（均值为3.51）。在家长眼中，上海的学校应试教育倾向不算严重，均值为3.63，程度略高于北京。家长报告的学校应试

---

① 有效样本13157个，无效填答样本404个不统计在内。反向计分，完全不严重为1，非常严重为5，分值越大表示程度越严重。

教育倾向严重程度最高的五个省份是青海（均值为 4.15）、西藏（均值为 4.14）、甘肃（均值为 4.06）、黑龙江（均值为 4.03）、宁夏（均值为 4.01）。

（三）中、东、西部学校应试教育倾向严重程度比较

总体来看，应试教育倾向严重程度高于总体均值的以西部省份居多，其次是中部省份，最后是东部省份。结合图 4 从均值比较来看，此次调查中家长所报告的西部学校的应试教育倾向严重程度最高。

（四）学校应试教育倾向严重程度的城乡比较

在家长看来，县城学校应试教育倾向最为严重，地级城市学校次之，这两类城市的学校应试教育倾向严重程度在统计意义上要高于省级城市学校、乡镇学校、村级学校（见表 6）。

单因素方差分析表明，不同城乡分布的学校应试教育倾向严重程度具有显著性差异。多重比较显示，县城学校应试教育倾向严重程度高于地级城市学校，两者都显著高于其他层级学校。地级城市学校显著高于省级城市学校；但省级城市学校与乡镇、村级学校之间没有显著性差异；乡镇学校与村级学校之间也没有显著性差异。

表 6　城乡学校应试教育倾向严重程度均值比较

省级城市学校	地级城市学校	县城学校	乡镇学校	村级学校	总体均值
3.61	3.74	3.87	3.61	3.52	3.70

（五）不同类型家长对学校应试教育倾向严重程度的评价

从图 5 可看出，初中和高中的学生家长报告的孩子所在学校的应试教育倾向严重程度最高，可见，中学仍然是应试教育的重灾区，这与我们的常识是一致的。

单因素方差分析表明，不同学龄段学生的家长所报告的孩子所在学校的应试教育倾向严重程度具有显著性差异。多重比较显示，小学应试教育倾向严重程度显著低于初中和高中，幼儿园显著低于其他各学龄段学校，幼儿园和小学应试教育倾向严重程度差异不显著，初中和高中应试教育倾向严重程度差异不显著。

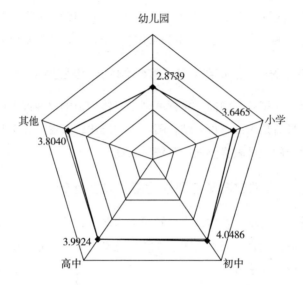

图5 不同类型家长所报告的学校应试教育倾向严重程度均值

（六）家长评价学校应试教育倾向严重的原因

针对学校应试教育倾向严重，家长认为主要的原因有：第一是"中高考考试评价单一"，第二是"校长教师片面追求升学率"，第三是"政府追求教育政绩"，第四是"家长过分看重考试分数"，第五是"培训机构推波助澜"。可以说唯分数论的考试评价作为指挥棒，在应试教育中起到最核心的作用。

对比不同学段学生家长的感受，可以看出，初中生和高中生家长对考试评价单一和校长老师片面追求升学率的"痛感"最高（见表7）。

表7 不同学龄阶段家长对学校应试教育倾向的归因

单位：%

	校长教师片面追求升学率	家长过分看重考试分数	培训机构推波助澜	政府追求教育政绩	中高考考试评价单一	其他
小学生家长	44.56	37.97	27.16	43.30	49.73	13.88
初中生家长	52.49	32.68	22.71	40.75	72.92	6.57
高中生家长	51.02	31.99	17.72	39.86	72.03	7.42
其他	52.27	37.23	22.10	47.26	56.11	17.95

五　家长对子女所在学校教育品质的看法

通过提问"您觉得学校对孩子的教育和培养，主要侧重在哪些方面?"，调查家长对学校教育培养倾向的看法。总体来看，认为侧重在"考试分数、学业水平"① 的家长比例最高，超过半数（57.27%），这在某种程度上说明"应试"在家长眼中仍然是学校最显见的教育目标。至于认为学校重视孩子"品德与人格培养"，"个性、兴趣、潜能的发展"、"身体素质"、"（人文、科学）综合素养"、"心理健康"等方面的家长均只有不到三成的比例（见图6）。

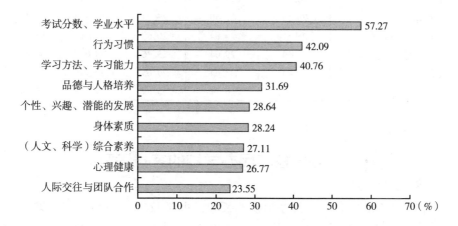

图6　评价孩子所在学校教育培养倾向的家长占比

进一步对比城乡学校家长对学校教育培养倾向的看法（见表8），可以发现，家长认为县城学校侧重于"考试分数、学业水平"一项，县城学校家长的占比最高（63.11%），在一定程度上回应了前述城学校应试教育倾向最为严重的分析。在培养孩子"学习方法、学习能力"、"行为习惯"、"个性、兴趣、潜能的发展"、"（人文、科学）综合素养"、"身体素质"、"人际交往

① 高中学业水平考试的课程标准、考试规定是国家制定的，由省级教育行政部门组织实施；考试覆盖全部 14 个学科，其中 9 科由省级统一组织考试，其余科目考试的要求是全省统一的；考试科目可以 6 选 3、7 选 3 等。为了淡化分数，成绩分为 5 等。学业水平考试的命题以新课程方案和各科课程标准的基本要求为依据，着重考查学生对基础知识、基本技能和基本方法的理解、掌握与运用。

与团队合作"等方面，村级学校的家长选择比例要低于其他区域的学校。可见，在应试教育环境下，村级学校处于教育品质最为薄弱的一端。

表8　城乡学校家长对学校教育培养倾向的评价占比

单位：%

	省级城市学校	地级城市学校	县城学校	乡镇学校	村级学校
考试分数、学业水平	54.49	58.48	63.11	54.11	48.67
学习方法、学习能力	41.84	43.45	38.71	36.07	33.92
行为习惯	45.53	42.44	38.81	37.95	32.45
（人文、科学）综合素养	31.04	28.37	22.18	22.28	17.99
身体素质	30.55	28.43	25.72	25.42	25.07
心理健康	28.15	27.50	24.93	24.30	24.78
人际交往与团队合作	25.51	24.84	20.50	20.61	19.47
个性、兴趣、潜能的发展	30.69	29.04	25.36	28.06	24.78
品德人格	31.84	33.64	29.65	30.99	30.09
其他	6.03	6.11	5.69	9.33	13.86

六　公办学校和民办学校的家长满意度

在所调查的家长中，公办学校家长和民办学校家长[①]分别占75.92%和16.59%。独立样本T检验显示，在统计意义上民办学校家长的学校教育满意度要高于公办学校家长。进一步分析孩子喜欢学校的程度和家长对孩子所在班级老师的满意程度，在家长看来，民办学校受孩子喜欢程度高于公办学校，民办学校家长对孩子所在班级老师的满意度也高于公办学校家长，且具有统计意义。这反映出民办学校的办学品质更高。

表9　公办、民办学校家长满意度均值比较

公办学校	民办学校	总体均值
3.53	3.58	3.54

---

① 另有一些来自公办民助学校的家长（1.53%）、民办公助学校的家长（2.06%）等，由于比例太低未纳入统计。

具体分析而言，公办学校与民办学校在升学率竞争能力上不相上下，公办学校的家长对学校离家近感到满意的比例更高。除此之外，民办学校在硬件环境、课程体系、课外活动、学校管理等各方面更令家长感到满意（参见图7）。这种办学品质的差异可以从学校教育的内涵和应试教育倾向得到揭示和解释。图8显示了公办学校和民办学校家长对孩子学校教育内涵的评价。除了"考试分数、学业水平"一项外，认为学校教育侧重于学生的行为习惯，（人文、科学）综合素养，身体素质，心理健康，人际交往与团队合作，个性、兴趣、潜能的发展，品德与人格培养等方面的，民办学校的家长占比均高于公办学校的家长。

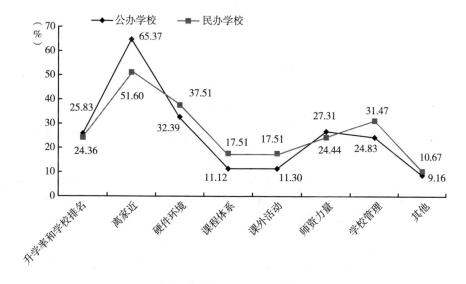

图7　公办学校和民办学校家长对学校各方面满意度的分项比较

在家长看来，公办学校的应试教育倾向更为严重。方差分析显示，不同性质学校家长认为孩子目前所在学校的应试教育倾向具有显著性差异，多重比较结果表明，公办学校显著高于民办学校，具有统计意义。

表10　家长评价孩子目前所在学校应试教育倾向严重程度均值比较

公办学校	民办学校	总体均值
3.79	3.39	3.70

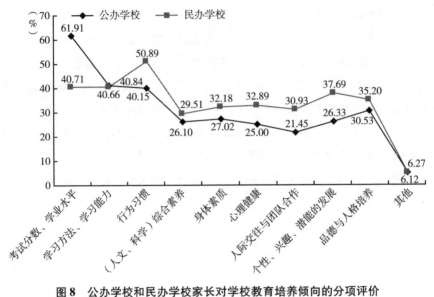

图8　公办学校和民办学校家长对学校教育培养倾向的分项评价

　　学生家长对孩子所在班级老师的评价，更深入地反映了家长对学校的评价。进一步的调查显示，认为老师"对学生管理过于松懈"、"对孩子的评价过于武断"、"公开学生考试成绩"、"给学生排名次"、"不尊重家长"、"给学生布置的作业少了，但给家长布置的任务多了"、"有偿补课"等的，公办学校家长的报告比例明显高于民办学校，这是比较令人惊讶的（见表11）。

表11　对孩子所在班级教师的评价

单位：%

	公办学校家长	民办学校家长	其他
对学生管理过于松懈	18.31	15.02	21.02
歧视或区别对待学生	21.73	19.33	26.33
体罚或变相体罚学生	11.41	10.36	15.72
对孩子的评价过于武断	26.48	23.6	31.63
公开学生考试成绩	32.44	20.58	34.47
给学生排名次	31.79	23.07	38.83
不尊重家长	9.72	6.89	11.55
要求家长送礼或办私事	5.54	4.76	12.69
给学生布置的作业少了，但给家长布置的任务多了	14.95	11.73	13.45
有偿补课	13.91	10.62	20.45
其他	28.21	36.67	33.71

七 家长对学校教育的期待

对"最希望您孩子目前所在的学校能做哪些改变"问题的回答,可以看到家长对学校教育的期待。家长选择比例由高到低的排列如图9所示。呼声最高的是"培养学生全面发展"（68.84%）;"提升软件（教师素质、教学质量、教学方法等）"超过半数（56.72%）,排在第二位;"真正平等对待每一个学生"（46.63%）排在第三位,"加强有实效的家校合作"超过四成（45.09%）,选择"加强对学生管理的人性化","真正减轻学生课业负担","提升硬件（教室、设备、食宿条件等）","减小班额"的家长比例超过三成。

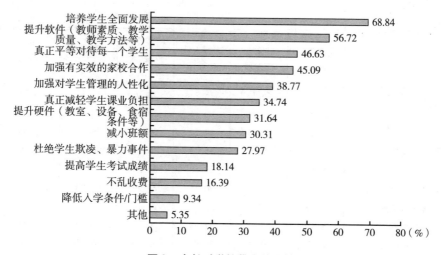

图9 家长对学校教育的期待

对比不同学龄段学生的家长以及不同所在地学校的家长,幼儿园家长对学校"降低入学门槛"和"不乱收费"的呼声最高。小学生家长、地级城市和县城学校的家长对"减小班额"的呼声最高;小学生和初中生家长、地级城市和县城学生的家长对"减轻学生课业负担"的呼声最高;乡镇和村级学生家长对"杜绝校园欺凌、暴力事件"的呼声最高。而在提高教学质量、平等对待学生、注重全面发展、实行人性化管理、加强家校合作等方面,各个学段和城乡学校学生家长的诉求比较一致（见表12）。

表12　学生家长期待学校做出的改变

单位：%

	降低入学门槛	不乱收费	减小班额	改善学校硬件	提升教学质量	平等对待学生	减轻学生课业负担
幼儿园家长	12.79	25.46	28.05	39.29	56.91	49.25	22.81
小学生家长	7.52	11.62	33.01	30.16	59.46	49.53	38.02
初中生家长	7.99	14.14	28.88	29.21	53.11	42.87	41.22
高中生家长	9.26	17.44	26.59	29.59	55.91	40.50	26.70
其他	15.12	27.53	29.68	35.64	53.33	46.81	34.12
省级城市学校家长	9.32	13.80	25.09	28.28	56.20	47.57	34.94
地级城市学校家长	9.53	15.56	31.37	29.89	55.96	47.94	35.07
县城学校家长	9.16	18.88	40.36	35.74	57.12	45.45	36.69
乡镇学校家长	9.26	21.24	27.72	36.91	59.19	43.73	30.22
村级学校家长	9.44	22.12	20.35	42.77	58.70	41.00	29.79

	提高学生考试成绩	注重全面发展	实行人性化管理	杜绝校园欺凌、暴力事件	加强家校合作	其他
幼儿园家长	6.57	55.13	36.23	30.76	43.55	8.29
小学生家长	13.92	71.86	40.11	28.64	47.44	4.38
初中生家长	24.83	73.11	39.19	26.81	44.24	3.83
高中生家长	31.73	69.02	35.74	20.71	46.07	4.49
其他	18.86	64.98	39.53	33.50	37.79	9.71
省级城市学校家长	17.00	66.71	40.35	24.99	43.86	5.70
地级城市学校家长	18.59	69.89	39.33	27.45	46.76	4.99
县城学校家长	18.58	70.98	37.39	30.15	46.05	4.73
乡镇学校家长	20.47	70.68	35.93	33.50	44.36	5.50
村级学校家长	17.11	63.72	32.74	36.28	40.71	8.85

八　讨论与小结

　　家长是教育改革的重要参与力量。透过学生家长的眼睛，了解他们对学校教育的评价和态度，是学校教育评价的一个重要视角。长期以来，我们对学校教育的评价主要通过行政系统进行，并且偏重于办学条件、师资力量、学业成就等外显的方面，比较缺乏学生和家长的参与。本次调查作为一种尝试,有一些新的发现,有些与我们的经验吻合,有一些是出乎意料的。调查结果显示的家长对学校教育的评价,不仅有他们对改善学校教育的诉求和意见,也反映了他们对教育改革的态度,为深化教育改革提供了民意参考。

(一)学生家长对学校教育的满意度总体不高

参与调查的家长总体态度介于"一般"和"比较满意"之间,31个省份学校的家长满意度均值得分介于3.00到3.66之间(满分为5)。全国约2/3省份的家长对学校教育满意度低于总体平均水平。家长评价结果反映了学校教育满意度"东高西低"的现实,教育资源相对薄弱的西部省份家长的满意度更低。值得注意的是,家长满意度与教育发展水平并不完全相关。获得高评价的一些省份,在学业质量检测中并非先进地区;而在一些教育资源相对丰富的省份,家长的学校教育满意度却低于总体平均水平,如江苏和上海分别排在第17位和第21位。其原因值得深入研究,这或许说明家长对学校教育的主观感受更多地来自师生关系、家校关系等软性方面,而非学业成就的硬指标。

(二)城乡学校家长的教育满意度存在明显差异

城乡不同学校家长对学校教育满意度的评价差异,与我们的经验是一致的,即省级城市、地级城市、县城的家长满意度在统计意义上都要高于乡镇、村级学校。在学校教育资源的供给(硬件环境、师资、课程体系、课外活动)和学校的管理水平方面,乡镇学校和村级学校无法与县城及以上城市学校相比,这是乡镇以下学校家长的满意度较低的主要原因。

(三)家长对民办学校的教育评价高于公办学校

本次家长调查揭示,无论是总体满意度还是对学校教育的内涵、对教师的评价、对应试教育倾向的评价,民办学校的得分都明显高于公办学校,这个结果是有些出人意料的。我们通常认为公办学校更能代表"优质教育资源",民办学校则经常与营利性、应试化、不讲教育规律等"污名"相连。这次调查颠覆了这一刻板印象,显示民办学校在学生的行为习惯,综合素养,身体素

质，心理健康，人际交往和团队合作，个性、兴趣、潜能的发展，品德与人格培养等方面反而做得更好。

（四）半数以上家长认为学校应试教育倾向严重

调查显示，约2/3省份的学校应试教育倾向严重程度高于总体平均水平，西部学校的应试教育倾向严重程度高于东中部学校。从城乡比较来看，"县城学校"的应试教育倾向最为严重；从不同学段来看，中学阶段的应试教育倾向最为严重。

值得重视的是家长对学校应试教育倾向的原因分析。家长认为"中高考考试评价单一"和"校长教师片面追求升学率"是学校应试教育倾向严重的两个最主要原因，这其实是同一个原因，即考试评价的指挥棒作用。其重要性排序依次是中高考考试评价单一、校长教师片面追求升学率、政府追求教育政绩、家长过分看重考试分数、培训机构推波助澜，显示家长的认知是相当清晰和理性的。考试评价标准的改变主要是政府行为，家长的认知也揭示了遏制应试教育的有效路径。

（五）家长期待学校注重"孩子全面发展"的呼声最高

不同学龄段学生家长和不同类型学校的学生家长期待的教育改变各不相同。幼儿园学生家长最为期待学校"降低入学门槛"、"不乱收费"；中学生家长最为期待学校"减轻课业负担"；县城学校的学生家长希望学校"减小班额"的呼声最高；村级学校学生家长在"改善学校硬件"、"杜绝校园欺凌、暴力事件"方面的诉求最为强烈。

但是，在提高教学质量、平等对待学生、注重全面发展、实行人性化管理、加强家校合作等方面，各个学段和城乡学校学生家长的诉求相当一致。尤其是对注重学生全面发展的诉求，在小学、初中、高中和城市、农村学校的呼声最高。家长对家校距离的关注，对学生品德与人格养成、个性和兴趣发展等的关注，都在一定程度上颠覆了我们认为家长只关注分数和升学率、是应试教育的"帮凶"的刻板印象，有助于我们正确地认知家长的作用。

B.17
北京市中小学生校园欺凌
现象的调查及分析[*]

周金燕　冯思澈[**]

摘　要：　本文调查了北京市12所高中、初中和小学的学生校园受欺凌现象，分身体欺凌、语言欺凌和关系欺凌三个维度，回应了三个问题，一是北京市校园欺凌情况如何，二是被欺凌经历带来什么后果，三是有哪些措施可减少校园欺凌现象。主要的发现是：小学生、男生、外地学生、普通学校的学生以及家庭经济水平较低的学生更易遭受欺凌；这种被欺凌经历会在一定程度上伤害学生的非认知能力、学校投入乃至学业成绩等。通过加强师生沟通、改善同伴关系，由父母亲自照顾，并采取情感温暖教养方式、加强亲子沟通等策略，可有效减少学生的被欺凌现象。

关键词：　校园欺凌　非认知能力　儿童发展　调查

一　介绍

近年来，校园暴力欺凌事件层出，成为社会广泛关注的话题。网络舆情分析数据显示，2014 年 6 月 1 日至 2015 年 6 月 31 日约一年时间内，网络涉及

---

* 本调查得到国家自然科学基金青年项目"学校和家庭投入对儿童非认知能力发展的影响效应研究"（项目号：71403025）的资助。

** 周金燕，博士，北京师范大学教育学部教育经济研究所教师，研究方向为人力资本投资、教育和收入分配等；冯思澈，北京师范大学教育学部教育经济研究所硕士研究生。

"校园暴力欺凌"的新闻有 36761 篇次，相关论坛贴文 39189 篇，微博 721947 条。① 2016 年 6 月 2 日，最高人民法院发布了《最高人民法院关于校园暴力案件的调研报告》，报告称在 2013～2015 年间法院审理的 100 件校园暴力刑事案件中，小学生占 2.52%，初中生占 33.96%，高中生占 22.64%。② 2016 年 12 月 8 日晚，一位自称北京中关村二小四年级学生母亲的网友撰写的名为《每对母子都是生死之交，我要陪他向校园霸凌说 NO!》的文章，再次让校园欺凌成为全民的焦点话题。③

校园欺凌（School-bullying）是指发生在校园中倚强凌弱的行为，是一个世界性的普遍问题，对儿童的身心健康都会造成负面的影响。校园欺凌通常被分为三个维度，即身体欺凌（Physical bullying）、语言欺凌（Verbal bullying）和关系欺凌（Relational bullying），且包含了负面行为、重复性和力量不平等三个主要特征。④ 近年来，随着网络的兴起，网络欺凌成为校园欺凌的一个新的方面。一些研究发现，校园欺凌会对儿童的心理健康产生显著的影响，造成抑郁、绝望甚至自杀等问题，被欺凌者和欺凌者都需要得到必要的心理干预。

目前，有关中国校园欺凌的调查较少，仅有的一些研究如 2016 年吴方文等对四川、河北一万多名农村寄宿生受欺凌情况的调查，以小学四、五年级学生为样本，调查了身体、语言、关系、网络等四个方面的欺凌情况。结果发现，样本学校中每月经历欺凌大于或等于两到三次的检出率为 16.03%⑤，其中身体、语言、关系和网络四个方面欺凌的检出率分别为 20.9%、24.5%、23.9% 和 13.2%。

本研究将对北京市的中小学生进行调查，并主要关注学生的身体欺凌、语

① 《校园暴力欺凌事件相关网络舆情专报》，任子行官网，http://www.1218.com.cn/index.php/solution/view/943，2015。
② 最高人民法院：《最高人民法院关于校园暴力案件的调研报告》，http://www.court.gov.cn/zixun－xiangqing－21681.html，2016 年 6 月 2 日。
③ 善因：《每对母子都是生死之交，我要陪他向校园霸凌说 NO!》，http://mp.weixin.qq.com/s/WEEgjqCJd_znqgRPDEehUg，2016 年 12 月 8 日。
④ Olweus D. A Profile of Bullying at School. Educational Leadership, 2003.
⑤ 吴方文、宋映泉、黄晓婷：《校园欺凌：让农村寄宿生更"受伤"——基于 17841 名农村寄宿制学校学生的实证研究》，《中小学管理》2016 年第 8 期。

言欺凌和关系欺凌三个方面，将回应以下三个问题：一是北京市中小学校园欺凌情况如何？二是受欺凌经历给学生的发展带来什么后果？三是哪些措施可以减少校园欺凌现象？

二 样本数据描述

（一）抽样方法和工具

本文的调研样本为北京市小学生（五年级）、初中生（初二）和高中生（高二），并采取分层整群抽样的方式，共抽取北京市 12 所学校，包括 4 所小学、4 所初中和 4 所高中的学生。调研工具包括 1 份调研员手册和记录表，1 份学校调查问卷和 1 份涵盖儿童成长背景、过程和儿童能力量表的调查问卷。

调研于 2016 年 11 月实施，每所学校派出 2～3 名接受过培训的调研员，学校协同组织两节课的时间，安排学生进行现场填答问卷。最后共收回 1043 份学生问卷，剔除无效问卷 40 份，得到有效问卷 1003 份。

（二）基本描述

样本的年级和人口学特征分布如表 1 所示。其中，男性样本占 45.8%，女性样本占 54.2%；汉族占 87.5%，少数民族占 11.8%，其他为 0.7%；京籍为 77.5%，外地户籍为 22.5%；农业户籍为 35.7%，非农业户籍为 63.2%。

表1 儿童的性别及民族情况

学段	样本量	性别（%）		民族（%）			户籍（%）		户籍（%）		
		男	女	汉族	少数民族	其他	京籍	外地户籍	农业	非农业	未区分
小学	375	45.3	54.7	87.2	11.2	1.6	69.1	30.9	29.4	68.8	1.8
初中	344	48.0	52.0	87.2	12.5	0.3	68.4	31.6	50.6	48.2	1.2
高中	314	44.1	55.9	88.2	11.8	0	96.8	3.2	27.7	71.9	0.3
总体	1033	45.8	54.2	87.5	11.8	0.7	77.5	22.5	35.7	63.2	1.0

三　研究发现

通过向学生询问 2016 年"被同学故意冲撞"、"同学用难听的绰号来称呼"以及"同学联合起来孤立"的频率等三个问项，来了解中小学生在身体、语言和关系等三个方面的受欺凌情况。此外，本研究还通过探索性因素分析的方法，将上述三个指标合成一个综合指数表示受欺凌的综合情况，命名为综合欺凌指数，值越高表示越严重。[①]

（一）北京市中小学生校园被欺凌的基本情况

如表 2 所示，调查发现，在身体欺凌方面，46.2% 的学生有被故意冲撞的经历。其中，有 21.0% 的学生在一学期内遭遇 1 ~ 2 次的故意冲撞，7.4% 的学生每周遭遇 1 次，有 6.1% 的学生几乎每天都遭遇身体欺凌。在语言欺凌方面，40.7% 的学生有过被叫难听绰号的经历，其中有 14.3% 的学生在一学期内遭遇 1 ~ 2 次，有 11.6% 的学生几乎每天都有此经历。在关系欺凌方面，18.6% 的学生有过被同学联合起来孤立的经历，6.2% 的学生每周遭遇 1 次及以上，而有 2.7% 的学生几乎每天都在经历这种关系欺凌。

分学段比较，小学生群体的被欺凌现象最为普遍，在过去一年中有过被欺凌经历的比例高于初中生和高中生。分别有 55%、46.7%、29.1% 的小学生在身体、语言、关系等三方面被欺凌；分别有 55.2%、44.1%、17.9% 的初中生分别在身体、语言、关系等三方面被欺凌；高中生被欺凌的比例相对较低，分别为 26.7%、30.2%、7.7%。

有一定比例的学生几乎每天都处于被欺凌的境遇中，这一比例对小学生来说，身体欺凌、语言欺凌和关系欺凌分别达 7.1%、12.9% 和 3.7%，初中生的比例为 8%、13.6% 和 3.3%，高中生的比例为 2.9%、8% 和 1%。

---

① 身体、语言、关系三个项目在该指数上的因子载荷分别为 0.796、0.756、0.712，KMO 为 0.63，Bartlett 球形检定的卡方值为 350.36，显著性 < 0.01。

表2 学生的校园欺凌情况

单位：%

欺凌类型	分学段	从不	一学期 1~2次	一月 1~2次	一周 1次	一周 2~3次	几乎每天都有
身体欺凌 （故意冲撞）	小学	45.0	23.9	6.0	10.8	7.1	7.1
	初中	44.8	22.8	8.3	9.5	6.5	8.0
	高中	73.3	15.8	5.1	1.3	1.6	2.9
	总体	53.8	21.0	6.5	7.4	5.2	6.1
语言欺凌 （难听绰号）	小学	53.3	16.0	4.6	4.6	8.6	12.9
	初中	55.9	15.4	6.8	2.7	5.6	13.6
	高中	69.8	11.3	5.5	1.0	4.5	8.0
	总体	59.3	14.3	5.6	2.8	6.3	11.6
关系欺凌 （联合孤立）	小学	70.9	16.7	4.0	3.5	1.2	3.7
	初中	82.1	6.3	3.9	2.4	2.1	3.3
	高中	92.3	4.8	0.6	0.0	1.3	1.0
	总体	81.4	9.5	2.9	2.0	1.5	2.7

（二）被欺凌者有哪些特征？

本部分采用了独立样本T检验和单因素方差分析的方法来比较学生受欺凌的差异情况。所得结果如表3所示，发现学生受欺凌特征差异如下。

第一，被欺凌频率在学段之间的分布差异显著，小学生和初中生比高中生遭遇更高频率的欺凌。调查发现，小学、初中和高中三个学段学生的欺凌指数均值是依次递减的，在身体、语言、关系三个维度上小学生和初中生受欺凌的情况相似，高中生平均得分较低。差异性检验及事后检验结果表明，小学生、初中生和高中生之间的受欺凌频率存在显著的差异。

第二，男生比女生更多地遭遇校园欺凌，且这种差异具有显著性。调查结果显示，男生在身体欺凌、语言欺凌和关系欺凌及综合欺凌指数上的得分均高于女生，并通过了差异显著性检验。

第三，普通学校比优质学校学生更多地遭遇校园欺凌，且具有显著性差异。普通学校的学生在身体欺凌、语言欺凌和关系欺凌及综合欺凌指数上的得分均高于优质学校的学生，且通过了差异显著性检验。这说明普通学校中的校

园欺凌事件更为普遍，而优质学校情况较好。①

第四，外地学生比北京本地学生更多遭遇欺凌，且具有显著性差异。调查结果发现，外地学生在身体、言语和欺凌指数三个方面的平均得分均显著高于京籍本地学生，但在关系欺凌上的差异表现并不显著。

第五，家庭经济水平较低的学生更多地遭遇欺凌，但主要体现在关系欺凌上。在关系欺凌方面，家庭经济水平较高者的平均得分显著低于家庭经济水平较低者。

表3　受欺凌学生特征的差异性值

欺凌行为	学段	普通学校/优质学校	男性/女性	外地户口/北京本地	家庭经济条件
身体欺凌（故意冲撞）	33.14 ** (.000)	-3.95 ** (.000)	. -6.45 ** (.000)	-3.27 ** (.001)	2.55 (.079)
语言欺凌（难听绰号）	8.71 ** (.000)	-2.38 * (.017)	-4.15 ** (.000)	-2.61 ** (.009)	2.44 (.088)
关系欺凌（联合孤立）	13.67 ** (.000)	-3.11 ** (.002)	-2.20 * (.028)	-1.18 (.239)	4.71 ** (.009)
综合欺凌指数	29.45 ** (.000)	-4.23 ** (.000)	-5.53 ** (.000)	-3.32 ** (.001)	5.40 ** (.005)

注：表中数值为T/F值，括号内数值为显著性系数。* 表示在.05水平上显著，** 表示在.01水平上显著。

（三）校园欺凌带来什么后果？

本部分将探讨学生受欺凌经历与其发展之间的关系。对学生发展的评价包含三个部分：一是学业成绩表现；二是学校投入（Engagement），包括对学校的情感投入（Emotional engagement）和行为投入（Behavioral engagement）；三是非认知能力，包括学生的五大人格发展（Big Five Personality）、自尊（Self-esteem）、心理控制点（Locus of control）和意志力（Grit）。

1. 校园受欺凌经历和儿童五大人格发展的关系

20世纪80年代以来，人格心理学家用五大人格结构模型（Big Five

---

① 这里的优质学校是指与其他学校相比，学校教育的师资、设备和经费投入较高，并且声誉度普遍很高的学校。

Inventory）去综合多样、复杂的人格特征，并取得共识。研究发现，这五项人格特征在预测人们未来的经济和社会生活方面具有重要性，如尽责性人格的影响力比 IQ 更持久，可以预测多种职业类型，表明其可能对行业和工种的影响范围更广泛。[1][2]

本部分探讨了学生受欺凌经历与其五项人格之间的关系，如表 4 所示。我们的发现如下。

第一，校园受欺凌经历和学生的宜人性人格发展呈现显著的负相关。宜人性人格是指学生在信任、直率、利他、温顺、谦虚、慈悲等人格上的综合表现。分析结果表明，遭遇校园欺凌的学生在宜人性人格上比没有遭遇校园欺凌的学生得分更低；并且被欺凌程度越深，宜人性人格得分越低。宜人性人格得分与身体欺凌、语言欺凌、关系欺凌和综合欺凌指数的相关系数分别为 -0.124、-0.127、-0.208、-0.213，并都通过显著性检验。前三者中，关系欺凌和宜人性人格之间的关系最为紧密。

第二，校园受欺凌经历和学生的情绪稳定性之间呈现显著的负相关。情绪稳定性是指学生在焦虑、生气、敌意、沮丧、敏感害羞、冲动、脆弱等方面的综合表现。结果表明，遭遇校园欺凌的学生在情绪稳定性上比没有遭遇欺凌的学生表现更差，即更易焦虑、生气、敌意、沮丧或脆弱等；并且遭遇的欺凌程度越深，表现越明显。情绪稳定性与身体欺凌、语言欺凌、关系欺凌和综合欺凌指数的相关系数分别高达 -0.294、-0.157、-0.341、-0.354，并都通过显著性检验。这表明遭遇校园欺凌有可能明显损害学生的情绪稳定性人格的发展。

第三，校园受欺凌经历和学生的尽责性人格之间呈现显著的负相关。尽责性是指儿童在自信、秩序、责任感、为成果努力、自律、慎重等方面的综合表现。分析结果表明，遭遇校园欺凌的学生在尽责性人格上比没有遭遇校园欺凌的学生表现更差，即更难以自信、自律，缺少责任感，不愿为成果努力等；并且遭遇的欺凌程度越深，这种表现越明显。尽责性人格与身体欺凌、语言欺凌、关系欺凌和综合欺凌指数的相关系数分别为 -0.166、-0.087、-0.191、

---

[1] Barrick, Murray R. & Mount, Michael K., The Big Five Personality Dimensions and Job Performance: A Meta-analysis, *Personnel Psychology*, 1991.

[2] Hurtz, G. M. & Donovan, J. J., Personality and Job Performance: The Big Five Revisited, *Journal of Applied Psychology*, 2000.

－0.203，除了语言欺凌外，其他都通过显著性检验。

第四，校园受欺凌经历和学生的外向性人格、开放性人格之间的关系不强。外向性人格是指学生在热情、合群、果断、活跃、寻求刺激、积极情绪等方面的表现，开放性人格是指学生在想象力、审美、情感丰富、尝新、好奇、不断检验旧观念等方面的表现。除了身体欺凌和开放性人格之间表现出显著的负相关之外，其余都未能通过显著性检验。

表4　儿童受欺凌经历和五大人格指数的相关系数

欺凌类型	五大人格指数				
	宜人性	外向性	开放性	尽责性	情绪稳定性
身体欺凌（故意冲撞）	-.124* (.028)	-.057 (.312)	-.126* (.028)	-.166** (.005)	-.294** (.000)
语言欺凌（难听绰号）	-.127* (.025)	-.010 (.861)	-.064 (.267)	-.087 (.140)	-.157** (.005)
关系欺凌（联合孤立）	-.208** (.000)	-.086 (.130)	-.089 (.122)	-.191** (.001)	-.341** (.000)
综合欺凌指数	-.213** (.000)	-.059 (.299)	-.118* (.041)	-.203** (.001)	-.354** (.000)

注：* 表示在 .05 水平上显著，** 表示在 .01 水平上显著，括号内为显著性系数。

2. 校园受欺凌经历和儿童自尊水平的关系

自尊（Self-esteem）是指个人对自己价值的主观评价。研究发现，自尊水平是对个人未来经济社会生活的显著预测变量；而这可能是因为高自尊水平的人更期望从事有声望的职业，更愿意坚持完成艰难的任务。如 Drago 指出："能力和努力是互补的，当一个人对其能力不确定的时候，努力的程度就会下降；较高的自尊会带来更多的努力从而影响收入。"[1]

如表5所示，校园受欺凌经历和学生的自尊水平呈现显著的负相关。分析结果表明，遭遇校园欺凌的学生的自尊水平比没有遭遇欺凌的学生更低，即更不认同自己的价值，并且随着受欺凌程度的提高，自尊水平逐渐下降。自尊水

① Drago, F., Self-esteem and Earnings, *Journal of Economic Psychology*, 2001, 32（3），480－488.

平与身体欺凌、语言欺凌、关系欺凌和综合欺凌指数的相关系数分别为 -0.158、-0.094、-0.176、-0.193，并通过显著性检验。前三者中，自尊与关系欺凌的相关程度最高，表明学生的校园受欺凌经历，尤其是关系欺凌可能导致对学生自尊的伤害。

3. 校园受欺凌经历和学生内控水平特质的关系

控制点特质（Locus of Control）是指个人对其生活决定因素的一种看法，即由外在因素决定还是自己的行为决定。内控特质（Internal）的人相信生活在其控制之内，而外控特质（External）的人相信是命运和运气等主宰了他们的生活。由于理解的控制点来源不同，内控者和外控者对待事物的态度和行为也不同。内控者相信自己能发挥作用，在面对困境时，能付出更大努力；而外控者因为看不到自己努力的积极结果，在面对失败和困难的时候，易归咎于外在原因并推卸责任，倾向于无助、被动地面对生活。基于此，控制点理论常被用来解释工作和生活的差异，并被发现对个人经济生活有显著的积极影响。[1][2]

如表5所示，校园受欺凌经历和学生的内控水平呈现显著的负相关，表明遭遇校园欺凌的学生比没有遭遇校园欺凌的学生更倾向于外控，而非内控；即更倾向于相信生活不在他们的控制范围之内，是运气和命运主宰了他们的生活。而这可能进一步导致其更倾向于无助和被动地面对生活，而非积极面对和解决问题。控制水平与身体欺凌、语言欺凌、关系欺凌和综合欺凌指数的相关系数分别为 -0.085、-0.088、-0.150、-0.137，并都通过显著性检验。其中，以关系欺凌的相关程度最高。这表明了校园欺凌尤其是关系欺凌可能带来对学生内控水平的伤害。

4. 校园受欺凌经历和学生意志力水平的关系

意志力（Grit）是指对长期目标的坚持和热情。研究表明，高意志力水平者通常能更长久地保持兴趣、维持努力以及勤奋地面对工作中的挑战，能以马拉松式的方式取得成就。意志力高的个体在面对困难时会努力寻找方法以克服挫折；相反意志力水平较低的人容易在面对挫折时放弃挑战。研究也发现，高

---

[1] Judge, T. A. & Hurst, C., Capitalizing on One's Advantages: Role of Core Self-evaluations, *Journal of Applied Psychology*, 2000.

[2] Groves, M. O., How Important is Your Personality? Labor Market Returns to Personality for Women in the US and UK, *Journal of Economic Psychology*, 92 (5), 2005.

成就的获得者并不一定是最有天赋的人,而往往是能经受住挫折并且即使有令人不愉快的事情发生也会为了达成目标而一直保持兴趣的人。因此,意志力水平通常被认为是影响学生学业成绩及其未来经济生活的一种重要的非认知能力。

如表5所示,校园受欺凌经历和学生的意志力水平呈现显著的负相关。即遭遇校园欺凌学生的意志力水平比没有遭遇欺凌的学生更低,并随着欺凌程度的加深,意志力水平也趋于下降。意志力水平与身体欺凌、语言欺凌、关系欺凌和综合欺凌指数的相关系数分别为 -0.053、-0.118、-0.067、-0.108,除了身体欺凌外,语言欺凌和关系欺凌与意志力水平的相关系数都通过了显著性水平检验,这表明语言欺凌和关系欺凌可能对儿童意志力水平有伤害。

5. 校园受欺凌经历和儿童学校投入（Engagement）的关系

近20年来,研究者发现,虽然学校教育条件越来越优越,教学方法也逐渐得到改善,但学生却变得越来越没有学习动力、不愿意投入到学习和学校生活中去,于是越来越多的学者将研究的目光转向了学生投入情况。许多研究验证,学生投入（Student engagement）和学生的学业成就以及能力发展之间有着紧密的联系,参与学习的过程提高了他们思考的兴趣,以及继续学习、发展的能力。学生投入被认为是预测学生学习和个人发展的重要指标。Fredricks 和 Paris 将其分成三个维度,包括行为投入（Behavioral engagement）、情感投入（Emotional engagement）和认知投入（Cognitive engagement）。行为投入包括学生对学业和社会、课外活动的投入情况,它对于学生提高学业成绩以及预防学生辍学,都有非常重要的作用。情感投入指的是学生对老师、同学、学习和学校的积极或消极的反应,它包含学生对学校的归属感和对学习的兴趣。认知投入则包括学生努力去理解困难问题以及学习复杂技能的意愿和思考方式,例如个体的学习策略、认知策略、工作方式等。[1] 本调查仅仅关注情感投入和行为投入。

如表5所示,校园受欺凌经历与学生的学校情感投入和行为投入都呈现显著的负相关;即遭遇校园欺凌的学生更少拥有对学校的归属感,表现出对学习更少的兴趣,并且更少投入学校的学习、课外活动中。随着受欺凌程度的加深,这种投入感和投入行为也趋于减少。学生的情感投入和身体欺凌、语言欺

---

① Fredricks, J. A. & Paris, A. H., School Engagement: Potential of the Concept, State of the Evidence, *Review of Educational Research*, 2004.

凌、关系欺凌和综合欺凌指数的相关系数分别为 -0.073、-0.124、-0.088、-0.136，且均达到了显著水平，并且前三者中以语言欺凌的相关程度最高。学生行为投入与身体欺凌、语言欺凌、关系欺凌和综合欺凌指数的相关系数分别为 -0.105、-0.094、-0.133、-0.156，也都达到了显著水平，并且前三者中以关系欺凌的相关程度最高。这些发现表明了校园受欺凌经历导致对学生情感和行为投入水平的伤害。

6.校园受欺凌经历和儿童学业成绩等的关系

本调查所言的学业成绩是指学生在班级内的排名情况。如表5所示，校园受欺凌经历和儿童学业成绩表现出弱的负相关关系。学生学业成绩和身体欺凌、语言欺凌、关系欺凌和综合欺凌指数的相关系数分别为 -0.040、-0.018、-0.069、-0.053，但是仅关系欺凌和儿童学业成绩通过了0.05的显著性水平检验。这表明，虽然儿童的校园受欺凌经历对其学业成绩有一定的损害，但是这种关系并不明显，并且主要体现在关系欺凌这一维度。

表5　儿童受欺凌经历和自尊水平、内控水平、意志力的相关系数

欺凌类型	自尊	内控水平	意志力	学校投入		学业成绩
				情感投入	行为投入	
身体欺凌 （故意冲撞）	-.158 ** （.000）	-.085 * （.010）	-.053 （.107）	-.073 * （.025）	-.105 ** （.001）	-.040 （.205）
语言欺凌 （难听绰号）	-.094 ** （.005）	-.088 ** （.008）	-.118 ** （.000）	-.124 ** （.000）	-.094 ** （.004）	-.018 （.582）
关系欺凌 （联合孤立）	-.176 ** （.000）	-.150 ** （.000）	-.067 * （.041）	-.088 ** （.008）	-.133 ** （.000）	-.069 * （.031）
综合欺凌指数	-.193 ** （.000）	-.137 ** （.000）	-.108 ** （.001）	-.136 ** （.000）	-.156 ** （.000）	-.053 （.100）

注：* 表示在0.05水平上显著，** 表示在0.01水平上显著，括号内为显著性系数。

（四）如何减少被欺凌？

如上所述，学生的校园受欺凌经历和学生发展表现出紧密关系，那么如何减少学生的被欺凌现象呢？本部分将通过相关检验，主要从学校、同伴和家庭三个方面进行分析（如表6和表7所示），以提供一些启示。

1. 加强师生之间的沟通

研究显示，师生沟通频率和学生的受欺凌经历呈现显著的负向关系，相关系数为 - 0.069， - 0.051， - 0.077， - 0.089。这表示遇到问题能主动跟老师沟通的学生，更少遭遇校园欺凌。这在一定程度上有可能预示加强学生和老师的沟通，能有效减少校园欺凌的发生。

2. 改善同伴关系，结交同班好友

据统计检验，学生是否有同班好朋友和是否遭受语言欺凌和关系欺凌等方面呈现显著的负相关关系，相关系数分别为 - 0.079 和 - 0.138，并通过了显著性检验，表明有同班好友的学生的受欺凌情况显著少于没有同班好友的学生。但学生的受欺凌情况与在其他班或校外是否有好友的相关性却不显著。这些证据表明，要改变儿童的受欺凌情况（包括语言欺凌和关系欺凌），鼓励其多交好友，尤其在自己班级内交好朋友，可能是一个积极的策略。

3. 父母应避免缺位，并尽量亲自照顾学生，而非交由他人照顾

父母经常不在家的学生，被欺凌的频率显然更高。从综合欺凌指数来看，母亲缺位比父亲缺位的相关性更高，但在具体项目表现上略有不同。例如与母亲缺位相比，父亲缺位和儿童被联合孤立的关系更紧密。

表6　学生师生沟通和同伴关系的相关系数

欺凌类型	师生沟通	是否有好朋友			父母缺位		主要由谁照顾		
		同班	其他班	校外	父亲常不在家住	母亲常不在家住	父母照顾	祖辈照顾	其他人照顾
身体欺凌（故意冲撞）	- .069 * (.030)	- .032 (.311)	.036 (.257)	- .010 (.760)	.081 * (.011)	.091 ** (.004)	- .148 ** (.000)	.107 ** (.001)	.107 ** (.001)
语言欺凌（难听绰号）	- .051 (.111)	- .079 * (.013)	.026 (.418)	.006 (.857)	.028 (.382)	.051 (.105)	- .113 ** (.000)	.089 ** (.005)	.070 * (.028)
关系欺凌（联合孤立）	- .077 * (.016)	- .138 ** (.000)	- .009 (.772)	- .037 (.246)	.070 * (.028)	.056 (.077)	- .182 ** (.000)	.120 ** (.000)	.153 ** (.000)
综合欺凌指数	- .089 ** (.005)	- .113 ** (.000)	.023 (.476)	- .020 (.526)	.072 * (.024)	.091 ** (.004)	- .188 ** (.000)	.136 ** (.000)	.138 ** (.000)

注：* 表示在 0.05 水平上显著，** 表示在 0.01 水平上显著，括号内为显著性系数。

与祖辈或他人照顾的儿童相比，由父母亲自照顾的儿童，其受欺凌经历显然更少。上述数据表明，父母应尽量避免在家庭生活中的缺位，并承担照顾儿童的主要责任，这有可能显著减少儿童在学校的受欺凌情况，但对其作用机制需要进一步探索。

4. 父母采取情感温暖而非拒绝或过度保护的教养方式

对父母教养方式的调查是通过让被试者回忆成长过程中父母对待自己的方式来进行的。本文采用的是简式父母教养方式问卷中文版（s-EMBU-C），父亲版和母亲版各 23 个题，包括拒绝、情感温暖和过度保护三个维度。[①] 其中，拒绝是指父母常对孩子进行批评和惩罚的教养方式，情感温暖是指采取关心、赞美孩子的教养方式，而过度保护是指父母过度干涉孩子的教养方式。

统计检验显示，学生的受欺凌经历和父母的教养方式表现出紧密关系。其中，父母采取拒绝型和过度保护型的教养方式与学生的身体、语言、关系欺凌及综合欺凌指数都表现出显著的正相关关系，这表明父母更多采取拒绝型和过度保护型教养方式的学生更易遭遇校园欺凌；有趣的是，这种关系更明显地表现在父亲的教养方式上，即与母亲相比较，父亲采取拒绝和过度保护的教养方式与学生的受欺凌经历呈现更紧密的关系。相反，父母采取情感温暖教养方式的学生更少出现被欺凌的情况。这表明父母采取关心、赞美等教养方式而非批评、惩罚或过度干涉的方式可能会有效减少儿童遭遇校园欺凌的可能性。

5. 加强亲子沟通和亲子参与

亲子沟通是指父母与孩子的日常沟通广度和频率，其内容包括学习、心情、怎么交朋友、父母的工作、怎么合理使用金钱、什么是爱、生命和死亡以及社会新闻、时政、国家大事等。亲子参与是指父母参与到孩子的学习和生活中的频率及广度，包括一起看电视、辅导学习、运动健身、外出观看演出、国内旅游、国外旅游及到博物馆、艺术馆、展览馆等场所参观等。通过指标加总合成后，得到亲子沟通指数和亲子参与指数。

调查显示，亲子沟通指数、亲子交往指数和学生的受欺凌情况表现出显著的负相关关系，并都通过显著性检验。这表示与父母有更广泛更频繁沟通的学

[①] 蒋奖等：《简式父母教养方式问卷中文版的初步修订》，《心理发展与教育》2010 年 1 月 17 日。

生，更少遭遇校园欺凌；父母更多参与到孩子生活和学习中的学生，更少遭遇校园欺凌。这些数据表明，父母如果能加强和孩子的沟通，并经常一起运动、学习、娱乐，可能会有效减少学生的校园受欺凌现象。

表7　家庭因素与受欺凌的相关系数

欺凌类型	父母教养方式						亲子交往	
	拒绝	拒绝	过度保护	过度保护	情感温暖	情感温暖	亲子沟通	亲子参与
	父亲	母亲	父亲	母亲	父亲	母亲		
身体欺凌 （故意冲撞）	.227 ** (.000)	.188 ** (.000)	.184 ** (.000)	.113 ** (.000)	−.115 ** (.000)	−.157 ** (.000)	−.126 ** (.000)	−.077 * (.014)
语言欺凌 （难听绰号）	.193 ** (.000)	.184 ** (.000)	.152 ** (.000)	.134 ** (.000)	−.113 ** (.000)	−.129 ** (.000)	−.073 * (.022)	−.090 ** (.005)
关系欺凌 （联合孤立）	.269 ** (.000)	.186 ** (.000)	.127 ** (.000)	.115 ** (.000)	−.135 ** (.000)	−.079 * (.015)	−.076 * (.017)	−.108 ** (.001)
综合欺凌指数	.306 ** (.000)	.250 ** (.000)	.206 ** (.000)	.163 ** (.000)	−.155 ** (.000)	−.160 ** (.000)	−.122 ** (.000)	−.117 ** (.000)

注：* 表示在0.05水平上显著，** 表示在0.01水平上显著，括号内为显著性系数。

四　总结

当前，校园欺凌已日益成为公众关注的重心，本文对北京市中小学生的调查，为了解北京市的校园欺凌现象提供一些实证数据及若干建议。本文的调查分析回应了以下问题。

第一，谁被欺凌？调查发现，小学生和初中生群体的被欺凌现象更为普遍；男生、外地学生、普通学校的学生以及家庭经济水平较低的学生，更易遭遇校园欺凌。

第二，被欺凌经历会带来什么后果？以儿童的非认知能力、学校投入、学业成绩来评价儿童发展，分析受欺凌经历和儿童发展之间的关系，有以下发现。

（1）有过或者有更多受欺凌经历的儿童，其宜人性人格（信任、直率、利他、温顺、谦虚、慈悲等）、稳定性人格（焦虑、生气、敌意、沮丧、敏感害羞、冲动、脆弱等)、尽责性人格（自信、秩序、责任感、为成果努力、自律、慎重等）的表现比没有或更少受欺凌经历的学生更差。

（2）有过或者有更多受欺凌经历的学生，其自尊水平和意志力水平更低，并且更偏向外控型，表示更难以肯定自己的价值，更难以保持对长期目标的坚持和热情，并且更相信是运气和命运主宰了他们的生活，有可能更无助和被动地面对生活。

（3）有过或者有更多受欺凌经历的学生，更少拥有对学校的归属感，表现出对学习更少的兴趣，并且更少投入到学校的学习、课外活动中。

（4）校园受欺凌经历和学生的学业成绩表现出较弱的负相关关系，仅关系欺凌表现显著。

第三，如何减少被欺凌？本文的分析发现，有以下策略可供参考，即：加强师生沟通；改善同伴关系，结交同班好友；父母应避免缺位，并尽量亲自照顾儿童，而非交由他人；父母应采取情感温暖而非拒绝或过度保护的教养方式；父母应加强和儿童的沟通，多参与儿童的生活和学习。

B.18
中国家庭第一代大学生学习与发展报告

张华峰　郭菲　史静寰*

摘　要： 中国高等教育的大众化进程使越来越多的家庭有了第一代大
学生。促进第一代大学生的学习与发展需要全面了解这一群
体的特征和面临的问题。本研究使用 2015 年清华大学"中国
大学生学习与发展追踪研究"调查项目（CCSS）数据，对家
庭第一代大学生的大学前经验、大学期间就读经验及其对学
校的评价和教育收获进行了分析。结果表明，第一代大学生
家庭经济地位和文化资本较低，高中享有较少的优质教育资
源，极少获得保送或自主招生机会，绝大多数进入地方普通
高校就读。在大学期间，第一代大学生主动性学习能力、社
交性人际互动表现不足；他们较少参与课外活动，兼职打工
时间投入长，在扩展性和研究相关性两种高影响力教育活动
上参与不足。在对学校的评价和教育收获上，第一代大学生
对学校提供的社交支持评价低，感知到的沟通和领导力收获
较低。第一代大学生的先赋性不利因素难以改变，在读期间
缺少学业指导和经济支持，需要高校通过更好的资源配置和
帮扶措施促进他们的良好发展。

关键词： 家庭第一代大学生　学习与发展　大学前特征　就读经验
教育收获

---

* 张华峰，清华大学教育研究院博士生，研究方向为大学生学习与发展、高等教育学；郭菲，
教育经济学博士，清华大学教育研究院博士后，研究方向为大学生学习与发展、高等教育经
济学；史静寰，教育学博士，教授，清华大学教育研究院常务副院长，研究方向为高等教
育学。

随着中国高等教育的迅速发展，2015 年，我国高等教育毛入学率已经达到 40%，开始从大众化后期向普及化早期转变。高等教育的迅速扩张使得家庭第一代大学生（父母均没有接受过高等教育的大学生，以下简称第一代大学生）的数量不断增多乃至成为高校学生的主体。根据清华大学史静寰教授主持的"中国大学生学习与发展追踪研究"（China College Students Survey，以下简称 CCSS）项目 2011 年到 2015 年的数据，全国本科高校中的第一代大学生一直保持在 70%～75% 之间，一定程度上反映出入学机会的公平性。但是，促进第一代大学生的成长成才乃至促进我国人力资源由大转强，不仅需要扩大高校中第一代大学生群体的数量，更要着重提升他们的过程性学习质量。因此，CCSS 项目组从 2014 年开始持续关注第一代大学生群体，对他们的基本特征、大学就读经验及其面临的问题进行了较为全面的分析，进而为促进他们的学习和发展提供有益的参考。

一　调查工具与数据来源

CCSS 项目组采用的"中国大学生学习与发展追踪调查问卷（普通本科版）"重点关注了大学生在校期间的学习投入情况，分为 A 和 B 两个部分。其中，A 部分主要反映学生在学期间的学习经验，包括学生学习行为和态度、课内外教育活动的参与情况、自我感知到的学习收获、对院校教育教学和各方面支持的评价，以及对在校经历的满意度等；B 部分为学生背景信息，主要反映学生人口统计学特征、家庭情况以及大学前教育经历等内容。

2009 年以来，累计约 147 所高校参与了 CCSS 项目。2015 年，项目组在参与调查的 38 所普通本科院校内共发放问卷 121140 份，收回 71969 份，收回率为 59.41%。然后，在采取分层随机抽样的 37 所院校的数据中，将题项数据缺失比例超过 2/3 以及测谎题极差大于 2 的无效问卷（占 1.1%）删除，剩余有效随机抽样样本 60703 个。参与调查的院校分布在中国东部直辖市、东部非直辖市、东北、中部和西部地区，涉及 7 所"985"院校（样本量为 9664 个）、8 所"211"院校（样本量为 10723 个）、14 所地方本科大学（样本量为 25481

个）和 8 所地方本科学院（样本量为 14835 个），在全国范围内体现出较好的代表性。

二 调查结果和发现

（一）第一代大学生的大学前特征

第一代大学生的大学前特征，指的是第一代大学生在进入大学之前的基本特征和受教育经历，包括他们的家庭背景、高中受教育经历、高考和大学分流情况。数据分析的主要发现如下。

1. 家庭社会经济地位、文化资本较低

对第一代大学生的家庭背景进行分析，结果如表 1 所示。分析发现，首先，与非第一代大学生相比，第一代大学生来自农村的比例更大（69.74%），是非独生子女的比例更大（70%），父母更多从事普通职业①（76.89%），这反映出第一代大学生的家庭社会经济地位较低，难以从家庭中获得足够的教育投资和其他经济支持，同时也反映出第一代大学生的来源与我国的城乡二元结构有着明显的关联。其次，进一步对第一代大学生父母的受教育程度细分，发现他们的父母不仅没有读过大学，而且受教育程度多集中在初中或初中以下水平（父亲占 69.76%，母亲占 79.80%），这表明第一代大学生的家庭拥有的文化资本较低，难以在他们受教育过程中提供充分和有效的学业指导。

2. 高中期间更少享有优质教育资源，更多读理科

对第一代大学生的高中受教育经历进行分析，结果如表 2 所示。分析发现，首先，与非第一代大学生相比，第一代大学生就读于地市级及以上重点高

---

① 本研究将职业地位划分为普通、中层和高层三级。其中，普通职业包括初级专业技术人员、办事人员、个体经营者、流动摊贩、技术工人/维修工人/手工艺人、体力工人/勤杂工/搬运工、靠炒股/房租等维持生计者；中层职业包括中层管理人员、中级技术人员、领班/组长/工头、村或居委会书记、自由职业者、军人/警察；高层职业包括高层管理人员、高级技术人员、私营业主。

表1　背景信息和家庭情况

单位：%

类别	第一代大学生		非第一代大学生
男生	53.18		53.53
农村生源	69.74		16.83
少数民族	9.99		11.9
独生子女	30.00		75.32
父母最常见职业:普通职业	76.89		31.13
父母受教育程度:初中或初中以下	69.76(父亲)	79.80(母亲)	—

中的比例更小（45.16%），从不参加课外补习的比例更大（52.05%）。不过，在高中最后一学期，更多的第一代大学生（64.37%）学习成绩排名班级前20%。以上分析结果表明，第一代大学生在高中期间较少享有优质的教育资源，也较少有机会通过课外补习弥补短板、提升自己，这就要求他们努力学习并成为班级内部的"尖子生"，才能考上大学。

其次，第一代大学生在高中期间仅有30.25%的人担任过校级学生干部，略低于非第一代大学生（36.16%）。出现这样的结果，有可能是因为第一代大学生自身能力不足，也有可能是他们愿意将更多的时间投入学业中所致。

再次，高中分科的时候，和非第一代大学生相比，第一代大学生更多选择理科（62.95%），更少选择做艺术生（5.82%）。这有可能是受到"理科生好就业"思想的影响，一定程度上反映出他们的专业选择动机更加偏向实用主义。相比之下，艺术生的成长和发展需要家庭拥有主动积累文化资本的意识，并有能力提供充分的经济支持，而第一代大学生的家庭情况限制了他们在本领域的选择。

表2　高中和高考分流特征

单位：%

类别	第一代大学生	非第一代大学生
高中类型:地市级及以上重点	45.16	68.19
高中班级:重点班	43.23	43.21
高中担任校级学生干部	30.25	36.16

续表

类别	第一代大学生	非第一代大学生
高中成绩排名班级前20%	64.37	57.53
高中期间课外从不补习	52.05	32.49
高考类型:文科生	26.30	26.29
高考类型:理科生	62.95	59.39
高考类型:艺术生	5.82	8.08

3. 极少获得保送或自主招生机会，绝大多数考入地方本科院校，较少选择人文类专业

对第一代大学生的入学方式、考取高校和专业类型进行分析，结果如表3所示。分析发现，在大学入学方式上，第一代大学生基本上均通过正常高考进入大学，通过保送或者自主招生进入大学的比例非常小（1.94%）。而且，和非第一代大学生相比，更多的第一代大学生参加过多次高考（19.91%），即经过了复读，这与平均入学年龄高出非第一代大学生0.4岁相符。

在考取学校上，绝大多数第一代大学生进入地方本科院校，考入"211"或"985"工程高校的不超过10%。虽然接受高等教育被看作社会阶层向上流动的重要途径，但是，绝大多数第一代大学生更多进入地方本科大学或者本科学院，这能否促进自身社会阶层的上升有待进一步探讨。在专业类型的选择上，第一代大学生更多地选择了理学、工学、管理学或教育学（74.58%）专业，选择人文学科（文学、历史、哲学或艺术）的比例较小，与其在高中分科的选择基本一致。

表3 高考和大学录取情况

单位：%

类别	第一代大学生	非第一代大学生
通过保送或者自主招生入学	1.94	4.54
参加过不止一次高考	19.91	11.76
入学平均年龄	18.83（岁）	18.43（岁）
考入"211"或"985"工程高校	9.98	17.96

类别	第一代大学生	非第一代大学生
大学所学专业		
文学	7. 9	9.23
历史学	0. 16	0.17
哲学	0. 03	0.06
教育学	2.76	1.38
经济学	4. 77	5.72
法学	3.58	5.00
理学	6. 38	5.68
工学	43.06	41.02
农学	1.41	1.3
医学	1.69	2.33
管理学	22.38	19.46
艺术学	5.88	8.66

（二）第一代大学生大学期间的就读经验

关注第一代大学生大学期间的就读经验及出现的问题，是针对性地改善第一代大学生过程性学习质量的基础。本报告从课程内外学习行为出发，对第一代大学生的课程学习行为、人际互动行为、课外时间分配、高影响力教育活动参与情况进行了具体分析，并初步得出以下发现。

1. 接受式学习表现尚可，主动性学习表现不足

面对多样的学习对象和复杂的学习过程，个体往往采取多种而不是单一的学习方式进行。本报告将学习方式划分为接受式学习、主动性学习和反思整合性学习三类。其中，接受式学习指的是课程学习所要求的认真听讲等基本学习行为，由四道题目构成，Cronbach's $\alpha = 0.78$。主动性学习指的是学生在课程硬性要求之外主动参与到讨论等学习活动中，由 5 道题目构成，Cronbach's $\alpha = 0.82$。反思整合性学习是指为促进知识的深层理解和应用所进行的多视角思考、反思和整合，由 9 道题目构成，Cronbach's $\alpha = 0.88$。

对第一代大学生在不同方式上的课程学习行为进行分析，结果如表 4 所示。分析发现，在三类不同的学习方式上，第一代大学生的表现均显著差于非

第一代大学生。其中，接受式学习上的差距最小，反思整合性学习上的差距其次，差距最大的是主动性学习（Cohen's d 的绝对值等于 0.20）。接受式学习是课程要求的基本学习行为，主动性学习强调学习的主动性和外显的表达，反思整合性学习更加强调内隐的知识加工和建构。第一代大学生主动性学习表现较差，反映出他们可能并不擅长积极表达观点，或者主动寻求课业上的讨论和帮助。

表4　在不同学习方式上的表现

不同类型学习行为	第一代大学生		非第一代大学生		差值（显著性）	Cohen's d
	均值	标准差	均值	标准差		
接受式学习	57.55	19.19	59.23	21.03	-1.16 ***	-0.06
主动性学习	42.03	20.06	46.99	23.34	-4.27 ***	-0.20
反思整合性学习	57.00	17.14	60.05	18.92	-2.55 ***	-0.14

注：这里的差值是在控制了社会称许性之后进行比较得出的，和两类群体得分的直接差值有微小差异。下同。

2. 人际互动整体表现不足，社交性生生互动表现最差

将学生在校期间的人际互动划分为学术性生生互动、社交性生生互动、学术性生师互动以及社交性生师互动四种类型。其中，学术性生生互动指的是围绕课程学习与同伴进行的交往，由四道题目构成，Cronbach's α = 0.73。社交性生生互动指的是以丰富人际生活等为目的与同伴进行的交往，由四道题目构成，Cronbach's α = 0.75。学术性生师互动指的是围绕课程学习与教师进行的交流，由五道题目构成，Cronbach's α = 0.83。社交性生师互动指的是以丰富人际生活，明确自身人生观、价值观和未来发展规划等为目的的师生交往，由五道题目构成，内部一致性系数为 0.92。

对学生的四种互动行为进行分析，结果如表5所示。分析发现，在所有类型的互动上，第一代大学生的表现均显著弱于非第一代大学生。按类型来看，第一代大学生在学术性互动上与非第一代大学生之间的差距较小，在社交性互动上的差距更大，特别体现在社交性生生互动上。这在一定程度上表明，相比于课外的社交性互动，第一代大学生更加关注课程内的学术互动，表明他们对课程学习的重视。然而，与高中相比，高等教育中的"学习"突破了课程与课堂的限制，扩展到与同伴等各方面资源进行互动的过程。这就要求第一代大学生在课堂学习之外，通过提升与师生的社会性交往等促进知识和能力提升，获得非学业上的建议和帮助，从而提升其在大学的适应性和学业发展水平。

表5　第一代大学生的人际互动情况

校园人际互动	第一代大学生		非第一代大学生		差值（显著性）	Cohen's d
	均值	标准差	均值	标准差		
社交性生师互动	34.79	26.32	40.92	29.06	− 5.14 ***	− 0.19
学术性生师互动	41.29	19.90	45.49	23.18	− 3.52 ***	− 0.17
社交性生生互动	45.55	19.70	51.42	21.72	− 5.45 ***	− 0.27
学术性生生互动	58.50	18.54	61.84	20.45	− 2.87 ***	− 0.15

3. 参与课外活动时间较短，参与兼职打工时间长

和高中阶段相比，学生在大学阶段拥有更多可自由支配的课外时间。这使得高校的教育教学不仅要考虑传统课堂，也要关注学生课外的时间分配和活动参与。本报告分析了第一代大学生的课外时间分配和活动参与情况，结果如表6所示。

表6　课外不同活动的时间分配

课外时间分配	第一代大学生		非第一代大学生		差值（显著性）	Cohen's d
	均值	标准差	均值	标准差		
课外学习时间/周	13.52	8.94	13.91	9.08	− 0.37 ***	− 0.04
课外兼职打工时间/周	6.26	8.07	5.27	7.66	1.10 ***	0.14
课外活动时间/周	7.44	7.27	8.38	7.76	− 0.84 ***	− 0.11

分析发现，在课外学习时间上，第一代大学生得分虽然显著低于非第一代大学生，但是实际差别很小（仅0.365小时/周）。在参加课外活动的时间上，第一代与非第一代大学生有显著且不小的差距（0.838小时/周）。在打工时间上，两类群体之间差距最大，第一代大学生得分显著高出非第一代大学生约1小时/周。

这反映出，在课外时间的分配上，第一代大学生更倾向于参与兼职和打工活动，而不是将时间投入学习和参与校园活动中去。参与校园活动是融入校园

生活、提升适应性和社交能力的必要环节，第一代大学生在与师生的社交性互动方面本来就有待改善，而不积极参与校园活动会带来更加不良的影响。这也提示学校应进一步提升对第一代大学生的资助力度，减少他们参与以经济回报为主要目的的兼职打工，促进他们将更多的时间投入校园活动和学习上来。

4. 第一代大学生在高影响力教育活动上的表现

鉴于参与课外活动的重要性，本报告选择了其中更具代表性的高影响力教育活动（High-Impact educational practices），分析第一代大学生在此类活动上的表现情况。高影响力教育活动指的是需要学生投入大量时间和精力、积极与师生进行互动、不断反思并在实践中应用知识的课外自主性活动。研究表明，参与此类活动能够对学生的学业和全面发展产生积极的促进作用。[1][2] 基于相关文献和中国教育实际，本报告建构了拓展性学习活动、研究相关性活动和社会实践类活动三类共九种高影响力教育活动。

其中，拓展性学习活动指的是在课程和专业常规要求之外的进一步或跨领域的学习，具体包括课程要求以外的语言学习、海外学习、辅修第二学位三种。研究相关性活动是指在深入学习基础上的研究探索，需要自身具有较强的研究意向，以及教师给予较多学术指导，包括和任课教师一起做研究，向专业学术期刊/学术会议投稿，参加各类学术、专业、创业或设计竞赛三种。社会实践类活动指的是在校外现实情境中进行的、增加学生社会经验、促进知识在现实情境中应用的活动，包括实习、社会实践或调查、社区服务或志愿者三种。分析结果和发现如下所示[3]（见表7）。

（1）第一代大学生在社会实践类活动上的参与度尚可，但对拓展性学习和研究相关性活动的参与度明显不足

总体来看，第一代大学生参与各项高影响力教育活动的比例均低于非第一代大学生。从活动类型来看，第一代大学生在参与拓展性学习活动上与非

① Kuh, G. (2008). High-impact Educational Practices: What They Are, Who has Access to Them, and Why They Matter. Washington, DC: American Association of Colleges & Universities (AAC&U).

② McMahan, S. (2015). Creating a Model for High Impact Practices at a Large, Regional, Comprehensive University: A Case Study. *Contemporary Issues in Education Research*, 2: 111–116.

③ 在分析的过程中，为了减少留级、休学等特殊学生对数据分析带来的影响，将此类特殊样本剔除，得到60181个有效样本。

表7 第一代与非第一代大学生参与各项高影响力教育活动的比例

单位：%

高影响力教育 活动类别	高影响力教育活动具体表现	第一代大学生	非第一代 大学生
拓展性学习活动	课程要求以外的语言学习（如上新东方、修二外等）	15.16	27.12
	海外学习（短期或长期）	5.45	10.15
	辅修第二学位	6.64	12.09
研究相关性活动	和任课教师一起做研究	20.20	25.56
	向专业学术期刊/学术会议等投稿	12.46	16.58
	参加各类学术、专业、创业或设计竞赛	23.80	27.29
社会实践类活动	实习	37.56	38.96
	社会实践或调查	53.32	54.07
	社区服务或志愿者	46.29	47.54

第一代大学生的差异最大，其次是研究相关性活动。而在社会实践类活动上，第一代与非第一代大学生的参与比例几乎没有差异。

参与拓展性学习活动不仅需要学生本人的意愿，往往还需要一些外部条件，如父母的经济投入或教师的辅导帮助等。由于第一代大学生的父母受教育程度不高，社会职业地位相对较低，父母至少一方为企事业单位高层领导或者专业技术人员的仅占17.57%（根据CCSS 2015年的数据计算，下同），而此比例在非第一代大学生中为71.44%。这使得第一代大学生很难从父母那里了解参与拓展性学习活动的重要性，也缺乏足够经济支持参与此类活动。

参与研究相关性活动不仅需要学生有扎实的基础知识和研究能力，更需要学生有较强的从事科学研究的愿望与动力。调查发现，计划毕业后继续读研的学生参与这类活动更多。第一代大学生选择毕业后继续升学的比例仅占17.79%，而非第一代大学生选择读研的比例为33.47%。较低的读研选择率可能与第一代大学生较少参与研究相关性活动有关，这一现象值得我们关注并思考。如何从激发意愿、创造条件、提供支持等方面使第一代大学生更多参与研究相关性活动，进而挖掘其研究潜能、提升其研究兴趣，也使其中那些真正具备研究意愿和能力的人继续走下去，是大学现阶段应该认真考虑并尽可能解决的问题。

在社会实践类活动上，第一代和非第一代大学生的参与度基本没有差异。这有可能是因为，在大多数高校中，实习、社会实践和社区服务已经成为学生培养过程中的必修模块，学校已有的制度性要求和支持性条件能够较好地促进学生参与。因此，两类群体在此类活动上都有较高的参与率，且基本没有差异。

上述分析表明，为提升第一代大学生的过程性教育质量，学校和教师应采取措施重点促进他们参与拓展性学习活动和研究相关性活动。

（2）经济文化资本和大学前学业表现较弱的第一代大学生更不积极参与高影响力教育活动

采用逻辑回归（Logistic）对第一代大学生参加高影响力教育活动的情况进行分析发现（见表8），即使均为第一代大学生，他们对高影响力教育活动的参与度也不同。总体上看，拥有更少经济文化资本的学生（如少数民族学生、父母社会职业地位较低的学生）、大学前学业表现较弱的学生（如来自非重点高中、高考成绩较低），男生以及低年级学生更少参与高影响力教育活动，特别是拓展性高影响力教育活动。这一方面反映出，在第一代大学生内部，高影响力教育活动的参与度存在性别和年级差异，另一方面更表明，面对数量众多的第一代大学生，在高校资源有限的条件下，首先需要关注并支持的是经济文化资本少和大学前学业表现更弱的学生。

表8　不同类型的第一代大学生在参与高影响力活动上的表现

	拓展性学习活动 Odds ratio/（se）	研究性相关活动 Odds ratio/（se）
女生	1. 272 *	1. 079
	（0. 150）	（0. 0806）
少数民族	0. 917	0. 801 **
		（0. 0711）（0. 0542）
独生子女	1. 132 **	1. 026
	（0. 0500）	（0. 0545）
父母的最高职业地位（以农业生产劳动作为对照组）		
一般工人/商业服务人员	1. 015	0. 851 ***
	（0. 0661）	（0. 0418）
技术工人/个体户	1. 228 **	0. 968
	（0. 0832）	（0. 0436）

	拓展性学习活动 Odds ratio/(se)	研究性相关活动 Odds ratio/(se)
初级技术人员/一般办事人员	1.250 **	0.959
	(0.0952)	(0.0739)
中高级专业技术人员	1.731 **	1.177 *
	(0.313)	(0.0889)
党政机关企事业单位负责人	1.574 ***	1.095
	(0.133)	(0.0588)
其他	1.242 ***	1.096
	(0.0612)	(0.0630)
农村生源、农业户口或农家子弟	1.012	1.067
	(0.0599)	(0.0577)
重点高中(地市级以上)	1.272 ***	1.100 **
	(0.0567)	(0.0335)
高考分数	1.046	1.051
	(0.0289)	(0.0445)
高校类型(以985工程院校作为对照组)		
211工程院校	0.988	0.964
	(0.158)	(0.154)
地方本科院校	0.802	0.905
	(0.111)	(0.151)
地方本科学院	0.823	0.986
	(0.120)	(0.158)
年级(以一年级作为对照组)		
二年级	1.636 ***	1.795 ***
	(0.164)	(0.136)
三年级	2.120 ***	1.988 ***
	(0.109)	(0.197)
四年级	2.930 ***	3.891 ***
	(0.310)	(0.722)
学科领域(以人文学科作为对照组)		
社会科学	0.497 ***	0.930
	(0.0447)	(0.112)
自然科学	0.406 ***	0.944
	(0.0347)	(0.139)

续表

	拓展性学习活动 Odds ratio/(se)	研究性相关活动 Odds ratio/(se)
工程类学科	0. 442 ***	0. 951
	(0. 0263)	(0. 151)
高考分数缺失 dummy	1. 150 *	0. 881 *
	(0. 0820)	(0. 0459)
常数项	0. 200 ***	0. 325 ***
	(0. 0347)	(0. 0946)
N	36017. 000	36004. 000
Pseudo R^2	0. 0476	0. 0415

（三）对学校支持和自身教育收获的评价

1. 对硬件和经济支持的评价高，对社交支持的评价低

学生对校园环境支持情况的感知和评价，一方面反映出学校在不同方面为学生提供的支持和服务情况，另一方面也反映出学生对校园相关资源的获取和利用情况。按照校园环境支持内容的差异将其划分为学习硬件、学习软件、生活硬件、生活软件、成长指导和经济支持六个方面。其中，学习硬件指的是学校在教室、图书馆、实验室和网络等方面的配备，由一道题目构成。学习软件指的是学校对学习氛围、课程、教学和师资质量的保障，由三道题目构成，Cronbach's α =0.61。生活硬件指的是学校在生活所需基本条件（如食堂、宿舍、体育活动场所等）方面的配备，由一道题目构成。生活软件在这里特指社交支持，指的是学校提供条件并鼓励学生参加丰富多彩的人际交往活动，由四道题目构成，Cronbach's α =0.75。成长指导指的是学校在学业、身心健康和就业方面为学生提供的支持，由三道题目构成，Cronbach's α =0.76。经济支持指的是学校为学生提供的经济方面的支持与帮助（如奖学金、助学金和助学贷款），由一道题目构成。

结果如表9所示。分析发现，首先，在对学习硬件和生活硬件的感知和评价上，第一代大学生显著高于非第一代大学生。这有可能是因为，第一代大学生多来自家庭社会经济地位较低的家庭，这使得他们对学校各方面硬件条件的期待并不高，因此对学习硬件和生活硬件比较满意。

其次，在经济支持上，第一代大学生的感知和评价显著高于非第一代大学生。这有可能是因为，相比于非第一代大学生，第一代大学生需要更多的经济支持，他们对学校相关政策和提供的资源更加关注，申请和获得率也更高，因此对学校给予的经济支持更加满意。

再次，在生活软件即社交支持上，第一代大学生的感知和评价显著低于非第一代大学生。参与社交活动并不是必须和强制性的，也不是第一代大学生的优势所在。由于对学校中的社会交往重视不够，加上自身的社交能力不足，他们本人很少参与此类活动，这使得他们对学校的社交支持感知和评价不高。这也提示学校，在提供社交机会和平台的同时，也要重视培养和提升第一代大学生的社交能力。

最后，在对学习软件以及成长指导的感知和评价上，第一代大学生和非第一代大学生之间没有显著差异。

表9　第一代大学生对校园环境支持的评价

不同方面的支持	第一代大学生		非第一代大学生		差值	Cohen's d
	均值	标准差	均值	标准差	（显著性）	
学习硬件	62.56	27.50	60.65	29.08	2.57 ***	0.09
学习软件	60.99	18.53	62.00	20.04	0.09	0.00
生活硬件	55.24	27.10	54.61	28.88	1.18 ***	0.04
生活软件	61.20	19.50	62.41	20.29	-1.01 ***	-0.05
成长指导	60.88	18.84	61.16	20.06	-0.07	0.00
经济支持	62.56	20.25	61.03	20.87	1.73 ***	0.08

2. 自我汇报的教育收获低于非第一代大学生，感知到沟通与领导力提升最低

将自我汇报的教育收获划分为知识收获、沟通与领导力提升、问题解决能力提升和自我认知发展四类。其中，知识收获指的是学生在通识和专门领域的知识提升，由两道题目构成，Cronbach's $\alpha = 0.73$。沟通与领导力提升指的是学生在表达能力和组织领导能力上的提升，由三道题目构成，Cronbach's $\alpha = 0.85$。问题解决能力提升指的是学生在使用不同方式分析和解决复杂问题上的收获，由七道题目构成，Cronbach's $\alpha = 0.89$。自我认知发展指的是学生在自我意识（人生观、价值观、未来发展规划）上的提升，由两道题目构成，Cronbach's $\alpha = 0.81$。

对第一代大学生自我汇报的教育收获进行分析，结果如表10所示。分析发现，第一代大学生在各类教育收获上均显著低于非第一代大学生，其中在沟通与领导力上的差距最大，其次是问题解决能力和知识收获。相比之下，学生在自我认知方面的收获（明确人生观、价值观和人生未来发展规划）差距较小。

沟通与领导力以及问题解决能力并不是通过某些专门的课程来培养的，而是在学校和家庭提供的社会交往和课外活动中逐渐发展和锻炼出来的。和非第一代大学生相比，第一代大学生享有的经济和文化资源较少，缺少能力发展所需的平台和资源支持，这使得他们在口头表达、书面表达、组织能力和问题解决能力上得不到有效锻炼和提升。相比之下，学生自我认知发展是高校课程教学的"盲点"，也往往为家庭教育所忽视，更多为学生个体自然生长和发展的结果，因而两类群体之间的差异更小。

表10　第一代大学生自我汇报的教育收获

| 自我汇报的 | 第一代大学生 | | 非第一代大学生 | | 差值 | Cohen's d |
教育收获	均值	标准差	均值	标准差	（显著性）	
知识收获	62.79	22.06	65.21	22.98	-1.76 ***	-0.08
自我认知发展	63.48	23.54	64.83	25.17	-0.713 *	-0.03
问题解决能力	61.19	19.56	63.63	21.14	-1.79 ***	-0.09
沟通与领导力	56.67	23.66	60.37	24.41	-2.91 ***	-0.12

三　结论和建议

马丁·特罗曾经指出，随着高校入学人数的增加，高等教育将经历精英化、大众化和普及化三个发展阶段。而随着大众化的不断深入，学习者的家庭背景、学习目的和未来计划等将呈现更加多元化的态势。[①] 在中国高等教育大众化不断深化的当下，基于对多元化群体和教育公平的关注，伴随着国内多个学情调查项目的开展，国内关于第一代大学生的研究也逐渐增多。CCSS项目组的

---

① Trow, M. (1973). *Problems in the Transition from Elite to Mass Higher Education.* Carnegie Commission on Higher Education, Berkeley, Calif.

初步研究结果，能够为高校更具针对性的教育实践提供有益的参考。

我们发现，第一代大学生家庭经济地位和文化资本较低，为其学业表现产生累积性的不利影响。分析结果表明，第一代大学生因家庭社会经济地位和文化资本较低，更多进入普通高中，很少参与课外补习，对大学学习准备不足，很少进入"985"和"211"工程院校就读。这反映出，第一代大学生的家庭不能给予其子女更多的学业指导和经济支持，也无法培养他们良好的习惯，这种影响是长远且累积性的。而且，这种先赋性的特征基本无法改变，只能借由后天的教育通过针对性的支持和帮助来改善这一情况。

第一代大学生在大学期间的表现总体处于劣势，高校需要通过更好的资源配置和帮扶措施促进他们的学业发展。分析结果表明，第一代大学生学习主动性不强、社交活动参与较少。他们（特别是经济文化资本少和大学前学业表现较弱的第一代大学生）在拓展性学习活动和研究相关性活动等高影响力教育活动上参与度不高，对学校提供的社交支持评价较低，感知到的沟通与领导力等教育收获较低。在高校教育资源总量不断扩大的同时，如何通过优化资源配置和有针对性的帮扶措施，促进学校中真正有需要的弱势群体良好发展，是目前高校面临的重要问题。根据研究结果，首先，高校可以开展入学服务等导引工作，帮助第一代大学生提升知识储备并了解大学的课业特点，改善其大学学业准备情况。其次，在大学期间，帮助第一代大学生培养人际交往能力，促进他们在新环境中建立良好的人际关系。再次，学校教师应给予第一代大学生更多人生发展和学业上的指导和帮助，帮助他们明确未来发展方向。最后，继续提升针对第一代大学生的学业资助，帮助他们特别是家庭经济文化资本少或者大学前学业表现更弱的第一代大学生，参与需要较多经济资源支持的高影响力教育活动。

在本报告的基础上，CCSS项目组还进一步对农村第一代大学生的学业表现、如何提升第一代大学生的学业成就和促使其参与高影响力教育活动进行了深入的探讨，研究成果将陆续刊发。在此后的研究中，项目组还将超越教育学，从心理学和社会学的视角分析第一代大学生的问题；超越外显的在学经验，探讨第一代大学生的大学适应性和面临的价值冲突问题；超越量化研究，以质性的研究方法解读第一代大学生遇到的困难；超越笼统的总体研究，关注第一代大学生群体内部的分层分类，从而将对第一代大学生的研究推向深处。

B.19

《乡村教师支持计划》背景下乡村教师的生存困境与突破

——基于全国208名乡村校长、2888名乡村教师的调查分析

刘胡权　张　旭　张晓文　杨　柳*

摘　要：　发展乡村教育，关键在乡村教师。由于受到社会、经济、文化等因素影响，乡村教师队伍建设面临重重困难。国家及各地《乡村教师支持计划》的出台，为全面、系统解决乡村教师发展问题提供了良好契机。调查发现，乡村教师在生活待遇、职称、编制等方面仍面临一定的困境，未来需要在"下得去、留得住、教得好"方面精准着力，切实化解乡村教师的发展困境。

关键词：　乡村教师　支持计划　生存状态

乡村教育是社会进步和民族振兴的重要基石，而乡村教师是乡村教育的基础和根本。2015年6月1日，国家正式出台了《乡村教师支持计划（2015～2020年）》（以下简称《计划》）。《计划》提出要从乡村教师生活补助、乡村教师补充渠道、乡村教师工资待遇、乡村教师编制核定标准、乡村教师职称评定、城乡教师交流举措、乡村教师专业能力等八方面精准发力，努力造就一支素质优良、甘于奉献、扎根乡村的教师队伍。这些政策的出台，为开展

* 刘胡权，北京教育学院教师，教育学博士；张旭，21世纪教育研究院教育政策研究中心副研究员；张晓文，硕士，西北师范大学西北少数民族教育发展研究中心研究人员；杨柳，西华师范大学教育学院研究人员。

乡村教育、乡村教师研究营造了较好的社会环境。在国家《计划》颁布后的九个月以来，全国各地相继召开教育工作会议并结合当地的实际情况，落实国家《计划》精神。截至 2016 年 3 月，全国 31 个省（自治区、直辖市），加上新疆生产建设兵团共 32 个省级单位都发布了各自的《计划》，明确支持乡村教师的决心。

为切实了解乡村教师的生存困境，改善他们的生存状态，完善相关政策，21 世纪教育研究院在亿方公益基金会的支持下，于 2015 年启动对乡村教师现状的调研。本次调研对四川省美姑县、利州区、宜宾县，湖南省麻阳县，湖北省利川市（县级市），甘肃省东乡县、崇信县，河南省济源市，山东省沂源县，贵州省威宁县，重庆市綦江区等 11 县（区、市）208 所乡村学校的校长、2888 名乡村教师进行了问卷调查，现结合国家及地方《计划》，分析如下。

一 乡村中小学校长的生存境遇

在此次调研的 208 名乡村中小学校长中，包括小学校长 104 人，初中校长 81 人，九年一贯制校长 23 人，乡镇学校校长占比为 46.3%，农村学校与县城学校校长占比分别为 34.1% 和 19.6%，这一数据与我国当前"两头大、中间小"的乡村中小学校长分布格局相吻合。从学历结构层面来看，56.5% 的乡村中小学校长拥有大学本科学历，其次是大专/高职（比例为 30.0%），契合了我国社会发展对乡村中小学校长任职条件的现实要求。但从性别分布来看，当前乡村中小学校长以男性居多，男女比例严重失调，其中男性校长占比高达83.5%。同时在年龄结构上，乡村中小学校长存在着"老龄化"的发展趋势，其中 1960~1969 年出生的（47~56 岁）所占比例为 21.6%，1970~1979 年出生的（37~46 岁）所占比例为 48.5%，1980~1989 年出生的（27~36 岁）所占比例为 28.9%。乡村中小学校长的基本情况详见表 1。

（一）校长培训的实效性有待提高

虽然近年来乡村中小学校长培训工作取得了一定的成就，但是在具体的实施过程中，我们遇见了一些问题：如教师培训经费的供给问题，对培训时间、培训形式及其效果的认同感还有待加强。

表1　乡村中小学校长的基本信息

单位：%

类别	百分比	类别	百分比
性别		学历	
男	83.5	普通高中	1.5
女	16.5	中师/职业高中	9.7
出生年份		大专/高职	30.0
1950～1959	1.0	大学本科	56.5
1960～1969	21.6	研究生及以上	2.3
1970～1979	48.5	学校所在位置	
1980～1989	28.9	县城	19.6
工作学校性质		乡镇	46.3
小学	50.0	农村	34.1
初中	38.9		
九年一贯制	11.1		

　　首先，培训经费列入本校预算的比例低。课题组关于"学校培训经费列入本校预算的比例约为？"的调查显示：只有6.7%的乡村中小学校长选择培训经费列入本校预算的比例达到100%，80%以上和50%～80%的培训经费列入本校预算的只占7.2%和10.1%，而培训经费支出列入本校预算的比例在30%～50%之间和30%以下的分别占26.9%和49.1%。从数据可以看出，当前乡村教师培训经费的供给还存在着很大问题，尤其是一些偏远地区的农村学校，财政资源本来就匮乏，因此，为了节省教育经费的开支，很多学校只能"无奈"地放弃师资培训。

　　其次，培训时间短，理论与实践相脱节。培训时间的合理安排一定程度上有助于培训效果的实现。从调研数据可知，超过六成的乡村中小学校长未参加过任何形式的培训。培训内容过于理论化，与实践操作相脱节。从具体的培训天数、学时与场次可以窥见一斑（见表2）。

　　再次，培训方式缺乏针对性，效果不明显。调查数据显示，有近五成的乡村中小学校长认为培训流于形式，缺乏实效性。尤其是在面对不同层次、不同需求的培训人员时，很多培训机构采取了"一锅端"的培训理念，既定的理想培训目的不但得不到实现，反而会因为培训方式的"固定性"而造成心理

表2　乡村中小学校长培训天数/学时/场次调查结果

培训形式	培训天数/学时/场次					
异地培训（天）	0	1~5	6~10	11~15	16~20	21以上
人数（人）	143	9	17	6	12	21
所占比例（%）	68.8	4.3	8.2	2.9	5.8	10.1
本区县培训（天）	0	1~5	6~10	11~15	16~20	21以上
人数（人）	153	18	14	6	5	12
所占比例（%）	73.6	8.7	6.7	2.9	2.4	5.8
置换交流研修（天）	0	1~5	6~10	11~15	16~20	21以上
人数（人）	198	5	1	1	0	3
所占比例（%）	95.2	2.4	0.5	0.5	0.0	1.4
远程培训（学时）	0	10~50	60~100	110~150	160~200	210以上
人数（人）	132	22	32	5	6	11
所占比例（%）	63.5	10.6	15.4	2.4	2.9	5.3
培训讲座（场）	0	1~5	6~10	11~15	16~20	21以上
人数（人）	150	30	17	3	2	6
所占比例（%）	72.1	14.4	8.2	1.4	1.0	2.9

与情绪上的抵触。[①] 调查显示，只有39.4%的乡村中小学校长认为这些培训形式（异地培训、本区县培训、置换交流研修、远程培训和培训讲座）对提升校长专业水平和管理能力非常有帮助（见表3）。

表3　培训方式对提升校长专业水平和管理能力效果的调查结果

培训效果	非常有帮助	有一些作用	一般	作用不明显	纯属浪费时间
人数（人）	82	96	17	6	7
所占比例（%）	39.4	46.2	8.2	2.9	3.3

（二）乡村校长对交流轮岗制度的实施效力还不太满意

对71位乡村边远地区和薄弱学校校长调查"每年申请调动的教师人数"的结果显示，每年1~2人申请调动的比例达到26.8%，3~5人申请调动的比

---

① 周忠元、张磊：《农村中小学校长培训策略研究》，《中国成人教育》2012年7月。

例达到了38%，6～10人申请调动的比例达到了18.3%，教师流动无疑给本就薄弱的乡村教育蒙上了阴影。而对有教师流入的乡村中小学的校长进行"校长教师交流轮岗制度是否提高了本校的师资水平"这一问题调查时，回答稍有提高（44.9%）、一般（21.8%）和没什么作用（16.7%）的占据了多数，而只有9%的乡村中小学校长认为有明显的提高。

（三）校长任职资格标准的制定与实施还存在着很大的选择任意性

当前，去除学校行政化管理，加快实施校长职级制改革，推进教育治理体系和治理能力现代化，让真正懂教育的人根据教育规律来管理学校，成为深化教育领域综合改革的重要议题。课题组关于"本地区是否制定了校长任职资格标准"的调查结果显示：27.9%的乡村中小学校长回答已经很完善，而且按照标准任命校长；31.7%的乡村中小学校长认为标准很完善，但执行过程中变通的余地很大；17.3%的乡村中小学校长认为标准不完善，校长任命有较大的随意性；没有标准和不清楚的分别占7.2%和15.9%。从调查数据来看，我国乡村地区校长任职资格标准在各地还存在着很大的选择任意性，并未实现真正意义上的校长职级改革（见图1）。

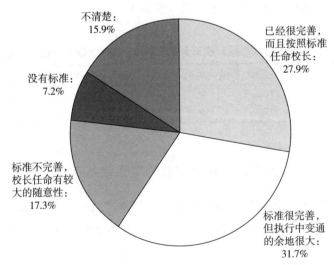

图1　乡村地区实施校长职级制的调查结果

二 乡村教师的生存境遇

教师生存状态指特定社会历史背景下教师群体或个体所处的物质与精神环境。《计划》围绕乡村教师"下不去、留不住、教不好"三个核心问题，从乡村教师师德水平、补充渠道、生活待遇、编制标准、职称评聘、交流制度、能力素质和荣誉制度等八大方面全面改善其生存状态。本文基于此，对 2888 名乡村教师就《计划》中涉及的乡村教师的工资待遇，乡村教师的职称制度、乡村教师的编制改革，乡村教师的培养、补充和流动等几个层面进行分析。

（一）乡村教师工资满意度整体偏低

国家《乡村教师支持计划》的重要措施之一，是"提高乡村教师生活待遇"。《计划》所提的"生活待遇"主要是指生活补助、住房、疾病救助等，对实际制约乡村教师发展最为关键的工资待遇问题，只是比较抽象地提出"依法依规落实乡村教师工资待遇政策"。本研究将这一当前教育领域和教师最为关注的热点难点问题，作为重点关注的议题。

农村教师的工资待遇总体偏低，是中国教育的一个老大难问题。由于教师工资占义务教育经费的比例很高（70%～80%），对地方财政的影响极大，所以尽管问题重要，但一直未得到根本改善。杭州师范大学的研究者容中逵发现，2012 年，在四川、河北的农村教师中，月薪低于 2500 元的比例分别为81.4%、89.8%，而当年四川省城镇职工的月平均工资为 3160 元，河北省为3014 元，农村教师的月薪远低于同省城市平均水平。[①] 本次对乡村教师的问卷调查显示，多数乡村教师对自身工资待遇持不满意的态度。从总体上看，只有28.9% 的老师对自己的工资水平感到满意（包括非常满意、比较满意和满意），53.1% 的老师对现有的工资水平感到不满意（包括非常不满意、比较不满意、不满意），18.1% 的老师对现有的工资水平感到一般（见表4）。

---

① 容中逵：《农村教师薪酬问题研究——来自浙江、河北、四川三省的研究》，《教育研究》
2014 年第 3 期。

表4　乡村教师对现在的工资水平的满意度

单位：%

非常满意	比较满意	满意	一般	不满意	比较不满意	非常不满意
4.3	9.1	15.5	18.1	17.8	15.8	19.5

与五年前的工资相比，对目前的工资收入感到满意的老师占34.1%，觉得不满意的比重是45.3%。可见，近五年来农村教师工资的增长幅度没有达到使老师满意的程度。对生活补贴、福利待遇、绩效工资等的评价，不满意的占半数以上，满意的不足三成。教师对自身待遇的不满意也建立在比较之中，无论是与其他学校还是与其他职业相比，不满意者都超过半数（见表5）。

表5　乡村教师对有关福利待遇和横向比较的满意度

单位：%

	满意	一般	不满意
与五年前的工资相比,对目前的工资收入的满意度	34.1	20.6	45.3
目前发放的生活补贴标准	28.8	17.5	53.7
乡村教师的福利待遇和社会保障	25.8	18.4	55.8
绩效工资制度	25.9	19.0	55.2
与其他学校教师工资相比	24.6	19.8	55.6
与当地其他职业工资相比	23.2	18.4	58.4

注："满意"包括非常满意、比较满意和满意三类，"不满意"包括非常不满意、比较不满意和不满意。

绩效工资制度对农村教师收入的影响很大，但总体满意程度不高。感到满意的占25.9%，感到不满意的占到了55.2%，关于学校绩效工资制度的公平和公正性方面，满意的老师占到了32.4%，不满意的占48.7%；对学校绩效奖励发放的考核依据，满意的占30.8%，不满意的占49.5%。可见，农村教师的意见和不满，主要针对绩效工资制度的公平和公正性、绩效奖励发放的考核标准等方面。最令老师不满的，是要从绩效工资中扣除30%，在学期末或年底以"绩效奖励金"的形式发给大家。

（二）乡村教师职称评定工作有待进一步加强

职称（职务）是除工资之外，提高乡村教师工作积极性的重要激励机制。国家《计划》对乡村教师职称（职务）评聘提出更明确的实施办法，提出"职称（职务）评聘向乡村学校倾斜"，要求实现县域内城乡学校教师岗位结构比例总体平衡，切实向乡村教师倾斜。对11县2888名乡村教师职称现状的问卷调查显示，职称晋升机会成为工资待遇之外乡村教师最为关注的。在工资水平、考核与评奖、职称晋升机会、承认与尊重、子女教育、保险与公积金、培训机会、学校硬件条件等方面，74.1%的教师表示对自身的工资水平非常在意；此外，41%的人选择在意职称晋升机会，相对而言，教师对周转房、离县城距离、领导赏识与支持等并不是特别在意（见图2）。

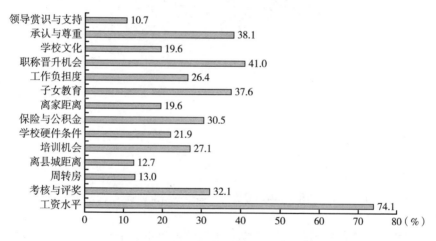

图2 教师工作生活中在意的各项指标情况

绝大多数教师赞成在职称评定中对外语、论文等不做刚性要求，对此接近一半的教师持非常坚决的支持态度，希望将此落实到中小学教师职称评定制度中。调查显示，教师反映工资与职称、岗位、工作量的相符性不高，只有28%的教师认为自己的工资与职称、岗位、工作量有较高的相符度。这是因为在目前的中小学教师职称评定制度中，工资待遇与职称直接挂钩，评上职称与没有评上职称的教师工资差距相对较大。通过问卷调查和实地调研，可知职称评定的新举措已经在地方开始实施。

首先，将小学与中学相独立的教师职务系列统一，并在新的中小学教师职务系列中设置正高级职称。27.2%的教师反映，当地中学与小学教师职务系列已经统一；50.9%的教师反映，中学和小学教师职称系列正在逐步统一；但仍有21.9%的教师反映，目前的中学和小学教师职称系列仍然是完全独立的（见图3）。21.8%的教师反映，其所在地区中小学已经设置正高级教师职务；42.4%的教师反映，当地正在逐步推广正高级教师职务；35.8%的教师反映，当地尚未设置正高级教师职务。

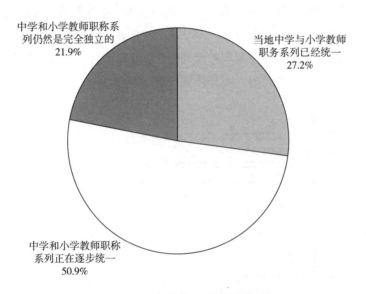

图3　中小学教师职务统一情况调查

其次，师德在教师聘任、考核及评价中占据重要地位。21.5%的教师认为，在其所在地区的教师聘任考核和评价过程中，师德是首要的标准；42.6%的教师认为师德是比较重要的标准；只有极少数教师认为，师德的重要程度不高或只是形式化。

最后，在城镇教师评聘高级职务时大多对其农村任教经历有一定的要求。29.2%的教师反映其所在地区在教师评聘高级职务时，已明确要求有一年以上在农村学校或薄弱学校任教经历；近20%的教师认为对此并没有要求或没有明确要求；另有17.0%的教师对这一政策尚不知晓。很多教师反映，地方对乡村教师职称评定的倾斜尚未完全落实。其中，有16.2%的教师认为，所在农村与城市教师在评定职称上获得同等对待；37.4%的教师认为，现行的职称评定对长期在农村基层和边远地区工作的教师是不利的。

（三）乡村教师编制是制约、困扰农村教育健康发展的重要因素

目前，农村普遍存在整体性"超编缺人"的局面。《计划》指出，当前在农村教育中在有合格教师来源的情况下，存在"有编不补"、长期使用临聘人员，以及政府有关部门占用或变相占用乡村中小学教职工编制的情况。

据统计，我国高等师范院校毕业生每年有100多万人，而真正进入学校编制的不足25万人，同时存在中小学教师超编200多万人的现象。[①]"表面超编，实质缺编"的教师队伍编制现象已严重影响基础教育的发展。具体表现如下。

一是乡村教师队伍年龄与结构矛盾突出，老龄化现象严重。2015年东北师范大学农村教育研究所对全国12个省份的调查显示，有7个省份年龄超过45岁的小学教师占比多于30%，部分地区超过45岁的小学教师占比达到甚至超过50%，有些地区已经超过10年没有招聘过新教师。[②]

二是学科结构不合理。农村学校倾向补充语、数主科教师，而音体美等学科的专任教师严重不足。

三是缺乏退出机制，一部分教师长期占用编制，却不承担相应的教学任务，导致优秀教师"进不来"。为解决燃眉之急，一些地方出现大量"临聘教师"，有的地方临聘教师可达教师总量的10%。城镇学龄人口大增，需要大量教师；同时乡村教师不能减少，而且还需要补足；另外大量女教师婚育，加大编制紧张程度。

四是"十三五"期间普及高中教育的任务加重，高中和中职教师的编制短缺问题也很突出。此次乡村教师调查中，76.4%的乡村教师有编制，23.6%的乡村教师无编制。70.7%的教师非常认可"按照城市标准统一核定乡村中小

---

① 周兆海、邬志辉：《工作量视角下义务教育教师编制标准研究——以农村小规模学校为例》，《中国教育学刊》2014年第9期。

② 刘善槐：《我国农村教师编制结构的优化研究》，《教育研究》2016年第4期。

学职工编制"，68.2%的教师非常认可"按照师生比与班师比相结合的方式核定村小、教学点教师编制"。

（四）乡村教师的培养、补充、流动依然面临困境

如何培养"下得去、留得住、教得好"的乡村教师，涉及乡村教师的培养、补充和流动这样三个不同的问题，需要建立相应的机制。

在地方调研中发现，当前农村地区教师补充面临的危机，一是不能足额招到要补充的教师。一些西部贫困地区反映，指标招不满，招来之后，又会流失一些，甚至有些人报到时到任教学校看一眼就不辞而别。二是招不到好的教师，出现应聘者素质越来越差的趋势，来应聘者大多是三本院校较差的学生、同龄人中学习水平较差的学生。三是年龄和科类结构存在很大问题，女生占90%以上，师范生中语文、英语学科的最多，音体美教师也开始增加；但初中高中物理、化学、生物、地理、历史教师奇缺，很少有应聘者。这反映高校培养与实际需求脱节，无视基层需求。地方教育局对几类教师的评价是：部属六大师范大学培养的"免费师范生"重心太高，到不了基层，能够到县中学的就很少，更不用说到乡镇学校。特岗教师在起初几年很受欢迎，但近年来品质明显下降，大多是求职失败者将特岗教师作为一个过渡的"饭碗"。非师范生的学科五花八门，如广告、物流等，未经任何教师教育培训，仅考得一张教师资格证即从业，不具备教师的基本能力。一些人被讥为"四不教师"：不会上课、不会备课、不会改作业、不会当班主任。这反映了目前教师从教门槛过低。

对于教师交流制度，2014年教育部等部委出台了"教师交流轮岗"的专项政策，颁发了《关于推进县（区）域内义务教育学校校长教师交流轮岗的意见》，要求全面推进义务教育教师队伍"县管校聘"管理改革以实现教师交流轮岗，将教师和校长从过去的"学校人"改变为县义务教育系统的"系统人"。对此，虽然教师大多表示认同，各地教育部门也做出各种安排，但实际操作难度很大，执行的力度也比较有限。"下不去"的问题突出体现在农村偏远的小规模学校（村小、教学点）教师的补充难以为继。目前在岗的大多是生活在教学点所在的乡村、面临退休的"民转公"教师。

对国家《计划》中"培养本土化、一专多能型教师"、"扩大'特岗教师

计划'实施范围"及"为乡村学校输入优秀毕业生"三项政策认可度的调查显示，有71.6%的乡村教师非常认可"培养本土化、一专多能型教师"；对于扩大"特岗教师计划"实施范围，54.8%的教师非常赞同，35.1%的教师认可度较低；对于"为乡村学校输入优秀毕业生"，64.1%的教师非常认可。总体上，教师对每项政策的认可度都较高，为54%～72%。尽管如此，农村教师对于流动进城的意愿依然十分强烈。在调查中发现愿意进城的农村教师占65.2%，其中强烈希望进城流动的占23.7%，可以接受进城流动的占25.1%。只有9.7%的人不愿意进城流动。

三　相关建议

《计划》在加强农村教师队伍建设方面有诸多新意和亮点，需要因地制宜地加以贯彻落实；与此同时，需要改变目前应急性和比较碎片化的政策设计，在面向2030年教育的视野中，通过深化教育综合改革，构建具有前瞻性、整体性的发展规划。

（一）提高乡村教师工资待遇需要新的制度设计

首先，强化中央财政责任，加强省级统筹。改变目前"以县为主"的义务教育管理体制，解决教育经费供给重心过低、城乡和区域之间教师待遇差别过大等问题，科学统筹、合理确定各级政府财政分担的比例。通过加强中央财政支持和省级统筹，统一城乡教师福利待遇与绩效工资标准，并且向边远地区的乡村教师倾斜。可以考虑建立"同心异距"（以城市中心为原点向周围距离不等地扩散）的逆向待遇标准，即离城区越远，工资待遇越高。

其次，提高各项政策的实效，建立有效的激励机制。改革现行的绩效工资政策，建议实行以课时为中心的绩效工资评价。统一区域内的绩效工资水平，差额由中央和省级财政补齐。提高教师绩效工资水平，如四川蒲江县教师的绩效工资，从每年的15158元提高为31260元，与公务员待遇相当。目前的工资结构，重职称而轻学历。学历工资作为起点工资，具有重要的引导性。提高教师工资结构中教龄工资的占比，善待长期从教的教师，调剂教师之间的收入差距。

最后，确立2030年的目标模式。建议经过论证和缜密设计确立面向未来的教师制度改革的整体性目标：争取到2030年，建立教师公务员制度。建立全新的教师工资待遇标准和政府分级承担的经费保障机制，明确教师的社会地位和经济待遇，从制度上根本解决义务教育教师的补充、调配、流动等各项问题。操作方式不搞"一刀切"，可以先在国贫县试点，并从最边远的边疆地区开始实施，梯度向内地推进，最终惠及城市教师。这样，既有利于满足最急切的需求，产生巨大的号召力和政策影响力，又不至于过于加大财政压力。

（二）免费定向培养"下得去、留得住、教得好"的乡村教师

要为农村教育提供源头活水，需要实事求是地改革面向农村的师范教育。一是吸引优秀的生源从教；二是加强教师的专业化培养，小学教师应以培养全科教师为主；三是生源的本地化，使之能够"留得住"。近年来，各地进行了许多改革，已经探索出一些行之有效的方法。当务之急，是总结、放大和支持这类改革探索，如广西实施的农村小学全科教师定向培养计划、湖南省的农村小学教师专项培养计划、山东启动的免费师范生全科教师培养计划。

（三）探索乡村教师补充的新模式

在培养"乡来乡去"的本土化教师之外，可以探索建立"国家教师役"制度，如同志愿兵那样，以3～5年为期，工作期间高薪酬，服务结束后享受各种优惠和补偿政策。通过教师定期流动补充、"以短换长"的方式，形成一池活水的长期机制，保障偏远地区教师的可持续供给。发达国家大多采用此类方法。同时，吸引各种教师资源进入乡村。如山东省开展大学生乡村学校支教。从2016年春季起，每学期安排1万名师范生到乡村学校进行实习支教，其中安排在财政困难县7000名，由省财政按照每人每月400元的标准发放生活补贴。甘肃陇南也在采取类似措施。此外，还可以鼓励优秀退休教师到乡村支教讲学，弥补乡村教师的不足，激励退休教师为乡村教育贡献力量。

（四）综合施策，提高乡村教师岗位的吸引力

乡村教师向城镇流动的重要原因是城镇生活便利、环境舒适。为了让优秀

教师愿意来到乡村和留在乡村，需要加强乡村基础设施建设，加强教师廉租房建设，为他们提供良好的生活环境、便利的交通环境，增强他们的职业与生活归宿感，使他们安居乐业。国外还有一些吸引和稳定在农村从教教师的机制和办法，例如提供住房补助、进修奖金、带薪假期、子女升学优惠等，值得我们借鉴。

（五）建立低重心、地方化的乡村教师培训制度

近年来，我国教师培训的力度非常大，财政投入也很大，已经形成包括国培、省培、县培在内的教师培训体系。但基层教师对培训的实效评价较差，国家在教师培训上的投入和产出不成比例。主要问题是在目前"自上而下"的制度设计下，培训资源集中在高校，离基层实在太远，教师普遍反映基层无发言权和自主性。乡村教师培训系统亟待改革，以提高资源利用效率。需要建立降低重心、地方化和多样化的培训机制，以满足乡村教师的实际需要。此外，应鼓励社会组织开展乡村教师培训。在各级政府举办的培训系统之外，由社会组织提供的乡村教师培训日益活跃和丰富多彩，在满足乡村教师的需要方面，具有独特的优势，是一个重要的生长点。

B.20
我国特岗音体美教师群体
现状的调查研究

雷雅琦　闫予沨*

摘　要：　本研究运用问卷调查法对 1715 位乡村特岗音体美教师的群体特征、现状及发展进行研究发现：特岗音体美教师多出身社会经济地位弱势的农村家庭；该群体存在性别分布差异，其中女教师婚恋及两地分居是难题；特岗音体美教师择业表现出本地化特征，多数在家乡的乡镇学校任教；其学历水平和师范性有待提升，教非所学情况严重；教师们主观幸福感强，职业倦怠尚不明显；但是实际工资与期望工资差距大，仅四成人表达留任意愿。特岗音体美教师目前存在的问题，其原因是多样的，主要包括：地方对招聘音体美教师积极性不足，存在认识误区；艺体类生源报考特岗积极性不足；特岗音体美教师的职业生涯发展受到性别差异的影响。因此，应大幅度提高地方招聘音体美教师的积极性，完善招聘机制，拓宽艺体师范生培养渠道，探索小学全科教师的培养，有针对性地设置激励机制，改变音体美的副科地位。

关键词：　音体美特岗教师　农村教育

---

* 雷雅琦，北京师范大学教育学部教育基本理论研究院硕士研究生。研究方向为教育社会学。闫予沨，北京师范大学教育学部教师教育研究所博士研究生。研究方向为比较教师教育与教师教育政策。

一 研究背景及问题的提出

特岗计划政策实施的 10 年以来，我国乡村教师队伍得到了较大的补充，共招聘 50.2 万农村中小学教师，覆盖 22 个省份 1000 多个县 3 万多所农村中小学，特岗计划已成为乡村教师的重要补充渠道。笔者所在的北京师范大学郑新蓉教授的团队对实施特岗计划 10 年来的成果和乡村教师队伍现状进行了调研，本文主要关注特岗教师群体中音乐、体育、美术学科的教师这一群体。

音体美课程的开展是保障儿童全面发展的关键，在我国学校教育中，音体美长期以来被当作"副科"存在，长期面临不考核、不重视甚至不开设的情况。在强有力的特岗政策支持下，乡村音体美教师仍然短缺，存在报考人数少、录取人数少、使用难、留任率低等问题。产生这些问题的原因是什么，以及政策该如何调整应对，是本文的研究焦点。

本次调查的抽样框为教育部提供的 2013~2015 年特岗教师名单，共计 188359 名特岗教师。为组织便利，本次特岗教师调查采用多阶段抽样，具体抽样设计如下：第一阶段，从 21 个省（直辖市/自治区）中简单随机抽样，抽选 13 个省（直辖市/自治区）；第二阶段，从 13 个省（直辖市/自治区）中，按特岗教师规模对县（县级市）进行排序，并以等距抽样方式抽选 60 个县（县级市）；第三阶段，从 60 个县（县级市）中，按名单排序、以等距抽样方式抽选 6000 名受访特岗教师。为保证有效样本达到 6000 人，扩大抽样量 10%，实际抽样 6598 人。本次调查采用网络调查方式进行，共收回有效问卷 5966 份，其中只担任音乐、体育、美术科目的教师为 1715 人。

二 我国音体美特岗教师的现状

（一）特岗音体美教师多出身社会经济地位低的农村家庭

1. 户籍情况

从个人户籍情况来看，农业和非农户籍的特岗音体美教师比例大致相当，大约各占一半。

从父母户籍情况来看，特岗音体美教师父母均为农业户籍的比例超过60%，相比而言，音乐教师和美术教师父母非农户籍的比例都高于全国平均水平，而体育教师父母大多为农业户籍。

结合特岗教师个人 14 岁以前的情况，完全城镇化的特岗体育教师（即在城镇成长，非农户籍，且父母都是非农户籍）的比例仅为 13%，特岗音乐教师和特岗美术教师则分别为 20.4% 和 18.3%。非城镇化的特岗体育教师比例（即在农村成长，农业户籍，且父母都是农业户籍）的比例为 40.6%，特岗音乐教师和特岗美术教师分别为 29.7% 和 33.6%。

表1　个人城镇化状况

单位：%

	体育		音乐		美术		全国	
	人数	百分比	人数	百分比	人数	百分比	人数	百分比
在城镇成长且父母是非农户籍	76	13.0	128	20.45	92	18.3	898	15.1
中间状态	272	46.4	312	49.84	242	48.1	2900	48.6
在农村成长且父母是农业户籍	238	40.6	186	29.71	169	33.6	2168	36.3
合计	586	100.0	626	100.0	503	100	5966	100

资料来源：2016 年特岗教师抽样调查数据，以下未标注来源的均来源于此次调查数据。

可以看出，尽管半数左右的特岗音体美教师自身已实现城镇化，但他们中多数人出身于农村家庭。在这三个科目的教师中，特岗体育教师的非城镇化比例最高。

2. 父母受教育程度及工资情况

特岗音体美教师父母的受教育程度均较低。其中 70% 以上体育教师的父亲和母亲的受教育程度在初中及以下。与之相比，音乐教师和美术教师的父亲以及母亲各自受教育程度在初中及以下的比例略低，但都超过 60%。体育、音乐、美术教师父母平均受教育年限分别为 16.48 年、17.67 年、17.38 年。其他科目特岗教师父母平均受教育年限为 16.86 年，与此相比可以看出，特岗体育教师父母受教育程度比特岗教师群体平均受教育程度低，而音乐和美术教师的父母则接受过更长时间的教育。

特岗音体美教师的父母年工资总和较低，均值为 27162.07 元，相当于父母两人月工资之和为 2263.5 元左右，但高于全国特岗教师父母年均工资总和 25390 元。其中，特岗体育和美术教师父母年工资总和在 20000 元以下的比例超过六成（分别为 64.5% 和 63.6%），音乐教师父母的收入情况略好于前两者，年工资之和超过 20000 元的比例为 41.8%。三科比较中，音乐特岗教师父母年工资总和最高。

调查中请教师对自己父母工资在家乡处于什么水平进行了自评。体育教师中，仅 2.6% 的人认为自己父母工资在家乡属于较高水平，42.8% 的人认为中等，而 54.6% 的人认为偏下；音乐教师中，仅 2.7% 的人认为较高，53% 的人认为中等，44.2% 的人认为偏下；美术教师中，3.2% 的人认为较高，47.5% 的人认为中等，49.3% 的人认为偏下。

综合特岗音体美教师的户籍情况、父母受教育程度和工资情况可以看出，特岗音体美教师多出身于社会经济地位较低的农村家庭，虽然在特岗教师群体中，他们父母的收入水平较高，但总体来说父母受教育程度和工资水平都很有限。鉴于特岗计划本就是定向为农村学校补充师资的特殊招聘机制，报考者多是农家子弟，这样的调查结果符合对特岗教师群体的总体认知。根据音体美学科各自的特殊性，不难发现其中的细微差别。比如体育教师的家庭状况不如音乐与美术教师，这与体育学科的培养成本较低是密切相关的。

（二）特岗音体美教师存在性别差异，女教师婚恋及两地分居是难题

根据 2016 年特岗教师抽样调查数据，男性特岗体育教师比例（69.1%）大大高于女性特岗体育教师比例（30.9%）；而男性音乐教师比例仅为 16.9%，约为女性教师的 1/5；男性美术教师的比例超过三成。可以看出，特岗体育教师以男性居多，音乐和美术教师以女性居多。其中，特岗音乐教师性别分布最不平衡，男性教师数量极少。

调研显示，音体美各科特岗教师单身比例均超过 40%。特岗教师多处于适宜婚恋的青年阶段，单身的比例略高似乎并不应成为问题，但走访学校时，校领导和教师都对青年特岗教师婚恋表示了深深的担忧。如在江西调研时一位校长提到"特岗教师中女老师特别多，找男朋友好难"。许多女教师也表示，因为身处农村，接触的人非常有限，找到"谈得来"的对象并不容易。一旦

找到了城里的对象，又不得不面对两地分居的局面。

已婚和正在恋爱的特岗教师中，45.8%的体育特岗教师与其配偶或恋人不生活在一起，52.9%的音乐特岗教师与其配偶或恋人不生活在一起，57.6%的美术特岗教师与其配偶或恋人不生活在一起。两地分居是已婚恋特岗音体美教师面临的难题，也是特岗音体美教师流动或流失的潜在原因之一。

表2　已婚恋特岗教师生活状况

单位：%

	体育		音乐		美术		全国	
	人数	百分比	人数	百分比	人数	百分比	人数	百分比
生活在一起,非特岗教师	48	13.8	15	4.2	20	7.0	233	6.9
生活在一起,是特岗教师	64	18.4	52	14.6	31	10.9	586	17.4
生活在一起,但不是教师	76	21.9	100	28.2	70	24.6	848	25.2
不生活在一起,非特岗教师	23	6.6	15	4.2	17	6.0	195	5.8
不生活在一起,是特岗教师	41	11.8	22	6.2	24	8.4	304	9.0
不生活在一起,且不是教师	95	27.4	151	42.5	123	43.2	1200	35.7
合计	347	100.0	355	100.0	285	100.0	3366	100.0

从任教学校层级与婚恋状况的交互情况来看，任教的学校层级越低，音体美特岗教师单身的比例越高；学校层级越高，音体美特岗教师与非教师职业者恋爱或已婚的比例越高。低层级学校在一定程度上影响了特岗教师的婚恋状况及交往范围。同时，乡镇学校及以下学校的特岗教师中，处于恋爱或已婚状态但目前分居的比例也较高。

（三）特岗音体美教师择业表现出本地化特征，多数在家乡的乡镇学校任教

从特岗教师任教学校看，表现出特岗教师择业以父母家庭所在地为中心的本地化特征。调查显示，将近半数的特岗音体美教师的任教学校与父母家庭所在地在同一个县（县级市），任教学校与父母家庭所在地不在一个省的特岗音体美教师分别占14.0%、10.2%、10.7%。

表3 您父母家与您目前任教学校

单位：%

	体育		音乐		美术		全国	
	人数	百分比	人数	百分比	人数	百分比	人数	百分比
在同一个村屯	10	1.7	2	0.3	9	1.8	78	1.3
在同一个乡镇	52	8.9	53	8.5	45	8.9	580	9.9
在同一个县（县级市）	271	46.2	295	47.1	209	41.6	2380	40.7
在同一个地级市	75	12.8	87	13.9	92	18.3	825	14.1
在同一个省	96	16.4	125	20.0	94	18.7	1102	18.8
不在一个省	82	14.0	64	10.2	54	10.7	885	15.1
合计	586	100.0	626	100.0	503	100.0	5850	100.0

其中，完全城镇化（即在城镇成长且父母是非农户籍）的特岗教师更多选择父母家所在县（县级市）和地级市，去乡镇或本省其他地区及外省的比例，较其他特岗教师更低。

音体美特岗教师任教学校以乡镇学校和村完小为主，超过一半的音体美教师在乡镇学校任教。

表4 您目前任教学校是

单位：%

	体育		音乐		美术		全国	
	人数	百分比	人数	百分比	人数	百分比	人数	百分比
地级市及以上的城区学校	5	0.9	3	0.5	2	0.4	41	0.7
县城或县级市的城区学校	17	2.9	25	4.0	12	2.4	279	4.8
乡镇学校	390	66.6	371	59.3	309	61.4	3751	64.1
村完小	147	25.1	202	32.3	159	31.6	1480	25.3
教学点	27	4.6	25	4.0	21	4.2	299	5.1
合计	586	100.0	626	100.0	503	100.0	5850	100.0

（四）特岗音体美教师学历水平和师范性有待提升，教非所学情况严重

特岗音体美教师的学历水平普遍达标，但仍有待提升。绝大多数音体美教

师属于本科学历（均超过70%），专科学历教师的比例为18%～26%。与全国特岗教师群体相比，体育教师本科率较高，音乐教师本科率较低。

表5　特岗音体美教师的最高学历

单位：%

	体育		音乐		美术		全国	
	人数	百分比	人数	百分比	人数	百分比	人数	百分比
大专	106	18.1	162	25.9	103	20.5	1213	20.7
本科	480	81.9	463	74.0	400	79.5	4622	79.0
研究生	0	0.0	1	0.2	0	0.0	9	0.2
其他	0	0.0	0	0.0	0	0.0	6	0.1
合计	586	100.0	626	100.0	503	100.0	5850	100.0

　　特岗音体美教师师范性有待提升，其中音乐和美术教师的师范性问题更突出。总体来看，大多数的特岗音体美教师毕业于师范类院校。其中特岗体育教师毕业于师范类院校的比例最高，为86.0%，高于全国平均水平（79.3%）；而特岗音乐教师和美术教师中来自师范类院校的比例则低于全国平均水平。从专业类型看，特岗体育教师所学专业中教育学、文学、理学所占比例较高；特岗音乐和美术教师所学专业中艺术学、教育学、文学所占比例较高。

　　师范性在很大程度上决定了教师能不能在符合学生认知和学习规律的基础上顺利开展教学。在调研某县小学的一节音乐课上，一位非师范专业出身的音乐教师教授"床前明月光"这首歌曲。教师领唱时只唱了"床前明"三个字，就等待学生跟唱。由于教师领唱割裂了"明月"一词的完整性，导致学生不知如何跟唱，也妨碍学生理解诗词含义与领略歌曲的美感。访谈中发现，虽然很多音体美特岗教师的专业知识掌握得很好，但是在教育教学专业知识方面有待加强；教师存在"会唱/会画，却不会教"的情况。

　　此外，绝大多数特岗音体美教师都需要兼任其他科目的教师，教非所学情况严重。其中，体育教师兼任最多的科目是数学、语文、政治；音乐教师兼任最多的科目是语文、政治、英语；美术教师兼任最多的科目是语文、数学和政治。从兼课数量来看，音乐教师同时兼任的科目数最多，其次是美术教师和体育教师。总体来看，体育教师兼1科和兼2科的比较多，音乐教师和美术教师兼2科和兼3科的情况比较多。

调研时江西的一位中学校长说："我们学校存在这样的情况，哪里有需要就得去哪里，本来你分来教音乐，但是我们缺数学老师，那你就得去教数学；你分来教语文，但是我们没有物理老师，那你就得去教物理。"

表6 特岗音体美教师兼课情况

单位：%

	体育		音乐		美术	
	人数	百分比	人数	百分比	人数	百分比
兼1科	194	33.1	107	17.1	79	15.7
兼2科	178	30.4	208	33.2	150	29.8
兼3科	115	19.6	192	30.7	155	30.8
兼4科	79	13.5	102	16.3	99	19.7
兼5科	20	3.4	17	2.7	20	4.0
合计	586	100.0	626	100.0	503	100.0

此外，调研还发现，特岗音体美教师所在学校层级越低，教师兼课比例越高。地级市及以上的城区学校兼1科的教师占80.5%，县城或县级市的城区学校为68.1%，乡镇学校为51.3%，村完小为18.7%，而教学点仅为15.7%。而从兼5科的比例看，地级市学校和县城学校为0，乡镇学校为0.8%，村完小为7.9%，教学点为9.4%。

特岗音体美教师的师范性不强以及普遍存在的教非所学情况，严重地影响了教师们的教学胜任力和教学质量。

（五）特岗音体美教师主观幸福感高，职业倦怠尚不明显

特岗音体美教师的感受和精神状态如何呢？问卷结果显示，特岗音体美教师对个人的幸福感评价较高。认为"总的来说，我是一个幸福的人"的音体美教师比例高于全国特岗教师平均水平（80.7%）。

70%左右的音体美教师表示"我对我的生活感到满意"。表示"我已经得到了我在生活中想得到的重要东西"的音体美教师分别占41.6%、39.7%、41%；有20%的音体美教师表示"即使生活可以从头再来，我也没什么想要改变的"，50%左右的音体美教师表示"总的说来，我的生活和我的理想很接

近"，超过半数的音体美教师表示"我的生活状况非常好"。

即便兼课情况严重，教师教学负担重，且教非所学，特岗音体美教师职业倦怠情况也不明显。表示"每天精神饱满地投入工作，非常充实"以及"每次完成工作任务后，自己感到非常开心"的音体美教师比例均为80%左右，认为"工作任务经常很重，但很有信心能够完成""压力很大，但是很有价值感、奉献感"的音体美教师均达60%~70%。可以看出，特岗音体美教师的工作效能感以及从工作中获得的充实感是很强的，但对于完成任务的信心和价值感稍低，工作任务也确实比较繁重。

从负面来看，"对自己所做的工作是否对社会有贡献越来越不关心"的音体美教师比例均不足7%，表示"与刚开始工作时相比，对工作越来越没有激情了"和"工作压力让自己身心疲惫，甚至有快崩溃的感觉"的音体美教师不超过10%。虽然所占比例不高，但教师的职业倦怠及其产生的原因仍然值得重视，如教师的工作压力很可能来源于繁重的兼课以及胜任力的缺乏等。

（六）特岗音体美教师实际工资与期望工资差距大，仅四成人表达留任意愿

从抽样调查结果看，目前全国特岗教师平均月工资为3142元，期望工资为4307元，两者差距为1165元。其中，特岗音体美教师平均月工资低于全国水平。期望工资方面，音乐教师和美术教师期望工资低于全国水平，而体育教师期望工资则高于全国水平。体育教师的期望工资较高，与体育教师中男性居多是相关联的。男性在社会和家庭中更多承担着的"经济支柱"角色，因此期望工资足以匹配自己的角色，能够娶妻生子、养家糊口。

此外，教师们也会横向比较自己的工资水平，半数左右的音体美教师认为自己的工资与同校老教师和自己的大学同学相比低很多，大部分认为自己的工资与同校非特岗青年教师相比低一些。因此总体来看，特岗音体美教师认为自己的工资与同龄非特岗教师差距不大，但与老教师和大学同学相比则要低很多。

表7　特岗教师平均工资和期望工资

单位：%

	体育	音乐	美术	全国
您上个月的工资(包括奖金等所有税后现金工资)是多少元	3056	3077	3042	3142
您目前期望的合理工资大致是多少元	4321	4173	4263	4307
期望工资与实际工资差距	1265	1096	1221	1165

大多数特岗音体美教师对未来并没有长期规划，但多数教师会对未来1～5年的生活有所计划。对于特岗教师而言，短期规划可能意味着完成任期、任期完成后另谋出路等。还有一成左右的教师认为"我不规划我的生活，因为对我来说，很难提前规划什么"，可以看出部分教师的被动与迷茫。表示"我会提前规划自己未来五年到十年的生活"的音体美教师比例在5%～8%，其中更大比例的体育教师有较明确的长期发展规划。

在特岗教师三年聘期后，仅约40%的音体美教师表示打算继续留在本校任教；打算调到当地其他学校的音体美教师分别占19.2%、14.8%、17.7%；各有10%左右的音体美教师打算考公务员或获得事业编制，其中体育教师比例略高（13.1%），还有18%的人表示不确定。

从特岗教师离职情况看，特岗音体美教师表示其身边的特岗教师在任职期离职情况较少。总体来看，特岗音体美教师任期内离职现象不突出。

表8　您身边的特岗教师是否有在任职期内离职的

单位：%

	音体美		全国	
	人数	百分比	人数	百分比
比较多	223	13.2	735	12.8
比较少	826	49	2824	49.1
没有	637	37.8	2191	38.1

但分学校类型看，地级市学校和县城学校音体美特岗教师任期内离职现象较为突出，乡镇学校、村完小和教学点的音体美特岗教师表示其身边特岗教师任期内离职较少。

就特岗教师任期内离职原因看，工资待遇低、考公务员、婚恋问题、不适应当地生活等是主要原因。

表9　如果有，他（她）离职的原因是

单位：%

	体育		音乐		美术	
	人数	百分比	人数	百分比	人数	百分比
继续升学	53	14.1	45	12.4	40	12.9
婚恋问题	128	34.0	138	38.1	110	35.5
考公务员	232	61.5	192	53.0	152	49.0
工资待遇低	271	71.9	259	71.5	217	70.0
考公职教师	124	32.9	96	26.5	76	24.5
不适应当地生活	116	30.8	114	31.5	98	31.6
不适应学校环境	127	33.7	91	25.1	90	29.0
其他	23	6.1	19	5.2	17	5.5

此外，地级市学校中不适应当地环境的比例高于其他学校，县级以下学校因婚恋问题离职者占比较高，县镇学校和村完小考公务员者比例较高，而教学点中不适应学校环境和继续升学者占比高于其他学校。

三　主要结论与分析

（一）主要结论

"特岗计划"自2006年实施以来，为我国农村学校补充了大量教师，以2012～2015年招聘的学科教师为例，语文、数学、英语教师数量最多，其次就是体育、音乐、美术三科教师，分别占7.4%、6.7%、6.3%，艺体类教师所占比例总计为20.4%。然而在赴学校现场的调研中，笔者发现音体美教师仍然存在数量短缺、课程开齐难、教师兼课多等问题。

用本次抽样调查的数据为我国特岗音体美教师群体描像，大概是如此：他们中大多数自幼便与农村有着密切联系，父母受教育程度有限，故而收入也比较有限。他们中大部分是本科毕业，绝大多数来自师范类院校，一半以上自毕业后就留在大学和家乡所在地的乡镇学校，成为特岗教师。云南滇滩镇一位老师表示："考上特岗后有是有点遗憾的，毕业时想在外面闯一闯，但是家里面就觉得一个女孩子在外面闯什么嘛。还是回家来，挨家比较近的话就要好一点。"

在生活上，特岗音体美教师有四成以上还处于单身状态，虽然他们的年纪尚轻，但越是边缘贫困的村小教学点，教师就越有可能单身、更难恋爱结婚。虽然在调研中笔者也发现了很多"特岗情侣"和"特岗夫妻"，但因为特岗教师男女比例的差异，教师之间配对是"可遇不可求"的，而且考虑到教师职业的辛苦和有限收入，教师并不愿意选择教师作为对象。一位河北易县的教师反映他们学校中"有一位教师是高中时找的对象，但到现在她的对象还没有稳定的工作；还有一位老师找的是社区里的公务员，都不是教师"。调研发现很多教师是外县的，家乡距离自己所在学校较远，一年只能在寒暑假期间回家两次，孩子都是自己的父母在家中帮忙照顾。在已经结婚或恋爱的特岗音体美教师中，也有约半数不能与自己的配偶、恋人生活在一起，只能两地分居。

在工作上，绝大多数特岗音体美教师都需要兼任其他科目的教学工作，在较发达的地区，教师兼1~2科比较常见，而在边远的教学点，由于师资不充分、科目难开齐，部分特岗音体美教师甚至需要身兼5科教学。兼科也使得原本就存在的"教非所学"问题更加突出。特岗音体美教师的月工资低于全国特岗教师的平均水平，且这样的工资离该群体的预期还有较大差距。

即便生活和工作上存在困难，特岗音体美教师的主观幸福感还是较强，职业倦怠并不明显。但地市和县级学校的教师离职情况比乡镇村级学校严重，工资待遇低、考公务员、婚恋问题、不适应当地生活等是主要原因。特岗音体美教师对未来缺乏明确规划，仅有约四成教师明确表示在三年任期满后愿意留在本校教书。音体美教师多为年轻教师，有朝气，很活跃，孩子们也愿意和他们接触。调研时不少学校的学生表示与音体美教师的关系很好。

此外，虽然音体美在传统上同属"副科"，但各科教师之间的差异也比较明显，各有特点。比如，体育教师中男性比例较高，多数毕业于师范院校，原生家庭的社会经济地位和父母受教育程度较低，但男性因"养家糊口"的社会角色，期望收入较高，实际收入与期望收入差距较大。音乐和美术教师则与体育教师相反，该群体以女性为主，婚恋比例较体育教师更低，原生家庭社会

经济地位和父母受教育程度都高于体育教师，实际收入与期望收入的差距略小于体育教师。音体美教师之间的差异值得关注。

（二）原因分析

1. 地方对招聘音体美教师积极性不足，存在认识误区

在对县教育局师训股、人事股以及各乡镇中心学校的校长的访谈中，笔者发现地方对招聘音体美教师的积极性不足。主要是出于绩效考核考虑，他们会优先招聘语数外等主科教师，以保证开足开齐主科以及主科教学质量。按照优先级别排序，相比于主科，音体美科目在升学时不考试，学校自然不重视音体美教师的发展和培养。调研时发现有学校规模很大，但只配备了一位体育老师和一位美术老师，而且美术老师还得教数学。校长表示"必须教数学，基础学科更重要"。

除了开齐主科课程外，优先招聘主科教师还可以更好地"一人多用"，因为主科教师在保障主科教学外，也可以轻松兼任音体美课程；而音体美教师的教学胜任力存在短板，难以兼任主科教学。正如光山县某中心校校长所言："我们这边整体缺老师，如果是语数外和音体美相比，更希望招聘语数外。语数外可以开足开齐课程，音体美（老师）一方面不能很好地胜任主科教学工作，另一方面容易流失。"很多校长认为，因为艺体类院校分科细化，重点培养艺体方面的专业人才，导致音体美专业强，艺术综合和文化素养欠缺，教学基本功薄弱，例如板书差、对青少年认知发展规律缺乏掌握等。

其实，"主科教师能很好兼任音体美"是部分地方和学校管理者的一个认识误区。真正有质量的音体美教学，需要通过严格培养的专任教师来实现。目前，大多数兼任音体美教师只是保证了课程的开全，部分教师只是按照书本授课，甚至不能做出很好的亲身示范。调研中观察到某县体育课上兼课的教师穿着高跟鞋给学生授课，在没有热身的情况下让学生进行跑步等剧烈活动，违反了体育锻炼的基本常识，不利于学生的体育学习和身体健康。归根结底，因为音体美科目不是学校绩效考核的重点，所以地方和学校管理者就放松了对这些科目教学的要求，导致出现这样的认识误区。

2. 艺体类生源报考特岗积极性不足，招聘环节处于劣势

除了招聘方积极性不足外，艺体类生源报考特岗也存在积极性不足的问题。主要原因有三。

首先，艺术类专业培养成本高，而特岗教师的职业回报率低。调查发现音乐、体育和美术教师内部存在较大差异，音乐教师和美术教师家庭背景比体育教师好，其父母学历水平和收入比体育教师父母高。而且，音乐和美术专业的培养成本一般高于体育专业，特岗音乐和美术教师的现有收入与当初投入的培养成本相去甚远，导致很多音乐和美术教师职业倦怠情况明显，对目前状况的自我接纳程度也较体育教师低。艺术类专业毕业生面临其他更有诱惑力的就业选择，比如在城市中进行艺术创作、艺术经纪和培训相关工作等，其收入能够更匹配培养成本，或者工作性质比乡村教师职业更加自由、城市化、符合年轻人的理想。

其次，特岗音体美教师的职业生涯缺乏激励。职称评定对于中小学音体美教师来说，是非常艰难的事情。一方面，音体美教师评职称的指标本身就少；另一方面，学校规定的各种评选制度综合打分对音体美教师不利。评职称本来就需要论资排辈，教学业绩又需要让步语文、数学、英语等主科科目，使得年轻的特岗音体美教师在职称评定上处于绝对的弱势地位。加上月平均工资低于全国特岗教师平均工资水平，音体美学科在领导、同事和学生中得不到应有的重视，培训机会有限等，特岗音体美教师职业生涯缺乏激励措施，很难提高音体美教师的报考积极性和工作积极性。

最后，音乐和美术总是与高雅、脱俗挂钩，长期以来接受的专业教育和传统观念的影响，形塑了音乐和美术专业学生对自身发展的较高定位，他（她）们在条件差的农村学校教书总是觉得不适应学校的工作环境，对口科目的教学也显得难有进展，与当地生活的环境格格不入。

除此之外，特岗教师招聘环节及招录门槛，也对音体美教师的招聘不利。音体美专业大学生的文化课基础相对薄弱，在特岗教师招聘笔试中不占优势，极易被筛选淘汰，以致每年音体美学科都无法完成招聘计划。在河南调研时笔者了解到，"教师招聘实行的是统一笔试，河南省教育厅规定的及格分数线是90分。与其他专业相比，音体美专业的学生在文化课方面不占优势，导致考试成绩不能达到省教育厅规定的分数线，最终不能录取"。

3．性别差异影响特岗音体美教师的职业生涯发展

2016年特岗教师抽样调查数据统计显示，特岗音乐和美术教师以女性为

多。特岗音体美教师虽然同属副科教师，但在职业生涯发展中仍然呈现较大的差异，而造成这种差异的主要原因之一就是性别。

调查中发现，体育教师担任的职务更高一些，常常担任教务主任、教研组长、备课组长等，而音乐和美术教师多为普通科任教师。这是因为，相比需要生育、抚养子女和照顾家庭的女性教师，男性教师有条件投入更多精力和时间在工作中，且传统学校管理结构上也偏重对男性的提拔，因此以男性居多的体育教师更容易担任各类职务。

但由于男性教师自我发展的压力普遍更大，对工资的期待更高，肩负"跳出农门"的重任，因此在目前乡村教师工资水平偏低的情况下，音体美教师中，体育教师在任期内离职求发展的比例也最大。相对而言，女性占多数的音乐和美术教师，更容易因婚恋和安家、二胎生育和养育等而流动或流失。

四　政策建议

（一）提高地方招聘音体美教师的积极性

在当前地方经济下行的情况下，我国地方政府依然难以摆脱债务存量规模大、增长快的困境，无法独立承担农村教师补充的财政供给。因此，有必要对地方政府提供一定的财政支持。除此之外，现行的音体美特岗教师工资标准不高，在招聘过程中对艺体类等培养成本较高专业的教育人才的吸引力以及政策激励作用明显有限。音体美特岗教师招聘难、使用难，既是特岗教师结构上的问题，也是政策杠杆力度不足的表现。因此，在加大地方现有财政支持力度的前提下，可以通过提高音体美教师岗位待遇、完善各类社会保障措施等途径解决音体美特岗教师的招聘难题，增强对男性教师的吸引力，提高地方招聘音体美教师的积极性。

（二）改善并规范招聘环节，加大政策解读力度

首先，考虑到音体美教师短缺严重的情况，各地方教育部门在岗位分配时应向音体美教师岗位倾斜；其次，应根据音体美的学科特点，结合国家政策灵活制定报考条件，如对笔试录取分数线进行适当调整，或者可以录取笔试未上

线者任音体美教师，但入职培训期间要进行相应的补训；最后，应加强对相关政策的宣传和解读，鼓励艺体类师范生报考特岗教师。从现有的中小学教师招聘情况来看，宣传的途径主要是当地的报纸、互联网等媒介，从应聘者获得应聘信息的角度看，还有一定的不足，一些应聘者是通过偶然的机会获得应聘信息的，比如通过同学和家长的介绍、浏览网站偶然获得，往往影响了招聘工作的质量，导致一些想从事教学工作的音体美专业学生没有很多机会接触这些招聘信息，一些外省应聘人员获得教师招聘的信息就更少了。因此，地方教育部门应该提供一个经常性的、固定的招聘信息平台，使潜在应聘者能够及时获悉信息。

（三）改善艺体类师范生培养环节

首先，采取多样化的途径培养艺体类师范生，扩展培养渠道。摒弃以书本为中心的培养模式，让师范生走出学校，走进课堂，在教师的正确指导下获得切身的教育体验。师范院校在培养艺体师范学生时，除了将日常的教学活动做好以外，还必须积极拓宽艺术教育渠道，采取多样化的途径培养艺体专业的师范生。

其次，利用多学科优势培养艺体类师范生。对于综合性质的高等院校来说，应当充分利用自身的多学科优势，为艺体类师范生开设通识课程，教授教育基本知识和理念，进行艺术教育和体育教育的全面训练，实现学生的全面发展。

（四）探索小学全科教师的培养

经历了 2010 ~ 2012 年撤点并校之后的重新布局调整后，乡村小学和教学点有了大规模的恢复，"麻雀式"的村小、教学点客观存在，这也一定程度上加深了乡村教师结构性短缺的程度。有些学校按照学生数来核定教师编制时，教师是超编了的，然而考虑到开齐不同学段各门课程，教师又是严重短缺的。尤其是音体美等科目，缺乏专任教师，且教师普遍存在兼课现象。全国 31 个省份中，有 21 个都已经实施或明确提出即将试点乡村小学教师定向免费培养政策，绝大多数地方由省级统一规划，个别地区由下级政府计划并委托培养。其中江西、广西、浙江、重庆等地较早就开始实施，其余大多数省份在 2015、

2016 年开始试点，各地培养规模也有巨大差异，少则试点培养 50 人，多则培养 3000 人甚至更多。例如，湖南省为定向培养农村小学全科教师，招收的是初中毕业五年一贯制学生。在对小学全科教师进行定向培养的同时，还应该推广全科教师培养成功地区的经验和应用模式，逐步扩大小学全科教师的招聘范围。

基于乡村小学音体美教师短缺的现状，应进一步探索小学全科教师的培养。比如，不局限于针对初中毕业生培养小学全科教师，还可以将范围扩大到高中和高职高专院校；鉴于义务教育阶段音体美教师较为缺乏，在全科教师培养项目招生时应优先考虑有音体美特长的考生。此外，全科教师的培养也不应局限于职前阶段，可对在职教师中有胜任力者进行全科教学的培训，增强教师的全科教学能力。

（五）设置针对性激励机制，改变音体美副科地位

首先，应当从管理思想和绩效考核上进行变革，改变音体美不受重视的副科地位；其次，应重视音体美教学对提升学生综合素质的影响；最后，应为音体美教师的职业生涯设立有针对性的激励机制。

比如，可以根据音体美教研组的教师数量单独制定评优名额，让音体美教师内部考核评优，激励他们在岗位上做出更好的成绩；或者可参照"特岗教师"设置办法，为农村学校和薄弱学校单独设置中、高级音体美科目特设岗位，专项用来引导城镇优秀教师向农村学校流动，以实现跨校竞聘，缓解一些农村学校音体美教师短缺的情况；再如，保障音体美教师的职称上升渠道和工资增长机制等；此外，还要向音体美教师提供相应的培训机会和学历进修机会，鼓励教师的专业发展。

附　　录

Appendices

B.21

2015年全国教育事业发展统计公报[*]

　　2015 年是"十二五"规划收官之年，是《国家中长期教育改革和发展规划纲要（2010~2020 年）》实施的承前启后之年。全国教育系统全面贯彻党的十八大和十八届三中、四中、五中全会精神，深入学习贯彻习近平总书记系列重要讲话精神，牢固树立新的发展理念，主动适应经济发展新常态，全面深化综合改革，全面推进依法治教，着力促进教育公平、着力提高教育质量、着力调整教育结构，加快推进教育现代化，教育改革发展迈上了新台阶。

一　学前教育

　　全国共有幼儿园 22.37 万所，比上年增加 1.38 万所，入园儿童 2008.85万人，比上年增加 21.07 万人。在园儿童（包括附设班）4264.83 万人，比上年增加 214.11 万人。幼儿园园长和教师共 230.31 万人，比上年增加 22.28 万人。学前教育毛入园率达到 75.0%，比上年提高 4.5 个百分点。

---

　　* 资料来源：教育部网站。

二 义务教育

全国共有义务教育阶段学校 24.29 万所，比上年减少 1.11 万所；招生 3140.07 万人；在校生 1.40 亿人；专任教师 916.08 万人；九年义务教育巩固率 93.0%。

1. 小学

全国共有小学 19.05 万所，比上年减少 1.09 万所；招生 1729.04 万人，比上年增加 70.62 万人；在校生 9692.18 万人，比上年增加 241.12 万人；毕业生 1437.25 万人，比上年减少 39.38 万人。小学学龄儿童净入学率达到 99.88%。

小学教职工（不含九年一贯制学校、十二年一贯制学校小学段）548.94 万人，比上年增加 0.05 万人；专任教师 568.51 万人，比上年增加 5.12 万人。专任教师学历合格率 99.9%，比上年提高 0.03 个百分点。生师比 17.05∶1。

普通小学（含教学点）校舍建筑面积 67352.04 万平方米，比上年增加 2654.85 万平方米。设施设备配备达标的学校比例情况分别为：体育运动场（馆）面积达标学校比例 64.5%，体育器械配备达标学校比例 68.9%，音乐器材配备达标学校比例 67.9%，美术器材配备达标学校比例 67.6%，数学自然实验仪器达标学校比例 69.0%。

2. 初中

全国共有初中学校 5.24 万所（含职业初中 22 所），比上年减少 218 所。招生 1411.02 万人，比上年减少 36.80 万人；在校生 4311.95 万人，比上年减少 72.68 万人；毕业生 1417.59 万人，比上年增加 4.08 万人。初中阶段毛入学率 104.0%，初中毕业生升学率 94.1%。

初中教职工（含九年一贯制学校，不含完全中学、十二年一贯制学校初中段）397.63 万人，比上年增加 2.06 万人；专任教师 347.56 万人，比上年减少 1.28 万人。初中专任教师学历合格率 99.7%，比上年提高 0.13 个百分点。生师比 12.41∶1。

初中校舍建筑面积 55042.07 万平方米，比上年增加 2478.52 万平方米。设施设备配备达标的学校比例情况分别为：体育运动场（馆）面积达标学校比例78.7%，体育器械配备达标学校比例83.6%，音乐器材配备达标学校比例82.3%，美术器材配备达标学校比例82.0%，理科实验仪器达标学校比例85.9%。

3. 进城务工人员随迁子女和农村留守儿童

全国义务教育阶段在校生中进城务工人员随迁子女共1367.10万人。其中，在小学就读1013.56万人，在初中就读353.54万人。

全国义务教育阶段在校生中农村留守儿童共2019.24万人。其中，在小学就读1383.66万人，在初中就读635.57万人。

三　特殊教育

全国共有特殊教育学校2053所，比上年增加53所；特殊教育学校共有专任教师5.03万人，比上年增加0.22万人。

全国共招收特殊教育学生8.33万人，比上年增加1.26万人；在校生44.22万人，比上年增加4.74万人。其中，视力残疾学生3.67万人，听力残疾学生8.94万人，智力残疾学生23.21万人，其他残疾学生8.40万人。特殊教育毕业生5.29万人，比上年增加0.39万人。

普通小学、初中随班就读和附设特教班招收的学生4.48万人，在校生23.96万人，分别占特殊教育招生总数和在校生总数的53.7%和54.2%。

四　高中阶段教育

全国高中阶段教育共有学校2.49万所，比上年减少732所；招生1397.86万人，比上年减少18.50万人；在校学生4037.69万人，比上年减少132.96万人。高中阶段毛入学率87.0%，比上年提高0.5个百分点。

1. 普通高中

全国普通高中1.32万所，比上年减少13所；招生796.61万人，比上年增加106人；在校生2374.40万人，比上年减少26.07万人；毕业生797.65万人，比上年减少1.97万人。

普通高中教职工（含完全中学、十二年一贯制学校）254.32万人，比上

年增加 3.38 万人；专任教师 169.54 万人，比上年增加 3.27 万人，生师比 14.01∶1，比上年的 14.44∶1 有所改善；专任教师学历合格率 97.7%，比上年提高 0.46 个百分点。

普通高中共有校舍建筑面积 47135.96 万平方米，比上年增长 1789.94 万平方米。普通高中设施设备配备达标的学校比例情况分别为：体育运动场（馆）面积达标学校比例 87.1%，体育器械配备达标学校比例 88.8%，音乐器材配备达标学校比例 87.5%，美术器材配备达标学校比例 87.6%，理科实验仪器达标学校比例 89.8%。

2. 成人高中

全国成人高中 503 所，比上年减少 43 所；在校生 6.59 万人，毕业生 6.20 万人。成人高中教职工 4325 人，专任教师 3404 人。

3. 中等职业教育

全国中等职业教育共有学校 1.12 万所，比上年减少 676 所。其中，普通中等专业学校 3456 所，比上年减少 80 所；职业高中 3907 所，比上年减少 160 所；技工学校 2545 所，比上年减少 273 所；成人中等专业学校 1294 所，比上年减少 163 所。

中等职业教育招生 601.25 万人，比上年减少 18.51 万人，占高中阶段教育招生总数的 43.0%。其中，普通中专招生 259.95 万人，比上年增加 2861 人；职业高中招生 155.20 万人，比上年减少 6.34 万人；技工学校招生 121.43 万人，比上年减少 2.97 万人；成人中专招生 64.68 万人，比上年减少 9.48 万人。

中等职业教育在校生 1656.70 万人，比上年减少 98.58 万人，占高中阶段教育在校生总数的 41.0%。其中，普通中专在校生 732.71 万人，比上年减少 16.43 万人；职业高中在校生 439.86 万人，比上年减少 32.96 万人；技工学校在校生 321.46 万人，比上年减少 17.51 万人；成人中专在校生 162.67 万人，比上年减少 31.69 万人。

中等职业教育毕业生 567.88 万人，比上年减少 55.06 万人。其中，普通中专毕业生 236.75 万人，比上年减少 10.99 万人；职业高中毕业生 156.01 万人，比上年减少 22.36 万人；技工学校毕业生 94.62 万人，比上年减少 12.18 万人；成人中专毕业生 80.51 万人，比上年减少 9.54 万人。

中等职业教育学校共有教职工 110.18 万人，比上年减少 3.03 万人。其中，普通中等专业学校教职工 40.88 万人，比上年减少 9345 人；职业高中教职工 35.28 万人，比上年减少 8109 人；技工学校教职工 26.03 万人，比上年减少 4884 人；成人中等专业学校教职工 6.60 万人，比上年减少 7377 人。

中等职业教育学校共有专任教师 84.41 万人，比上年减少 1.43 万人，生师比 20.47：1，比上年的 21.34：1 有所改善。其中，普通中等专业学校专任教师 30.43 万人，比上年减少 2611 人；职业高中专任教师 29.00 万人，比上年减少 3289 人；技工学校专任教师 19.16 万人，比上年减少 2992 人；成人中等专业学校专任教师 4.82 万人，比上年减少 4924 人。

五　高等教育

全国各类高等教育在学总规模达到 3647 万人，高等教育毛入学率达到 40.0％。全国共有普通高等学校和成人高等学校 2852 所，比上年增加 28 所。其中，普通高等学校 2560 所（含独立学院 275 所），比上年增加 31 所；成人高等学校 292 所，比上年减少 3 所。普通高校中本科院校 1219 所，比上年增加 17 所；高职（专科）院校 1341 所，比上年增加 14 所。全国共有研究生培养机构 792 个，其中，普通高校 575 个，科研机构 217 个。

研究生招生 64.51 万人，比上年增加 2.37 万人，其中，博士生招生 7.44 万人，硕士生招生 57.06 万人。在学研究生 191.14 万人，比上年增加 6.37 万人，其中，在学博士生 32.67 万人，在学硕士生 158.47 万人。毕业研究生 55.15 万人，比上年增加 1.57 万人，其中，毕业博士生 5.38 万人，毕业硕士生 49.77 万人。

普通高等教育本专科共招生 737.85 万人，比上年增加 16.45 万人；在校生 2625.30 万人，比上年增加 77.60 万人；毕业生 680.89 万人，比上年增加 21.52 万人。

成人高等教育本专科共招生 236.75 万人，比上年减少 28.86 万人；在校生 635.94 万人，比上年减少 17.19 万人；毕业生 236.26 万人，比上年增加 15.03 万人。

普通高等学校校均规模 10197 人，其中，本科学校 14444 人，高职（专

科）学校 6336 人。

普通高等学校教职工 236.93 万人，比上年增加 3.36 万人；专任教师 157.26 万人，比上年增加 3.81 万人。普通高校生师比为 17.73∶1，其中，本科学校 17.69∶1，高职（专科）学校 17.77∶1。成人高等学校教职工 5.13 万人，比上年减少 1629 人；专任教师 3.02 万人，比上年减少 1292 人。

普通高等学校校舍总建筑面积 89141.38 万平方米，比上年增加 2830.67 万平方米；教学科研仪器设备总值 4058.60 亿元，比上年增加 400.11 亿元。

六 成人培训与扫盲教育

全国接受各种非学历高等教育的学生 725.84 万人次，当年已毕（结）业 907.54 万人次；接受各种非学历中等教育的学生达 4561.53 万人次，当年已毕（结）业 4909.07 万人次。

全国职业技术培训机构 9.9 万所，比上年减少 0.61 万所；教职工 47.30 万人；专任教师 28.42 万人。

全国有成人小学 1.48 万所，在校生 94.82 万人，教职工 2.99 万人，其中，专任教师 1.57 万人；成人初中 1071 所，在校生 33.70 万人，教职工 4414 人，其中，专任教师 3692 人。

全国共扫除文盲 44.75 万人，比上年增加 0.60 万人；另有 47.48 万人正在参加扫盲学习，比上年增加 1.93 万人。扫盲教育教职工 2.22 万人，比上年减少 3956 人；专任教师 1.07 万人，比上年减少 136 人。

七 民办教育

全国共有各级各类民办学校 16.27 万所，比上年增加 7435 所；招生 1636.68 万人，比上年增加 72.83 万人；各类教育在校生达 4570.42 万人，比上年增加 268.52 万人。其中：

民办幼儿园 14.64 万所，比上年增加 7094 所；入园儿童 998.19 万人，比上年增加 44.53 万人；在园儿童 2302.44 万人，比上年增加 177.06 万人。

民办普通小学 5859 所，比上年增加 178 所；招生 124.36 万人，比上年增加 9.55 万人；在校生 713.82 万人，比上年增加 39.68 万人。

民办普通初中 4876 所，比上年增加 132 所；招生 170.73 万人，比上年增加 2.99 万人；在校生 502.93 万人，比上年增加 15.92 万人。

民办普通高中 2585 所，比上年增加 143 所；招生 94.51 万人，比上年增加 11.78 万人；在校生 256.96 万人，与上年增加 18.31 万人。

民办中等职业学校 2225 所，比上年减少 118 所；招生 70.93 万人，比上年减少 1.02 万人；在校生 183.37 万人，比上年减少 6.21 万人。另有非学历教育学生 25.83 万人。

民办高校 734 所（含独立学院 275 所），比上年增加 6 所；招生 177.97 万人，比上年增加 5.01 万人；在校生 610.90 万人，比上年增加 23.75 万人。其中，硕士研究生在校生 509 人，本科在校生 383.33 万人，高职（专科）在校生 227.52 万人；另有自考助学班学生、预科生、进修及培训学生 31.53 万人。民办的其他高等教育机构 813 所，各类注册学生 77.74 万人。

另外，还有其他民办培训机构 2.01 万所，898.66 万人次接受了培训。

B.22
2015年全国教育经费执行
情况统计公告[*]

教财〔2016〕9号

一 全国教育经费情况

2015 年，全国教育经费总投入为 36129. 19 亿元，比上年的 32806. 46 亿元增长 10. 13%。其中，国家财政性教育经费（主要包括公共财政预算安排的教育经费，政府性基金预算安排的教育经费，企业办学中的企业拨款，校办产业和社会服务收入用于教育的经费等）为 29221. 45 亿元，比上年的 26420. 58 亿元增长 10. 60%。

二 落实《教育法》规定的"三个增长"情况

1. 全国公共财政教育支出（包括教育事业费，基建经费和教育费附加）为 25861. 87 亿元，比上年增长 14. 55%，同口径[*]增长 9. 41%。其中，中央财政教育支出 4245. 58 亿元，比上年增长 3. 51%。

2. 各级教育生均公共财政预算教育事业费支出增长情况。2015 年全国普通小学、普通初中、普通高中、中等职业学校、普通高等学校生均公共财政预算教育事业费支出情况是：

（1）全国普通小学为 8838. 44 元，比上年的 7681. 02 元增长 15. 07%。其中，农村为 8576. 75 元，比上年的 7403. 91 元增长 15. 84%。普通小学增长最快的是西藏自治区（43. 81%）。

＊ 资料来源:教育部网站。

（2）全国普通初中为 12105.08 元，比上年的 10359.33 元增长 16.85%。其中：农村为 11348.79 元，比上年的 9711.82 元增长 16.86%。普通初中增长最快的是西藏自治区（43.37%）。

（3）全国普通高中为 10820.96 元，比上年的 9024.96 元增长 19.90%。增长最快的是湖北省（47.23%）。

（4）全国中等职业学校为 10961.07 元，比上年的 9128.83 元增长 20.07%。增长最快的是湖北省（54.00%）。

（5）全国普通高等学校为 18143.57 元，比上年的 16102.72 元增长 12.67%。增长最快的是宁夏回族自治区（54.79%）。

3. 各级教育生均公共财政预算公用经费支出增长情况。2015 年全国普通小学、普通初中、普通高中、中等职业学校、普通高等学校生均公共财政预算公用经费支出情况是：

（1）全国普通小学为 2434.26 元，比上年的 2241.83 元增长 8.58%。其中：农村为 2245.30 元，比上年的 2102.09 元增长 6.81%。普通小学增长最快的是湖北省（71.97%）。

（2）全国普通初中为 3361.11 元，比上年的 3120.81 元增长 7.70%。其中：农村为 3093.82 元，比上年的 2915.31 元增长 6.12%。普通初中增长最快的是湖北省（68.88%）。

（3）全国普通高中为 2923.09 元，比上年的 2699.59 元增长 8.28%。增长最快的是湖北省（104.54%）。

（4）全国中等职业学校为 4346.94 元，比上年的 3680.83 元增长 18.10%。增长最快的是湖北省（120.03%）。

（5）全国普通高等学校为 8280.08 元，比上年的 7637.97 元增长 8.41%。增长最快的是青海省（138.85%）。

三　公共财政教育支出占公共财政支出比例情况

2015 年，全国公共财政教育支出占公共财政支出 175877.77 亿元的比例为 14.70%，比上年降低了 0.17 个百分点，同口径降低了 0.57 个百分点。

四 国家财政性教育经费占国内生产总值比例情况

据统计，2015 年全国国内生产总值为 685505.8 亿元，国家财政性教育经费占国内生产总值比例为 4.26%，比上年的 4.10% 增加了 0.16 个百分点。

教育部 国家统计局 财政部

2016 年 10 月 30 日

注：1. 公告中所涉及的全国性统计数据，均不包括台湾省、香港特别行政区、澳门特别行政区。

2. 公告中的 2015 年全国国内生产总值 685505.8 亿元和公共财政支出 175877.77 亿元等数据来源于《中国统计年鉴－2016》。

B.23
2016年教育大事记[*]

1月

1月2日

据新华网，2015年中央纪委监察部网站公布的涉及高校反腐的数据显示：2015年平均每周一名高校领导被通报，全年共通报了34所高校的53名领导。

1月4日

据教育部网站，国务院教育督导委员会第三次会议4日在京召开。首次颁布实施《教育督导条例》，首次成立国务院教育督导委员会，督政、督学、评估监测三位一体的督导体系不断健全。

1月4日

据《中国教育报》，深圳大学"布衣教授"掌人事大权：深大的人才招聘、教师职称晋升、人事制度修订等事项，人事工作教授委员会可一票否决。

1月4日

据《大河报》，2016年，郑州市教育局将遴选首批20所中小学校作为市级试点校进行创客教育试点，培养各类创新型人才；并从2016年开始在省级示范高中试点招收"创客"类人才。

1月5日

据《中国教育报》，青岛市《关于深化中小学课程改革的意见》日前正式发布，提出要开展好中职学校与普通高中学分互认、学籍互转试点工作。

1月5日

据长沙新闻网，长沙市教育局、市教育督导委员会办公室联合下发了《关于在城区开展"严禁义务教育阶段办重点班"专项督导的通知》，对明德

---

* 21世纪教育研究院整理，陈昂昂、王艳珍、罗惠文编辑。

华兴、湘府中学等9所中学变相办重点班现象进行了通报批评。

1月11日

据教育部网站，教育部印发《依法治教实施纲要（2016～2020年）》，提出到2020年，形成政府依法行政、学校依法办学、教师依法执教、社会依法评价、支持和监督教育发展的教育法治实施机制和监督体系。

1月11日

据《中国教育报》，北大试点本科考试"试卷返还"，让教师在出题、阅卷过程中直面学生的质疑，让师生在面对面交流中将考试搞得"清楚明白"。

1月13日

据新华社（武汉）消息，学生购买一套百元左右的校服，竟被教育主管部门、学校、班主任联合吃掉十多元的"回扣"。湖北恩施土家族苗族自治州曝光校服腐败案件引发社会各界关注。

1月13日

据中国青年网，山东出台《乡村教师支持计划》实施办法，落实学校用人自主权。从2016年起，教师既可统一招聘、统一分配，也可按学校组织招聘，同时鼓励探索采取先面试后笔试的方式招聘教师。

1月18日

据东方网，上海出台关于加强高中生志愿服务管理工作的实施意见，对接高考综合改革，提出将高中生志愿服务纳入课程计划，学校是责任主体，校长是第一责任人。高中生在三年内参加志愿服务（公益劳动）不少于60学时。

1月19日

据新华网，上海市教委与中国人寿共同设立学校体育运动专项保障基金，学生发生意外事故后，不谈责任认定，先行给予保障，最高金额50万元。

1月22日

据教育部网站，教育部出台《关于做好直属高校定点扶贫工作的意见》，75所教育部直属高校已经全部组织动员起来参与定点扶贫工作。

1月22日

据《中国教育报》，截至2015年，北京市海淀区17个学区已经划分完毕，实现了对口直升机制或九年一贯制。

1 月 28 日

据《中国教育报》，教育部日前印发《送教下乡培训指南》等乡村教师培训指南，力求推动变革乡村教师培训模式。指南要求，区县教育行政部门要将送教下乡培训纳入乡村教师全员培训规划，制定送教下乡培训周期计划与年度计划。

1 月 30 日

据中国新闻网，为落实第六次中日韩领导人会议成果，第一次中日韩教育部长会议 30 日在韩国首尔举行。三国教育部长会后共同签署了《中日韩三国教育合作首尔宣言》。

2月

2 月 5 日

据《河南日报》，河南省人社厅、财政厅联合下发《河南省政府购买基层公共管理和社会服务岗位吸纳高校毕业生就业实施办法》，河南省每年将由政府出资购买 1000 个左右岗位，购买 1 万个左右基层公共管理和社会服务岗位，吸纳本省高校毕业生就业。

2 月 14 日

据新华社，国务院印发《关于加强农村留守儿童关爱保护工作的意见》，强调建立完善农村留守儿童关爱服务体系；建立健全包括强制报告、应急处置、评估帮扶、监护干预等环节在内的救助保护机制；按照标本兼治的思路，提出从源头上逐步减少儿童留守现象的长远目标。

2 月 19 日

据教育部网站，教育部办公厅发布《关于做好 2016 年城市义务教育招生入学工作的通知》，明确表示在目前教育资源配置不均衡、择校冲动强烈的地方，要根据实际情况，积极稳妥进行多校划片，将热点小学、初中分散至每个片区，确保各片区之间大致均衡。

2 月 24 日

据新华报业网，江苏"新高考"方案正式发布，即采取"3＋3"模式，语、数、外 3 门必考，另 3 门在物理、化学、生物、历史、政治、地理六门学

科中任选三门。另外，学业水平测试和英语的听力、口语将推行一年两考。

2 月 26 日

据《法制日报》，国内 115 所高校的信息透明调查报告《中国高等教育透明度指数报告（2015）》发布。测评发现，2015 年高等学校信息透明度显著提升，但存在部分信息公开不全面等问题，如受捐赠财产信息透明度降低、高校年报形式主义突出，一些老牌名校排名不尽如人意，如北大、清华、中国人民大学和复旦大学等成绩排名一律在第 50 名以外。

2 月 29 日

据中国新闻网，国新办举行发布会：2016 年就业形势比较复杂、任务比较艰巨，今年高校毕业生是 765 万人，比上年增加 16 万人，且中职毕业生和初高中毕业以后不再继续升学的学生大约也是这个数量。

3月

3 月 1 日

据《中国青年报》，教育部颁布了新修订的《幼儿园工作规程》，首次加入"幼儿园安全"内容，强调不得提前教授小学教育内容，幼儿园规模一般不超 360 人。

3 月 4 日

据教育部网站，教育部、公安部近日联合下发了《关于做好综合治理"高考移民"工作的通知》，要求各地进一步完善进城务工人员随迁子女接受义务教育后在当地参加升学考试政策，采取有效措施标本兼治，综合治理"高考移民"投机行为，营造公平有序的高校考试招生环境。

3 月 9 日

据《北京晨报》，教育部发布《关于做好 2016 年普通高校招生工作的通知》，不当抢生源将追责校领导，全部录取结束时间相比上年延迟 11 天，地方性加分项目将减少到 35 个。

3 月 16 日

据教育部网站，《国务院学位委员会关于下达 2014 年学位授权点专项评估结果及处理意见的通知》。其中 2097 个学位授权点的评估结果为"合格"，

95 个学位授权点评估结果为"限期整改"，50 个学位授权点评估结果为"不合格"。

3 月 27 日

据中国之声《新闻纵横》，微信朋友圈晒出一张在线辅导老师王羽的课程清单，2617 名学生购买了一节单价 9 元的高中物理在线直播课，扣除分成后，王老师一小时的实际收入 18842 元。"在线辅导"顿时成为一个争议话题。

3 月 28 日

据中国新闻网，2016 年，国家将全面推开中小学教师定期注册制度。这意味着国家层面的不合格教师退出机制将进入实质性实施阶段，中小学教师"铁饭碗"将被打破。

4月

4 月 5 日

据人民网，教育部办公厅、财政部办公厅日前印发通知，计划当年全国招聘特岗教师约 7 万名，其中河南省 8550 人，云南和贵州均超过 7000 人。新招聘的特岗教师，将优先满足连片特困地区和国家扶贫开发工作重点县村小、教学点的教师补充需求。

4 月 5 日

据新华网，城镇普通中小学大班额的问题在山东省越来越突出，最大班额甚至达到 114 人。为此，山东省财政近日下达补助资金 7 亿元，支持各地科学制定本区域中小学校布局和建设规划，通过加快城镇学校建设、设立临时周转编制专户、支持多形式办学等方式，用两年时间解决城镇中小学大班额问题。

4 月 11 日

据人民网，国家发改委网站发布《关于印发中国足球中长期发展规划（2016 ~ 2050 年）的通知》。在近期目标中，要求建立健全校园足球竞赛体系，实施全国校园足球四级联赛制度。到 2020 年，全国特色足球学校达到 2 万所，中小学生经常参加足球运动人数超过 3000 万人。

4 月 13 日

据法律教育网，教育部与中国银监会联合印发《关于加强校园不良网络

借贷风险防范和教育引导工作的通知》，提出加大不良网络借贷监管力度，对未经批准在校园内宣传推广信贷业务的不良网络借贷平台和个人要依法处置。加强学生消费观教育，培养通过诚实合法劳动创造财富、节俭自立意识。加大金融、网络安全知识普及力度，加大学生资助信贷体系建设力度。

4月13日

据《新京报》，对于部分学校以早培班名义组织考试、选拔超常儿童的情况，北京市教委已责令相关学校停止招生。

4月24日

据新华网，有多名网友反映，2016年多省公务员"省考"笔试出现泄题现象，其中包括重庆、湖南、江西等地。多地人社厅介入核实。据了解，江西公安机关已初步查明某教育考试培训机构通过互联网组织考试作弊牟利，并对相关人员采取强制措施。

5月

5月5日

据新华社，教育部、人社部近日联合印发的《关于做好2016年高中阶段学校招生工作的通知》指出，严禁初中学校教师干预或代替学生填报志愿。

5月6日

据人民网，为贯彻落实《国务院办公厅关于印发乡村教师支持计划（2015～2020年）的通知》，教育部、人力资源和社会保障部决定，2016年为纳入首次颁发范围的400万名在岗和离退休教师颁发"乡村学校从教30年教师荣誉证书"。

5月10日

据《羊城晚报》，麦可思公布了《2016年中国本科生就业报告》。报告显示，在十大本科专业中，财务管理专业就业率最高，达95.3%；法学专业继续垫底，就业率仅为87.9%。就专业"钱"途而言，计算机科学与技术专业吸金能力最强，2015届本科生毕业半年后的平均月薪为4978元。

5月12日

据央广网，教育部、国家发改委日前印发《2016年各地各部门普通高等教育招生计划和相关工作方案》。按照跨省生源计划调控方案，高等教育资源丰富、2016年升学压力较小的上海、江苏、浙江、福建等12个省份，将向中西部10个省份调剂共16万生源计划。

5月19日

据新华社，中共中央、国务院近日印发《国家创新驱动发展战略纲要》，提出到2020年进入创新型国家行列、到2030年跻身创新型国家前列、到2050年实现世界科技创新强国"三步走"目标。

5月30日

据教育部网站，我国推行职校教师定期企业实践制度，专业课教师（含实习指导教师）每5年至少到企业或一线服务6个月，没有企业工作经历的新任教师将先实践再上岗。

6月

6月2日

据《法制晚报》，近日，西城区北京第二实验小学白云路分校的多名学生家长向记者反映称，孩子因"流鼻血"请假，家长曾闻到操场上有"刺鼻气味"，西城区教委已介入此事。此后，"毒操场"事件备受关注。

6月3日

据《中国教育报》，在马来西亚吉隆坡举行的国际工程联盟大会上，中国全票获《华盛顿协议》正式成员资格。我国工程教育质量标准实现了国际实质等效，通过认证专业的毕业生在相关国家申请工程师执业资格时，将享有与本国毕业生同等待遇。

6月14日

据《中国教育报》，近日，各地中小学入学报名工作陆续启动。根据教育部4月公布的《关于2016年中小学教学用书有关事项的通知》，义务教育品德、语文、历史学科，起始年级使用新编、修订教材。

6月16日

据教育部网站，中华人民共和国教育部令第40号《高等学校预防与处理学术不端行为办法》已于2016年4月5日经教育部2016年第14次部长办公

会议审议通过，现予发布，自 2016 年 9 月 1 日起施行。

6 月 16 日

据中央政府门户网站，经李克强总理签批，国务院日前印发《关于加强困境儿童保障工作的意见》。该意见针对困境儿童生存发展面临的突出困难和问题，从保障基本生活、保障基本医疗、强化教育保障、落实监护责任、加强残疾儿童福利服务等五方面提出具体措施。

6 月 22 日

据《中国教育报》，教育部、国家发改委、财政部、国家新闻出版广电总局日前联合印发《关于 2016 年规范教育收费治理教育乱收费工作的实施意见》，着力解决损害群众利益的乱收费、乱办学等不正之风，营造风清气正的育人环境。

6 月 29 日

据《长江日报》，日前，教育部宣布一批规范性文件失效，其中包括《关于继续实施"985 工程"建设项目的意见》《关于补充高等教育"211 工程"三期建设规划的通知》等文件。

7 月

7 月 12 日

据中国政府网，国务院印发《关于统筹推进县域内城乡义务教育一体化改革发展的若干意见》。该意见提出同步建设城镇学校，努力办好乡村教育，科学推进学校标准化建设，实施消除大班额计划，统筹城乡师资配置，改革乡村教师待遇保障机制，改革教育治理体系，改革控辍保学机制，改革随迁子女就学机制，加强留守儿童关爱保护十项举措。

7 月 13 日

据 21 世纪教育研究院网站，针对 2016 年"两会"热点——"基础教育学制是否应当缩短"问题，21 世纪教育研究院举办"基础教育学制改革研讨会"，认为我国基础教育学制需与时俱进地加以调整，出于对青少年成长规律和教育功能的认识，缩短学制并非重要选项，应鼓励多样化的改革探索、实行学分制和灵活弹性学制等。随后该议题成为舆论热点。

7月14日

据《中国教育报》，由于南方连降暴雨，各地频发安全事故，中国应急管理学会校园安全专委会发布《中国应急教育与校园安全发展报告2016》，建议加强应急教育制度化建设，开展形式多样、不同层次的应急教育培训，提高公众应急能力。

7月16日

据搜狐教育网，教育部公布首批国家级精品资源共享课名单，共有2686门课程入选。"国家级精品资源共享课"称号有效期为5年。

7月22日

据人民网，英国QS全球教育集团20日发布最新的金砖五国400强大学排名，前5名均为中国大学，其中清华大学位列第一。

7月26日

据《中国教育报》，教育部办公厅发布《关于开展治理中小学有偿补课和教师违规收受礼品礼金问题自查工作的通知》。该通知规定，从7月中旬开始，开展为期3个月的中小学有偿补课和教师违规收受礼品礼金问题自查工作。

7月29日

据新华网，教育部举行新闻发布会，九部门联合发布了《关于进一步推进社区教育发展的意见》，该文件是近年来我国多部门联合印发的第一个推进社区教育发展的指导性文件。

8月

8月1日

据《贵州日报》，第九届"中国—东盟教育交流周"在贵阳开幕。2016年"中国—东盟教育交流年"有近300项活动，覆盖全年各个时段，遍及中国和东盟各国主要城市。

8月2日

据教育部网站，教育部印发了《督学管理暂行办法》，指导各地加强督学管理，全面提高督学队伍整体水平和综合素质。

8月16日

据《中国教育报》,2013~2014年,天津、江苏、福建、山东等地已陆续调整高校学费标准,除个别专业外,各地学费涨幅多在20%~35%。"收费标准多年未变""学生培养成本逐年增长"等,是多地行政主管部门给出的主要调整原因。

8月18日

据新华社电,财政部、国税总局发出通知,高校学生公寓和食堂再获三年免税优惠。

8月19日

据人民网,《北京市支持乡村学校发展若干意见》在新学年将全面实施,北京中考市级统筹招生项目将增加边远山区乡村学校招生计划,2016~2017学年,边远山区乡村学校中考成绩超过530分的学生和50%的中考成绩在500~529分的学生,均有机会进入优质高中学校就读。

8月20日

据科技部网站,教育部、科技部近日共同发布《关于加强高等学校科技成果转移转化工作的若干意见》,提出高校科技成果转移转化收益全部留归学校,并将高校科技成果转移转化绩效纳入世界一流大学和一流学科建设考核评价体系。

8月26日

据教育部网站,教育部举行新闻发布会,介绍2016年国家学生资助政策并发布《2015年中国学生资助发展报告》。2015年我国学生资助资金首次突破1500亿元,增长近10%,全国累计资助学生(幼儿)逾8400万人次。

8月26日

据中国新闻网,国务院总理李克强主持召开国务院常务会议,会议决定将中小学教师职称制度改革在全国全面推开。中学、小学教师职称(职务)系列统一调整为初、中、高级。修订评价标准,改变过分强调论文、学历倾向,并向农村和边远地区教师倾斜。

8月29日

据《中国教育报》,教育部在京与北京、上海、江苏、福建、山东、重庆、四川、甘肃等8省份签署学校美育改革发展备忘录,旨在推动中央部门和地方政府构建上下联动、统筹整合、协同推进的学校美育改革发展工作机制。

8 月 31 日

据网易新闻，教育部、财政部联合下发《关于免除普通高中建档立卡家庭经济困难学生学杂费的意见》，按照"中央政策引导、地方统筹实施"的原则，从 2016 年秋季学期起，免除公办普通高中建档立卡等家庭经济困难学生（含非建档立卡的家庭经济困难残疾学生、农村低保家庭学生、农村特困救助供养学生）学杂费。

9月

9 月 2 日

据教育部网站，教育部办公厅、国家发改委办公厅、财政部办公厅联合发布《关于进一步扩大学生营养改善计划地方试点范围实现国家扶贫开发重点县全覆盖的意见》，加大农村义务教育学生营养改善计划实施力度，进一步扩大地方试点范围，实现国家扶贫开发重点县全覆盖。

9 月 5 日

据中新网，教育部近年积极推动各地开展高校招生录取批次改革。截至 2016 年，已有河北、广东、湖北等 15 个省份取消了本科三批，上海市率先将本科一批、二批合并，成为一个本科批次，取得积极成效。

9 月 6 日

据中国教育在线网，教育部发布《普通高等学校高等职业教育（专科）专业目录》2016 年增补专业，其中包括"电子竞技运动与管理"。

9 月 13 日

据北京师范大学新闻网，中国学生发展核心素养研究成果发布会在北京师范大学举行，会上正式发布了"中国学生发展核心素养"的总体框架，确立了六大学生核心素养：人文底蕴、科学精神、学会学习、健康生活、责任担当、实践创新，具体细化为 18 个基本要点。

9 月 14 日

据教育部网站，教育部、最高人民法院等 7 部门联合发布《关于加强青少年法治教育实践基地建设的意见》，提出到 2020 年，在各地统筹建成 60 所左右的

国家级实践基地，各地争取在中等以上城市建立至少 1 所符合标准的实践基地。

9 月 20 日

据中国政府网，教育部下发《关于进一步推进高中阶段学校考试招生制度改革的指导意见》，主要做法是推行初中学业水平考试、完善学生综合素质评价、改革招生录取办法、进一步完善自主招生政策、加强考试招生管理，到 2020 年左右初步形成基于初中学业水平考试成绩、结合综合素质评价的高中阶段学校考试招生录取模式和规范有序、监督有力的管理机制。

9 月 21 日

据《北京日报》，新学年，作为国家教育综合改革试点单位的清华大学和北京大学将再添一种学位——"荣誉学位"。荣誉学位是指一类学术水准很高的本科培养项目，它是大学为满足优秀学生的需求而设计的，也是给予本科学生的最高学术认可，旨在因材施教，发挥优秀学生的潜力，使他们得到更好的发展。

10月

10 月 1 日

据《厦门日报》，厦大经济学院对外宣布，世界著名经济学家邹至庄教授将捐款 1000 万美元，在厦门大学设立"邹至庄经济学教育基金会"，以推动中国经济学教育。

10 月 9 日

据教育部网站，教育部印发了《教育部办公厅关于农村义务教育学校布局调整有关问题的通报》。农村义务教育学校布局调整要统筹考虑当地农村地理环境及交通状况、学生家庭经济负担等因素，充分考虑学生年龄特点、成长规律和家长意见，坚决制止盲目撤并和强行撤并，避免引发群众不满和学生辍学。

10 月 19 日

据《中国教育报》，国务院学位委员会正式公布《关于下达 2016 年动态调整撤销和增列的学位授权点名单的通知》，共有 25 个省份的 175 所高校撤销 576 个学位点，包括大量博士学位授权点。此外，共有 25 个省份的 178 所高校增列了 366 个学位点。

10 月 20 日

据新华网，中国青少年研究中心 20 日发布的统计数据显示，2005 年至 2015 年间，近六成中小学生睡眠不足国家规定的 9 小时。《新华视点》记者调查发现，中小学生压力呈内化趋势，写作业、上课外班时间比原来更长。作业多、在校时间长、课外班时间增加，是导致中小学生睡眠不足的主要原因。

11月

11 月 2 日

据央视网，教育部、中央综治办、最高人民法院等九部门联合发布《关于防治中小学生欺凌和暴力的指导意见》。该意见提出：积极有效预防学生欺凌和暴力；依法依规处置学生欺凌和暴力事件；切实形成防治学生欺凌和暴力的工作合力。

11 月 5 日

据 21 世纪教育研究院网站，由世界教育创新峰会与 21 世纪教育研究院联合主办的 WISE-LIFE 中国教育论坛在京举行，来自 20 多个国家、地区的 460 多位嘉宾参会，论坛就节俭式创新、创业教育、如何破解农村教育难题、21 世纪核心素养及面向未来的学习等问题进行了讨论。民间教育创新蓬勃发展。

11 月 7 日

据新华网，中共中央办公厅、国务院办公厅印发的《关于实行以增加知识价值为导向分配政策的若干意见》指出，允许科研人员和教师依法依规适度兼职兼薪。

11 月 9 日

据《中国教育报》，第十二届全国人大常委会第二十四次会议表决通过《关于修改〈中华人民共和国民办教育促进法〉的决定》，对民办学校按照非营利性和营利性进行分类管理，民办学校的举办者可以自主选择设立，但是，不得设立实施义务教育的营利性民办学校。

11 月 9 日

杭州《都市快报》推出长达 8 个版的报道，聚焦"疯狂学而思"现象，引发热烈讨论。家长对于子女教育的集体焦虑再次引发人们的关注。

11 月 14 日

据中国妇联新闻网,全国妇联等9部门印发《关于指导推进家庭教育的五年规划(2016~2020年)》,提出到2020年,基本建成适应城乡发展、满足家长和儿童需求的家庭教育指导服务体系。部署了准确把握家庭教育核心内容、建立健全家庭教育公共服务网络、提升家庭教育指导服务专业化水平、大力拓展家庭教育新媒体服务平台、促进家庭教育均衡协调发展、深化家庭教育科学研究、加快家庭教育法制化建设7个方面18项重点任务。

11 月 14 日

据《中国青年报》,上海市教委发布《关于加强2016学年严禁将各类竞赛获奖证书作为义务教育学校招生录取依据有关管理工作的通知》,严禁上海市义务教育阶段的学校将学生奥数成绩、英语星级考等各类竞赛获奖证书、各类等级考试证书作为招生录取的依据。

11 月 18 日

据人民网,从教育部教育装备研究与发展中心了解到:中小学塑胶跑道国家标准即将修订,由该中心起草的《中小学合成材料面层运动场地》标准目前正在国家标准化管理委员会官网上进行立项公示,并公开征求意见。

11 月 22 日

据新华网,教育部与福建、广西、海南、贵州、云南、新疆六省(区)在京签署"一带一路"教育行动国际合作备忘录。

11 月 30 日

据教育部网站,国务院教育督导委员会办公室印发《中小学(幼儿园)安全工作专项督导暂行办法》,以推动建立科学化、规范化、制度化的中小学(幼儿园)安全保障体系和运行机制,提高安全风险防控能力。

12月

12 月 2 日

据教育部网站,教育部等11部门出台《关于推进中小学生研学旅行的意见》,肯定了中小学生研学旅行的重要意义。提出"把研学旅行纳入学校教育教学计划,加强研学旅行基地建设,规范研学旅行组织管理,健全经费筹措机制，建立安全责任体系"等主要任务。

12 月 8 日

据《新民晚报》，在 PISA 测试中，我国选取了北京、上海、江苏、广东等 4 个省（市）参加，共抽取了 9178 所学校 1 万余名符合要求的 15 岁学生，并最终取得了总分第十的成绩。

12 月 12 日

据中新网，《每对母子都是生死之交，我要陪他向校园霸凌说 NO！》一文引爆网络，北京市海淀区中关村第二小学"校园欺凌"事件持续发酵，引发社会关注。

12 月 13 日

据教育部网站，教育部印发《关于大力推行中小学教师培训学分管理的指导意见》，以完善五年一周期的教师全员培训制度，进一步激发教师参训动力，促进教师终身学习。

12 月 28 日

据新华社，国务院总理李克强主持召开国务院常务会议，指出"十三五"时期要继续把教育摆在优先发展的战略地位，推进教育现代化为国家建设提供人才支撑，确定扩大对外开放积极利用外资的政策措施，营造更加公平便利的市场环境。

12 月 29 日

据新浪网，"中华经典资源库"二期、三期项目成果发布会在人民教育出版社召开，通过分批遴选典籍佳作，邀请当代名家以诵读、讲解、书写等方式予以展现并制作成库，既为学校的经典诗文教育教学服务，也为全球中华文化和汉语爱好者自主学习服务。

B.24
2016年十大教育热点

1. 国务院印发《关于加强农村留守儿童关爱保护工作的意见》，强调家庭责任、政府主导

2. 教育部下发文件首提"多校划片"，为"学区房"降温

3. 高考跨省生源调控引发社会关注高考招生公平

4. 中国成为《华盛顿协议》正式成员，我国工程教育实现国际多边互认

5. 统筹推进县域内城乡义务教育一体化改革发展

6. 推进高中阶段学校考试招生制度改革，克服"唯分数论"

7. 《中国学生发展核心素养》总框架正式发布

8. 《民办教育促进法》修订，营利性民办学校禁入义务教育领域

9. "疯狂的校外培训"报道引发公众热烈讨论

10. 国务院通过《国家教育事业发展"十三五"规划》

B.25
毒操场事件凸显教育行政治理痛点

郭　娟*

2016 年 6 月，首都北京已经进入了夏季，天气日渐炎热起来。随着气温的升高，一些学校操场上散发着浓烈的刺鼻异味，使人体产生多种不良反应，包括恶心、呕吐、头晕、流鼻血、鼻炎、皮疹等，以及潜在的身体伤害，如破坏身体免疫力及造血系统，对儿童的身体危害极大。而毒害来源于学校新修建的塑胶操场。本来是为了促进身体健康而修建的操场，却沦为师生健康的杀手。

引爆首都毒操场话题的是西城区白云路小学。进入夏季以来，该校多名学生出现流鼻血、头晕、恶心、皮疹、呼吸道疾病等诸多不良反应，家长怀疑是学校 2015 年暑假新修建的塑胶操场所致。家长们自发带孩子到 307 医院检查，数百名孩子验血指标超常，凝血检查不正常。

白云路小学毒操场事件舆情汹涌，终于惊动了市教委。北京市教委表示高度重视，立即责成各区对辖区内所有操场进行了全面细致排查，特别是对 2015 年新建的操场进行了重点排查，并要求在建或待建操场暂停施工。同时，市教委明确要求各区、校对家长反映的问题和学生集中出现的症状要高度重视，把孩子的身心健康放在首要位置，发现问题立即核查，对于确实存在问题隐患的，坚决停用，并采取切实有效措施保障学生的身心健康，不得以任何理由迟疑和延缓，确保学生在健康的环境下正常开展学习生活。对于在排查中发现的责任问题，一经查实，坚决依法依规处理。

在经历了一系列媒体曝光之后，西城区教委宣布介入调查。6 月 12 日，官方通报白云路小学塑胶跑道检测结果：符合国标。这一结果可以说是很多家长意料之内的。6 月 15 日，媒体消息称白云路小学操场将拆除。6 月 17 日，

---

* 郭娟，有多年非政府机构、公益行业从业经验。

北京市西城区教委对白云路小学操场进行全场拆除，同时被拆除的操场还有西城区另一所学校展览路一小的。

然而，这并没有给首都毒操场事件画上句号，而是引发了大面积的家长警觉甚至恐慌，特别对最近一两年内新铺了塑胶操场的学校。更多家长带着孩子蜂拥至307医院要求做血液检查，一度致使307医院抽血试管短时间内大量消耗而存量告急。北京各区不断爆出更多的毒操场，到教委前拉横幅的家长更像是在搞行为艺术：拉起横幅，拍照，上传，走人，自媒体转发，这一套标准流程既显示了家长热切期盼诉求得到解决又透露出家长们近乎绝望的无奈。

6月24日，教育部办公厅印发《关于开展合成材料面层跑道专项整治工作的通知》，要求各地部署开展专项整治，切实加强塑胶跑道使用管理工作，全面消除塑胶跑道使用中的隐患；7月8日，在全国教育系统视频工作会议上，再次就校园塑胶跑道专项整治工作做出部署。8月中旬，由国家督学带队，联合检测、招投标专家组成的三个调研组赴相关地区就"塑胶跑道"有关情况开展专项个案综合调查。据新华社北京9月1日报道，根据各省份上报的排查情况，全国中小学共有塑胶跑道68792条，其中2014年后新建的18977条，目前正在建的4799条中已停建2191条，铲除了93条。

这次北京的毒操场事件并不是国内首发，此前，已在多个省份有过集中或零星的毒操场新闻报道。2016年6月北京毒操场事件爆发，终于引起了教育部的高度重视并要求开展专项整治。毒操场事件频发一方面凸显了标准缺失、监管失位，另一方面也映射出在教育行政管理中存在的问题，亟须清扫积弊。

机缘巧合，本人深度参与了北京某校的铲除毒操场运动，整个过程持续大约两周，并不算很长，但其中之曲折及煎熬也足以令人对教育系统出现的推诿、不作为等行径感到五味杂陈。这些年，教育领域不断推出各种改革，花样繁多的教育理念和理论也呈现百花齐放的欣欣向荣之态。毒操场事件的经历却让我切身体会到，倘若没有与时俱进的行政管理，所有这些改革、理念、理想都无异于缘木求鱼、水中捞月，再说得通俗些便叫"作秀"！

随着更高层政府部门的介入，北京毒操场事件逐渐平息，淡出了社会舆论的中心。本文试图以毒操场事件为着眼点，探讨教育部门在处理毒操场事件中暴露的行政治理弱点。倘若我们只知道追随热点而不能从中汲取教训，那么教育就没有希望。

一 需要制定最严格的标准和程序

6月13日，新华社发文"五问"毒跑道问题。新华社记者调查发现，早在2003年底就有专家提出 TDI 聚氨酯跑道的危害，当时虽然引起了一定重视，但出于种种原因，在实践中并没有得到很好的解决。在十几年后，问题反而更加恶化。反观所有毒操场事件中的学校或教委在被质疑时，无一例外用"国标"当挡箭牌，而历次毒操场事件中，无一例外所有送检毒操场都符合国标。在用鼻子就能准确做出判断时，所谓的国标却迟钝得像个难以开窍的榆木脑袋！

尽管在教育部的直接干预下，已经停建塑胶操场，但是如果不能制定统一严格的质量标准以及规范的采购或招投标流程和监管，即使没有了毒操场也不能保证今后不会有毒教室、毒地板、毒食堂、毒实验室、毒文具、毒教材……因此，若想肃清流毒、以绝后患，教育部应牵头邀请行业专家成立标准化委员会，针对学校和未成年人教育教学单位的一切工程建设、环境改造、硬件采购，均应专门制定最严格的标准，并规范招投标、施工流程、产品质检、监理和付款等程序。

（1）所有供应商及工程负责人均应在市教委备案，供应商及其主要负责人均无前科和不良记录（如违法犯罪记录、不良信用记录、商业丑闻等）。建立教育系统供应商黑名单制，一旦有供应商或负责人所涉及的工程项目在施工期间或保质期内出现违规操作、违法行为、安全问题、质量问题，将终身追责并永远将其拉入黑名单（包括单位和个人），全国任何教育单位不得与其建立任何商业关系。

（2）制定严格科学的招投标、采购、监理、质检等规范和流程，以消除教育系统内各类寻租空间。

（3）所有标准规范应与时俱进，每年或每两年进行全面评估修订。我们看到，北京毒操场事件爆发后，已经有非政府公益组织积极参与学校操场建设的标准制定工作。希望教育部门能够以毒操场事件为鉴，尽快对教育系统

内涉及的各类工程/采购标准、规范流程进行制定或修订，亡羊补牢，为时未晚。

二 简政放权，明确学校的职责权利

在目前的教育行政管理框架下，学校的上级单位是区县教委。区教委的职责除了贯彻教育政策方针法律法规外，还担负宏观或微观的教育监管职能。学校作为区教委的下级单位，接受区教委的业务指导和行政监管，教育经费也由区教委统一筹措管理和使用。在这样的行政管理制度下，学校几乎退化成了教委的附属品，哪个学校敢对教委有半点微词？现实表明这一体制使整个教育系统工作效率低下，人浮于事；学校为了争取更多的资源对上曲意逢迎，学校领导遇事明哲保身、推诿责任，丧失了作为一个教育者应有的理智和立场。

我们看到，毒操场事件在过去几年中频发，家长们若是小打小闹，教委和学校就装糊涂，家长、媒体舆论闹得影响大了，教委就铲一铲，过后换个学校或换个地区继续铺。在北京今年的毒操场事件中，操场的施工工程无一例外都是由区教委统一招标。因此，当家长们首先向学校提出对操场的质疑时，学校领导一方面推诿操场是区教委统一招标施工，学校无权做主拆除或处理，另一方面承诺向区教委汇报等候指示。若是家长们找到教委，教委便会直接将皮球踢回学校。走投无路的家长们甚至被逼无奈而到市教委、市政府静坐，以寻求更高层的关注和介入。接下来，教委和学校罔顾毒操场对师生事实上已经形成的身体心理伤害，开始拿"国标"做挡箭牌，一方面操场检测符合国标若能平息事件则万事大吉，即使不能也至少可以让国标来替大家"背锅"，而负责招投标及审批监理验收等一干人则全部可以免责。即使在北京市下达了全面排查塑胶操场的指示后，区教委也只是派了个把"专家"或"专员"到各校走过场般巡视了一圈，然后就不了了之。这种监管方式实在令人啼笑皆非，转而不寒而栗。

倘若教委能够简政放权，保留贯彻教育大政方针法律法规以及一些宏观方面的引导和监管职能，适当赋权给学校，不但可以调动学校自身的能动性和责任感，还会提高教育系统的工作效率和质量。涉及学校工程建设、硬件采购，学校需按照规范流程和标准操作，校长直接监管并承担一切责任。教委可作为上级单位抽检、审查，或追究学校负责人管理不善的责任。建立年审制度，每学年末邀请权威的会计师事务所对学校进行全面细致的财务审计。对于人事管理、教育教学、学生管理等方面，教委应认可学校在政策法规范围内具有一定的自主性，因为学校才是教育的第一线，学校领导和教师应该更明白什么是好的教育和教学。

三　提高校长的专业化水平

在诸多毒操场事件中，我们看到学校对事情的处理方式往往不如人意，这固然因为校长通常处于教委和家长的夹板中，比较难做人；也因为有的校长既想尽快平息事态，又不想得罪教委，甚至还想趁机好好表现一下。到头来，由于事情没有在第一时间得到妥善处理，两头不落好。

在类似事件中，也有个别学校抓住时机，处理得非常圆满。朝阳区一所九年制学校的校长在了解到学校有孩子出现疑似毒操场造成的不良身体反应后，没有抱着侥幸心理一味等待事态发展，而是果断邀请教委领导来学校与家委会成员一起开会，并请求拆除新建的塑胶操场。此后，这所学校的操场得以顺利拆除，不但没有引起不良社会反响，反而赢得了所有家长的敬重。在多数毒操场事件中，只有在家长们经历了艰苦卓绝的努力、两败俱伤后才得以拆除操场。这种反差一方面说明毒操场事件是能够更好解决的；另一方面反映出即使在北京这样的发达城市，学校校长的能力也有待提高。

行文至此，发生了中关村二小的学生遭遇"校园欺凌"事件，并在全国点燃这一话题。本来多数人持谨慎态度或者就事论事地讨论霸凌问题，可是两天后中关村二小的一则官方声明，因语气倨傲、立场模糊、毫无原则的和稀泥而引来口诛笔伐。如一篇微博指出："使我震惊的是，作为公立小学名校的中关村二小，居然整个学校领导班子都没有能力意识到这样的问题，只想着大事化小，小事化了。"由于学校处理失范，一起小学生事件，导致区教委和市教委的介入。

不论是毒操场事件还是中关村二小事件，都反映出我国中小学校长的素质亟须提高。1966年，国际劳工组织和联合国教科文组织在《关于教师地位的建议》中就提出，应把教育工作视为专门的职业，这种职业要求教师经过严

格的、持续的学习，获得并保持专门的知识和特别技术。把教育工作视为专门的职业，要求教师职业专业化，那么同样也要求校长职业的专业化。校长的职业水准直接决定着学校的发展，校长专业化的重要性不亚于教师专业化。在美国，自1980年以来，每一次的教育改革报告中都会提到，学校的好坏由该校的校长决定。①

很多国家都制定了非常细致的校长专业化标准，也不乏实践案例，对我国实现校长专业化有参考意义。校长是教育者、领导者和管理者，校长职业的专业化具体而言就是这三种职业角色的专业化。专业知识、专业能力和专业精神三大要素构成了校长专业标准的完整结构。只有实现了校长专业化，才能降低教育系统中"不专业事件"的发生频率，才能还大家一个干净的教育环境。

四 社会参与督导督学

2013年，国务院教育督导委员会办公室印发《中小学校责任督学挂牌督导办法》。2013年底，我国30多万所中小学配置"挂牌"责任督学，督学将承担起监督、指导的责任，对学校的课程设置、师德建设及学生减负等问题进行经常性督导。责任督学对每所学校实施经常性督导每月不得少于1次。

督学制度的推行初衷是好的。优化既有教育管理框架，大致有两个维度，即实现主管部门的触角下延及促成校方、师生的诉求上达。所谓督学，自然有直接"督导"之功能，但更重要的价值显然还在于促成教育链条各环节的串联。但是如何将督学制落到实处是一个值得探讨的问题。第一，近年来在历次毒操场或其他各类校园事件中，未见有督学能够实现"主管部门的触角下延及促成校方、师生的诉求上达"，更没有促成教育链条各环节的串联，而如果以上两点能够实现的话，很多事件并不是必然发生和不可控制的。第二，如果督学是由区教委委派，隶属于区教委的，那么以毒操场事件为例，操场是由教委统一招标施工的，在这种语境下，可想而知家长即使投诉到督学，或者督学提前发现了问题又能起到什么作用呢？

要充分发挥督学制的优越性，使督学制能够切实解决一些教育问题，必须

① 褚宏启、杨海燕等：《走向校长专业化》，上海教育出版社，2015。

在现有的基础上对督学制度进行改革。第一，每个学校增设至少一名非教委编制人员的第三方督学，比如吸收一些高度关注基础教育发展的人大委员和政协委员为编外督学，以保证督学的公正公平性。第二，大胆赋权督学。督学应该具有对学校的监督权，督学在督导中发现问题或者得知其他人反映的问题，有权利进行调查核实，并向学校下达整改意见。在不影响学校教学秩序的情况下，督学应尽量多地深入学校及学校所在社区了解实情。督学到学校督导检视工作不必提前与学校约定时间，可以随机到访，以便能够体察到学校最真实的日常状态和发现需要整改的问题。第三，严格选拔督学，确保担任此职务的人是有能力、有魄力、懂教育的人。第四，严肃对待督学职责，对任职期间所督导的学校出现重大责任事故者，应该对督学予以失察处分。第五，为高效解决问题，允许督学越级上报，并开通越级上报绿色通道。

五　提高学校的应急管理能力

毒操场、毒教室、校园暴力、性骚扰、食物中毒，校园突发事件层出不穷。特别是近年来随着网络和自媒体的普及，人人都自带"麦克风"，任何校园恶性突发事件都可能被迅速广泛传播，获得大面积的关注。而一些学校领导应急管理的意识淡薄，在突发事件面前不具备管理和应对能力，以致局面陷入混乱，甚至失控。

以毒操场事件为例，我们回顾当时处于舆论中心的白云路小学的毒操场事件历程：家长因孩子身体出现不良反应怀疑塑胶操场有毒→家长找学校→学校和教委互相踢皮球→家长寻求媒体帮助→事件大面积扩散→西城区教委先按照国标检测→家长对检测标准存疑，聘请外部第三方公司检测→家长持续在政府主管部门办公地点聚集，请愿表达诉求→媒体进行大规模曝光，全社会形成关注点→教委与校方感受到空前压力进行彻底铲除→家长聘请的第三方机构出具检测结果，各项指标显著超标。这个过程不仅大大降低了解决问题的效率，同时造成大量社会资本的消耗与透支（警方、第三方检测结构、政府公信力），损害了教委和学校的公信力。虽然最终毒操场被拆除，但是在这个事件中没有赢家。

然而，在白云路小学之后又爆出多起毒操场事件，这些学校依然无怨无悔

地重复着白云路小学的曲线解决办法，持续激化、放大矛盾，给学校造成严重不良影响，而不能及时止损。

这里不得不再次提起最近备受关注的中关村二小事件。学生在学校受到伤害，家长主动与教师、学校及对方家长沟通，这说明家长是愿意通过平等沟通在当事人几方内部解决问题的。如果处理得当，这件事本来并不必然发展为社会热点事件。而由于学校对此事的处理未获得当事家长认可，且学校未能及时发现家长的强烈情绪，以致家长向上级部门投诉。即便如此，学校还是有大把机会可以控制局势的，可惜校领导反而因此迁怒家长，导致矛盾进一步被激化，直至孩子母亲通过微信公众号发表长文寻求社会援助，此事遂升级为社会热点事件。即便如此，如果学校能迅速积极应对，进行危机管理，至少不会让事情加速恶化。但是，中关村二小先是默不作声，两天后才发出第一次声明，而这个声明也是二小处理此次事件最大的败笔，招致各界围观群众的口诛笔伐。以至于区市两级教委不得不站出来发声，企图力挽狂澜。在此，对事件本身是非对错不做评论，但可以确定的是中关村二小在这次危机管理中得的是负分。

突发事件频发，考验着教育行政部门和学校领导的危机应对管理能力。教育行政部门以及学校亟须树立突发事件应急管理和危机公关意识，切实增强突发事件应急管理能力。

（1）教育部门应制定相应具体的政策法规，并提供操作指南，加强对教职员工的培训，使其了解突发事件管理的重要性以及应对的基本策略和原则。

（2）在任何对突发事件的管理中，都应以确保师生安全为第一原则，这也是世界各国在处理学校突发事件时的基本理念。例如在毒操场事件中，白岩松反复强调的"疑毒从有"就是对这一原则的诠释。令人遗憾的是教育行政部门和学校恰恰秉持相反的原则，即"疑毒从无"。

（3）在发生突发事件后，应立即启动应急管理预案，第一时间集中力量，利用最小的代价、最少的资源求得顺利解决。突发事件处理成功与否的关键在于学校能否尽可能缩短事故发生时点与开始采取应对措施时点的时间差①。

（4）信息透明公开，展现出解决问题的诚意以及与相关方沟通的良好意

① 孙斌：《学校突发事件应急管理》，气象出版社，2009，第54页。

愿，及时发布进展情况或解决方案及结果。在很多公共事件中，涉事主体一味回避问题，拒绝正面沟通，企图封闭信息或散播虚假信息等都是愚蠢的做法。要知道，在网络和信息传播极为便捷的今天，没有真相可以被隐匿。而真相一旦经由其他人披露，不论学校是否刻意隐瞒，都将导致其陷入非常被动的局面。

（5）借鉴判例法的实践在教育系统建立判例制度。判例法即基于法院的判决而形成的具有法律效力的判定，这种判定对以后的判决具有法律规范效力，能够作为法院判案的法律依据。如果每次突发事件都能形成判例，那么在之后类似的事件发生时，校方就能依据先例做出迅速的判断和解决方案，避免事态扩大。

诚然，应急管理并不应该是教育管理部门和学校工作的常态。最好的应急管理是把功课做在日常，事先预防胜于事后挽救，成功地在潜伏期消除隐患才是最佳的路径。

六　重建家长教师协会，维护各方利益

教育，从来都不是学校或者教育部门一方的责任，家庭与社会都应参与其中。2013 年《北京市教育委员会关于进一步建好家长教师协会的意见》中指出：2005 年，市教委在部分区县和中小学校开展家长教师协会试点工作。目前，北京市已有 400 多所中小学校建立了家长教师协会组织。这些家长教师协会组织不同程度地参与了学校的教育活动和管理，保证了家长对学校教育的知情权、监督权和参与权，规范了家长参与学校教育的内容、形式和途径，使家校合作逐步走上了制度化的轨道。该意见还明确：家长教师协会是由政府部门倡导，在中小学内建立的民间组织，由家长代表、教师代表和社区代表组成，是家长和教师行使权利、履行义务、参与学校教育管理的重要且有效的途径。

我在毒操场事件经历中最痛彻的感悟就是家长教师协会未能行使权利，也未履行义务。学校家长教师协会中的家长代表本应至少代表广大家长的立场，维护家长和孩子的基本权益，可是这个组织除了平时向家长传达学校的通知，宣传学校的各类活动以及为学校歌功颂德、提供无偿支持以外，鲜见为家长发声。更有甚者，在大部分家长强烈表达诉求、要求立即铲除毒操场还师生一个

安全的校园环境时，家长教师协会的代表们不但没有站出来声援家长，反而沦为校方的"维稳工具"。市教委这份意见明确提出建立家长教师协会，直接目的是构建民主开放的现代学校管理制度，学校的管理工作不仅要向教师让渡权利，也向家长让渡权利；终极目的是家长和教师团结起来，排除社会对学生健康、安全、幸福的不利影响，形成常态化沟通，营造协同育人的和谐环境，共同维护学生的利益。

若要改变家长教师协会不作为的现状，必须进行改组重建，不但要令其真正代表广大家长的立场，还要增加家长教师协会的功能职责，同时也令其代表教育一线的普通教师们，成为维护家长、教师和学生权益的组织，因为家长、教师、学生三者的权益本就不可分割。在一些校园事件中，普通教师的权益也得不到保障，有时学校不惜牺牲教师的权益来息事宁人。不久前，一所小学体育教师涉嫌体罚学生被开除。涉事体育教师具有 10 年教龄，教学经验丰富，担任某班级副班主任。在一次体育课上，一名调皮男生将老师摆好的锥桶推到，导致正在跑步的多名同学被绊倒。体育教师非常生气将男生带出队列，掐（或拧）了男生脸颊作为惩戒，放学后被家长发现并拍照发布在媒体上，酿成小范围的热点事件。事后，教师向家长道歉，但是学校还是做出了开除该教师的决定。此决定一出，很多家长认为对教师做出开除的处罚过于严重，因为该教师平时工作认真负责，深受学生喜爱。一次错误且并未造成不可挽回的严重后果，学校应不应该让教师承担所有责任，并且剥夺其改正错误的机会？这是个值得商榷的问题。

建立强有力的家长教师协会，虽然不可能消除所有校园矛盾和问题，但至少多了一个解决问题的途径。在此建议：

（1）设立多层级家长教师协会，比如可以按区/学区/学校等进行分级。

（2）家长教师协会成员由非行政岗位一线教师代表和家长代表组成。教师及家长代表均应每年轮换，每个代表最多任期两年，家长代表中应尽可能包含律师、会计师、医生、教育工作者、媒体工作者等行业专业人士。

（3）家长或教师对学校的教育教学或其他方面的意见可由协会转达相关领导并限期回复，如需采取措施应限期给出时间表。

（4）发生校园矛盾纠纷时，家长、教师均可提请协会仲裁，校领导可列席会议。当事人也可请本校协会成员回避，请上级协会安排仲裁。

（5）协会设专用电子邮箱，随时收集家长教师学生的各类问题、建议、意见并及时公示所有问题及后续跟进情况。

（6）协会日常工作、会议、收集到的问题与转达意见建议情况、与家长或学校沟通的纪要等均应及时公示在学校网站、微信公众号，抄送校领导及督学。

（7）为维护教师、教师代表、家长、家长代表及在校学生权益，避免针对任何人的不公正情况发生，市、区两级教委应设立专门的权益保护行动小组，以应对可能发生的不公正事件投诉，对于实施打击报复及不公正待遇的一方予以严惩。

B.26
建设小而美的乡村小规模学校（平凉共识）

农村小规模学校联盟

在快速城市化进程中，农村学校的学生逐渐减少，学校规模也逐渐缩小。在许多偏远地区和山区，远离县城和乡镇的村小、教学点，支撑着难以进城上学、农村最弱势群体子女的教育。建设好乡村小规模学校，成为保障教育公平、教育精准扶贫的重点和难点。

改善乡村小规模学校需要政府发力。需要在城乡教育均衡发展的视野中，统筹协调减少城镇大班额、建设寄宿制学校和改善乡村小规模学校的关系。在学校布点调整上，必须坚持实事求是、因地制宜的原则，加以区别对待，不能用一个标准、一个口号覆盖所有农村。应当遵循就近入学的原则、儿童优先的原则，以及老百姓满意的原则①，一地一策、一校一策地妥善解决。

乡村小规模学校由于地处偏僻，学生人数少，教师老化和难以补充，大多处于小而差、小而弱的状态。需要采取有效措施保障基本需求，通过特殊政策补充和稳定教师队伍，探讨适合小规模学校的教学模式，努力提高教育质量。

建设乡村小规模学校，硬件建设只需要达到保障安全、实用的基本要求，关键在于教师。好老师就意味着好学校。要探索小规模学校教师补充更新的多种方法，如培养本土化教师、教师走教、定期轮换等，提高校长和教师的能力，强化教育的可持续性。

改善乡村小规模学校，还需要学校、社区、社会的共同努力。通过互联网＋、培养全科教师、复式教学、阅读推广、乡土文化教育、校本课程开发、科学教育、艺术教育等方法，改革和创新教学，提升教育质量。

---

① 根据国务院《中国儿童发展纲要（2011～2020）》，儿童优先原则是指在制定法律法规、政策规划和配置公共资源等方面优先考虑儿童的利益和需求。

　　需要认识的是，办好小规模学校，并不完全是一种过渡性的、应急的行为。事实上，小班小校是现代学校的基本面貌，不少欧洲国家小学的设置标准，就是一百多人。因为教育规模与教育品质密切相关。小规模学校不仅方便学生就近入学，而且实行小班化教学，师生关系密切，有利于关注每一个学生、实施个性化的教育。在农村，小规模学校与家庭、乡土和社区的关系密切，更利于实施生活教育、有根的教育。在我国实现教育现代化的过程中，需要明确建立"小班小校"的目标。

　　中国的根基在农村，农村的希望在教育。

　　让我们为改善乡村小规模学校的教育共同努力！

2016 年 10 月 23 日

B.27

"阿玛尼少年"引发社会公平焦虑

陈小二[*]

　　与年龄并不相符的成熟范儿，透过奢侈品牌服装散发出来。这样两种不同风格的混搭一旦出现在公众视野中，舆论就难免会产生化学反应。

　　因为年仅 14 岁就列席深圳市政协会议，并有"不要让一张考卷决定未来"等提议，近日，深圳一位初二学生柳某一夜蹿红。很快，网友发现会场上的这位少年身穿奢侈品牌"阿玛尼"西服，其微博也多见身着"阿玛尼"的日常照片，质疑猜忌声四起。而柳某的妈妈受访时称列席会议是受邀，孩子穿的西服为一次音乐会主办方所赠，未能抠下标识就出镜是失误。

　　让青少年列席市级"两会"，这本是深圳"引导他们关注社会问题"、倾听青少年之声的破冰之举，没想到的是，列席的少年柳某因为穿了一件价值不菲的阿玛尼西服，而成为舆论的"吸睛王"，引发了全国网友的质疑。有人质疑其是高官之后，有人质疑其是暴发户的孩子，这样的结果，恐怕是柳某的父母，包括当初的邀请方都没有想到的。而且，从他在微博发布的照片来看，从T恤到毛衫到休闲西装，甚至到鞋子，基本都是阿玛尼的，难怪有网友会质疑："该品牌看来送的是内外春夏秋冬全套。"

　　其实，人们的质疑，关键点并不在于他穿着阿玛尼，也不在于他是谁的儿子，而是担心作为参政、议政重要途径的市政协会议，被某些权势阶层的后代所提前"把持"；担心从小参加市政协会议，是一个"二代"登上政治舞台的预演……凡此种种，都会让公平失衡。因为在公众的眼里，一件件阿玛尼价格不菲，能穿得起这样的衣服，八成不会来自普通人家。众声喧哗背后，不是"仇富"，透露的是公众对社会公平的焦虑。

　　网友的质疑还在于他提交的那份过于成人腔的"提议"。柳某在提议里

---

[*] 陈小二，《新京报》媒体人。

说，"我们希望能继续推行教育改革，革除应试教育的弊端，更多地注重我们能力和素养的培养，不要让一张考卷来决定我们的未来。我们还希望学校多增加创新创客课程，也可以通过社会实践活动来培养学生的创新能力"。抹去年龄与名字，很难看出这份提议出自一名 14 岁少年之手。如此与成人代表、委员几无二致的表达方式、思维方式，如此与年龄并不相符的成熟范儿、干部范儿，透过奢侈品牌服装散发出来。这样两种不同风格的混搭一旦出现在公众视野中，就难免会产生化学反应。

不管怎样，和当初的"五道杠少年"一样，"阿玛尼少年"本身也是无辜的。他们是未成年人，本来不应该成为大众舆论的焦点，尽管他们被聚焦多是出于偶然，但那些把他们带入镁光灯下的人，也应该好好反思。

B.28
15岁少年留遗书自杀：我不愿
啃老，也不愿做败类

10月8日，江西赣州一个15岁少年留下遗书离家出走，在水库边选择自杀，永别了人世。15岁的少年，他笑起来是那么阳光，可是内心承担了这个年纪不该承受的压力。他没有走出那段最漆黑的道路，选择离开父母和这个世界。10月9日，当救援队找到他时他已经永远闭上了眼睛。

他写给他爸爸妈妈的遗书中，道出了他为什么自杀。字字是血，惊醒无数家长，看完无不泪目，唏嘘不已。"我也不想再给你们增加负担了……再以这种情况拖下去，还不如死了，起码可以自由地睡一觉。""我的尸体火化吧。骨灰要么随风而散，要么埋在山顶，让我可以天天看风景。"他写在作业本上的遗书，字体还很稚嫩，却字字沉重。

下面是遗书全文：

老爸老妈，我死是因为我知道自己的成绩差的（得）太多了，不可能考上高中的，我也不想再给你们增加负担了。你们两人抚养我们三个一定很难，老哥和老菜成绩都好，老哥快毕业了，老菜也高中了，我也曾经努力学习过，可是，无论如何我都无法集中精力在学习上，我最后放弃了，如果我还听得进课的话，我会努力学习，考上大学的，可是我不行，我不愿意做啃老的人，也不愿做一个社会上的败类，所以我选择死。

其实，我从留级的那一年就开始想死了。可是，我舍不得你们，所以我拖了这么久，今天，我想明白了。再以这种情况拖下去，还不如死了，起码可以自由地睡一觉。我知道，你们会说我没用，没错，我是很没用，但是所有的苦，我都放在心里，不愿意在你们面前表露出来，我只以一个乐观的样子面对你们，但实际上，我的内心一直在告诉我"你是个没用的人，这么胆小，永远成不了大气。"其实，我自己什么都敢做的，只不过我有理智，今天，我要让它滚开，不要再约束我了。

如果要找我的尸首，就去水库吧。我想了很多方式，就这个最好，我的尸体火化吧。骨灰要么随风而散，要么埋在山顶，让我可以天天看风景。

转载于《江南都市报》2016 年 10 月 12 日

B.29
学生空心病与时代焦虑

徐凯文*

我在高校工作，是一个精神科医生，也是学校心理咨询师、临床心理学博士。我在高校除了为学生提供咨询服务之外，非常重要的工作是自杀预防和危机干预。所以我接下来的话题可能有一点沉重。

我今天讨论的核心问题是关于"空心病"的问题，这是我杜撰出来的一个词语。当然作为精神科医生，我似乎有权去发明一种新的疾病，这种疾病跟每个人大概都有关系。

不是学生空心了，是整个社会空心了

首先我想从今年发生的事情开始。今年 7 月，我和太太、女儿在毛里求斯度假，大约是北京时间 14 时，我的一位高校学生给我发来一条微信，内容是：我现在手里有一瓶神奇的药水，不知道滋味如何。

他是一个有自杀倾向的学生，所以我赶紧回复。我问他这是什么水，他告诉我是氰化钾，十秒钟致命。这是我开展过的最长距离的危机干预，当然这个孩子救回来了，是一个非常优秀的学生。

今年 5 月，有一天我正在上晚课，一个校外的心理咨询师打来电话，他说有个来访者是学生，现在好像在宿舍服毒自杀，我问清事情原委，启动危机干预程序，在宿舍里找到这个同学，把他送到医院抢救回来。

我认识他已经 4 年了，入校时他非常优秀。进了北大后第一个学期的成绩

* 徐凯文，临床心理学博士，精神科主治医师，北京大学心理健康教育与咨询中心副主任、总督导。本文整理自第九届新东方家庭教育高峰论坛主题演讲《时代空心病与焦虑经济学》，2016 年 11 月 9 日，中国网教育频道首发。

是学院第一名，但是就在那个学期，甚至在那个学期之前，他就有尝试自杀的经历。

他原本是一个特别优秀的，可以做很好的学术和科研的孩子。过去四年，我们心理咨询中心、他的父母还有院系的老师都竭尽所能想把他引回正轨。四年了，住院、吃药，所有治疗手段都用尽了，他还是了无生意，最后他的父母决定让他放弃学业，退学回家。

我见过非常优秀的孩子，我要说的是，我现在所有说的学生在大学都是特别好特别优秀的学生。

有一个理工科的优秀博士生，在博士二年级时完成了研究，达到了博士水平，这是他导师告诉我的，他屡次三番尝试放弃自己的生命。他当时两次住院，用了所有的药物、所有电抽搐的治疗方法。出院时，我问他现在情况怎么样，他说精神科医生很幼稚，可笑，我表现开心一点，他们以为我抑郁就好了。

我要讲的是，他不是普通的抑郁症，是非常严重的新情况，我把它叫作"空心病"，我不认为只是学生空心了，整个社会空心了，才有这样的结果。我们经常会说这样一句话，如果孩子出了问题，大概家庭和老师都有问题，孩子本身是不会有问题的。

这是我的来访者，我得到他们的许可，他们将亲身感受写出来告诉我。有个高考状元说，他感觉自己在一个四分五裂的小岛上，不知道自己在干什么，要得到什么样的东西，时不时感觉到恐惧。19 年来，他从来没有为自己活过，也从来没有活过，所以他会轻易地放弃自己的生命。

还有一位同学告诉我，"学习好工作好是基本的要求，如果学习好，工作不够好，我就活不下去。但也不是说因为学习好，工作好了我就开心了，我不知道为什么要活着，我总是对自己不满足，总是想各方面做得更好，但是这样的人生似乎没有头。"

什么是"空心病"？

我先简单说一下什么叫空心病。

空心病看起来像是抑郁症，情绪低落、兴趣减退、快感缺乏，如果到精神科医院的话，一定会被诊断为抑郁症，但是问题是所有的药物都无效。

作为精神科医生，我们有个撒手锏，就是任何抑郁症患者如果用电抽搐治疗，他都可以在短时间内迅速恢复，但是电抽搐治疗对空心病没用。

他们有强烈的孤独感和无意义感，他们从小都是最好的学生、最乖的学生，他们也特别需要得到别人的称许，但是他们有强烈的自杀意念，不是想自杀，他们只是不知道为什么活下去，活着的价值和意义是什么？所以他们会用比较温和的方式，当然也给我们机会把他救回来。

核心的问题是缺乏支撑其意义感和存在感的价值观。普遍现象是什么？有几位学生告诉我，"我不知道我为什么要学习，我不知道我为什么要活着。我现在活着只是按照别人的逻辑活下去而已。"其中最极端的就是放弃自己。

所以我们回到一个非常终极的问题，人为什么要活着？人生的意义是什么？对于我们来说最重要的东西是什么？他们这种情况并不是刚刚产生的，他们会告诉我，我从初中的时候就有这样的疑惑了，直到现在我才做了决定，要结束自己的生命。传统的西方的药物治疗、心理治疗对他们都没有效果。

对于一个危机干预者和一个心理咨询师来说，我们也面临着从未有过的挑战。我们同样要面对同一个问题，就是人生的价值和意义什么，我们内心当中有吗？如果我们没有，我们怎么给到他们？

学生躲到网吧打游戏，是教育的失败

我们来看看现在中国的情况。

我用了一个焦虑经济学的词。我确实觉得能够让人去花钱，去盲目花钱的方式会把人搞焦虑、搞崩溃、搞恐惧，这大概也是我们这个时代的一个特征。

我们看一下中国人精神障碍的患病率。20世纪八九十年代，100个中国人当中只有1个人患有精神障碍，而这个数据到2005年的时候已经达到17.5%，在座有1000个人，我们在座的大概有180人需要去安定医院，都应该看病了，而且未必能看好。

中国人精神障碍是怎么变得那么糟糕的？实际上我们并不是得了什么生物性疾病，像精神分裂症这样的发病率始终是保持不变的。在过去30年当中，什么东西变大了？焦虑和抑郁，焦虑症和抑郁症。

　　我们可以看一下这个数据，焦虑症的发病率，20 世纪 80 年代是 1% 到 2% 的样子，现在是 13%。我现在用的数据都是世界卫生组织发表在最高级医学刊物上的，全国流行病院调查的数据。

　　目前，至少每 100 个中国人当中有 13 个人是焦虑症患者。还有一个更糟糕的情况是抑郁症发病率。我做了 20 年精神科医生，我刚做精神科医生时，中国人抑郁症发病率是 0.05%，现在是 6%，20 年的时间，120 倍。这是个爆炸式的增长，我觉得这里面有非常荒唐的事情。过去 30 年是中国经济高速发展的 30 年，我们的焦虑抑郁的发病率也高速发展，发生了什么？

　　数据显示：美国人比我们更抑郁，他们的抑郁症发病率是 9.5%。我为什么要谈到美国，是因为好像过去 30 年我们受美国特别大的影响，当然我们有自己固有的文化。我们来看看现在的教育，对不起，我接下来要说的话可能要得罪各位，我们的教育是在帮助孩子成长，还是在毁掉一代孩子？

　　大约从 2000 年开始，每当寒暑假的时候，大量的学生会来住精神病院，他们网络成瘾，焦虑，强迫，他们和父母关系出现了严重的破裂问题，父母有勇气把孩子送到精神病院去，可见真的没有办法收拾了。

　　我们的处理问题方式是什么呢，把他们送到网瘾学校，让他们接受电击的惩罚，这是教育吗？这是推卸责任，本身父母和教育是问题的根源，我们不看到自己的根源，只看到他躲到网吧去打游戏，他为什么要躲到网吧打游戏，是因为教育的失败。

　　我们教育的最大成就似乎就是学生做试卷，有句流行语：提高一分干掉千人。你知道吗？我做心理咨询最大的挑战就是怎么把同学这样的价值观扭回来，你周围的同学是你的敌人吗，他们是你人生最大的财富啊！我们的课堂是什么样子，不断暗示孩子自杀，为了好的成绩可以不惜生命。

　　整个国家自杀率在大幅度下降，但是中小学自杀率在上升。在这种情况下，我们孩子已经等不及进大学，他们在中小学就开始有自杀行为了。

　　我们来看看有些学校应对的措施是什么？所有的走廊和窗户都装了铁栅栏，我在精神病院里面工作，精神病院是这样子。我的博士论文是在监狱里做的，监狱是这样子的。但是我们居然有本事把学校变成监狱和精神病院。只要看住这些孩子，让他们考上大学，然后让他成为我的来访者。

精致的利己主义者是怎么培养出来的?

我接下来要谈的问题,会让大家更加沮丧。在一个初步的调查中,我对出现自杀倾向的学生做了家庭情况分析,评估这个孩子来自哪些家庭,什么样家庭,父母是什么样职业的孩子更容易尝试自杀——中小学教师。

这是一个38名学生的危机样本,其中50%来自教师家庭;而对照组是没有出问题的孩子。教师家庭还是很成功的,其中来自教师家庭的占到全部学生的21%,问题是为什么教师家庭的孩子出现这么多问题?

我觉得,一切向分数看,忽视甚至对学生品德、体育、美育的教育已经成为很多教师的教育观——他们完全认可这样的教育观,对自己的孩子也同样甚至变本加厉地实施,这可能是导致教师家庭孩子心理健康问题高发的主要原因。

当教育商品化以后,北大钱理群教授有一个描述和论断我觉得非常准确,叫作精致的利己主义者。

精制的利己主义者是怎么培养出来的?如果让我回答这个问题,我想说的是,我们这些家长和老师都是精致利己主义者,孩子向我们学习。我们为了一个好的科研成果,有时候会数据作假。我们为了能够挣到钱,可以放弃自己的道德伦理底线。我们作为一个医生,可以收红包拿回扣。有些老师上课不讲知识点,下班时在辅导班里讲……

教育究竟是为什么?

教育究竟是为什么,学校究竟是为什么?大学究竟是为什么?我先引用一下北京大学校长林建华在新上任时做的演讲,他对此做了一个回答。他说北京大学能够为国家和民族的发展贡献一些什么样的力量,国家和民族需要北大做什么,这就是北大的使命。他讲完这句话以后,全场800多人掌声雷动。

但是我们好像早就抛弃这些了,我们认为崇高的东西不值一提,我们需要的是现在能挣到钱吗?但是学生已经不认可了,因为他们不缺钱。这是我们社会的价值观,我们认为能够挣到钱才是人生更大的赢家。

曾经有一个学生，他退学的原因是，学习经济管理根本就不是他想要的。他高考填志愿想学历史的时候被所有人嘲笑，说脑子进水才会学历史。后来这个同学尽管经济学学得很好还是要求退学。

"十一"假期，我带学生们去了万安公墓，因为我要和学生一起找寻生命的价值和意义。我们在公墓当中看到了一个很独特的衣冠冢，这上面是一个老师叫尹荃。尹荃老师1970年在"文革"时含冤去世，她没有子女。

19年后她的学生为她在公墓买了墓地，写了这样的悼词：40年来，循循善诱，陶铸群伦，悉心教职，始终如一，无辜蒙难，备受凌辱，老师一生坦荡清白，了无点污，待人诚恳、处世方正，默默奉身教育事业，终生热爱教师生涯，其情操其志趣足堪今人楷范。

请许给他们一个美好的人生

我不知道我们在座的教育工作者在人生走到尽头的时候，有多少学生会对你有这样的评价或者肯定。我要说的是，教育本身是非常神圣的职业，但是如果我们把教育只是当作一个谋生的工具，当作获得金钱的一个手段，或者实现自己其他目标的手段的话，当然这是一种选择，但是我会觉得我们似乎放弃了最重要的东西。

我在这儿还想提一个问题，这是我经过这些事情以后的思考。我跟那些空心病的学生交流时，他们为什么找不到自己？因为他们自己的父母和老师没有能够让他们看到一个人怎么样有尊严，有价值，有意义地活着，这个大概是根本原因。

我想问大家也问我自己，我们尊重自己吗？我们尊重自己的职业吗？我们有没有把自己的职业当作一种使命和召唤，去体会其中的深刻含义？这是个买椟还珠的时代，我觉得我们扔掉了很多东西。

我们像婴儿一样，只追求即刻的满足。当我们把所有时间和精力都放在挣钱上，没有给孩子最好的陪伴和爱，这时候孩子不出问题才怪。所以作为一个高校的心理咨询师和心理科医生，我呼吁：真的要救救孩子！他们带着严重的问题进入高校，进入大学，他们被应试教育、被掐着脖子的教育摧残了创造力。

有一位研究生导师给我讲了一个真实的故事。他说一个学生做研究老出问

题，是非常小儿科的问题。这个导师找他谈话，问他为什么出现这些问题，怎么办？这个学生是笔试第一进来的，他说："老师，那我把我犯的错误重抄一百遍。"一个研究生，用重抄一百遍的方式改正他的错误。我们这些孩子根本没有长大，还在小学阶段。

教育干什么去了？我觉得我们无论是家长还是老师，去做值得学生和孩子尊重的人，我们要身体力行，为人师表，我们要给他们世上最美好的东西，不是分数，不是金钱，是爱，是智慧，是创造和幸福，请许给他们一个美好的人生！

B . 30
2017，体制内教师的新梦想

张祖庆 *

有人离开体制，有人想进体制。

体制外的老师在眺望，体制内的老师在观望。

明明知道，新的一年任何领域都不会突然变好，体制内的我，仍然有小小的梦想。

我梦想我们的教育不仅仅只有分数，也不再被分数绑架，"以生为本"，不再是"以分为本"。我梦想各地中小学不再有学生因不堪排名抑或各种重压，选择轻生。我梦想赤日炎炎，每个考生都以平常心对待考试，每一所学校不再用大幅标语悬挂门口，宣告又有多少学子迈进重点高中、重点大学。我梦想那些因改作文的老师多给了三五分，偶然成为高考状元的可怜孩子，不再被媒体反复炒作。

我梦想班主任老师不用再累得像条狗，而是做个正常的人。我梦想各种无理无聊的征文、检查不再形式主义地侵吞班主任的时间。我梦想孩子们课间游戏、玩耍不小心摔着了，家长也不会把罪责记在班主任头上。我梦想每个家长都能做好孩子的表率，而不是夜深人静了还扰老师清梦。我梦想每个科任老师都可以管理好自己的课堂，不再动不动找班主任诉说。

我梦想各类培训能够真正有用，不再打着福利的名义，侵占老师的休息。我梦想教师培训设计者，能够真正坐下来，找老师聊聊，倾听老师的需求，设计有吸引力的课程。我梦想每个参训老师，都能满怀期待地走进现场，兴致勃勃地参与讨论，意犹未尽地走出培训场所。

我梦想寒暑假不再轻易被剥夺，双休日不再轻易被挪用。我梦想可以拥有

---

* 张祖庆，浙江省特级教师，中学高级教师，任职于杭州市下城区教师教育学院。

完整的假期，带着攻略、带着诗篇，走向远方。我梦想经过一个假期休整与充电，每个老师都带着满脸的笑意、满满的收获、壮壮的身体，投入新的学期。我梦想每一个老师都能饱含激情地在新学期的课堂上，和学生分享精彩的假期生活。我梦想我们的校长带头去践行"不会休息的老师，也就不会工作"。

我梦想我们的校园安静点再安静点，学校领导要经得起各种浮躁与诱惑。我梦想各种检查各种参观，少一点，再少一点，让老师在教室里好好教书、静静育人。我梦想，校长少一些一厢情愿的大呼隆一刀切的顶层设计，多一些自下而上的自我探索。我梦想，我们的课程改革不是高喊口号、大放卫星，而是小步前进，温和改良。

我梦想我们的教育科研，不要那么急功近利。一个课题，不要做一年就有累累硕果。我梦想我们的成果是用脚走出来的，而不是用手写出来的，更不是用嘴吹出来的。我梦想，所有的研究都不是种水稻——春天播种，夏天收获，而是银杏树，爷爷栽树，孙子摘果。

我梦想人们不再喊教师是"人类灵魂的工程师"，也不再把教师当"蜡烛"。我梦想教师被当作正常的人，得到正常的休息，获得正常的尊重，享受正常的权利。我希望我们的领导不只是在教师节、"六一"儿童节的时候，走近师生，说几句话，送一些礼，握几下手，拍几张照，上一些报，而是真正走近一线，了解底层疾苦，解决底层烦忧。

我梦想我们的教育媒体，拥有良知和底线，不再制造更多速朽的"神话"，而是尽量客观报道、慎重推广典型。我梦想更多的改革者，能有"板凳甘坐十年冷"的耐心和沉静，不再把构想当成果，把宣传当业绩，把偶然的小创新吹成必然的大辉煌。我梦想所有的教育实验，拥有严谨的设计、实证的精神，而不是凭空推想、捏造数据。我梦想各地教育局局长能擦亮双眼，绝不迷信神话，不搞课改运动，而是基于当地，借鉴外地，适度融合，稳妥创新。

我梦想，"教师享有公务员待遇"这句话，不要成为永无止境的承诺，而是变成实实在在的行动。我梦想，教师队伍中涌现更多男教师的面孔，而不是阴盛阳衰愈演愈烈。我梦想，最优秀的大学毕业生，能首选教书行业，而不是当上教师却羞于出口。

我梦想，所有的教师都能履行教书育人的职责，热爱学生就像热爱自己的亲人。我梦想，每一个学生都能得到尊重，每一种天性都得到发展，每一间教室都有难忘故事。我梦想，我们的身边能涌现更多的雷夫、克拉克，校园的每个角落触手可及都是各类名著而不是各种教辅，每一间教室都成为师生深深留恋的王国。

我是体制内的教师，2017，我梦想……

本文转自微信公众号"祖庆说"

Abstract

The year of 2016 was the first year of the "Thirteenth Five Year Plan" in China. To achieve the goal of education modernization and poverty elimination by 2020, and to address the general public's pursuit of high quality education, the main task of education development and reform was still to promote equity and improve quality, and to address new issues and problems of urban and rural education through better education governance.

In the process of rapid urbanization, rural areas were carrying out the tough battle of poverty alleviation in education to promote the realization of urban and rural compulsory education integration development at the county level. At the same time, as the Ministry of Education introduced the concept of "Core Literacy" and issued a guideline on reforms of the high school entrance exam to promote "quality-oriented education", students still suffered from a system that is highly exam-oriented. It was an era in which we saw the educational gap between urban and rural areas, the tensions between educational equity and quality, and the entanglement between exam-oriented education and education innovations. The contrast between education visions and realities highlighted the challenges of educational reform in a system of diverse stakeholders and interests. The challenges also called for further modernization of educational governance.

Core literacy had already been important footstone of international education reform. Frameworks of core literacy for the 21st century from five representative international organizations and twenty-four economies were analyzed. The experience of education practice and the supporting system of the core literacy education for the 21st century were presented. In order to establish an education system for life-long learning, it was necessary to clarify the historical backgrounds of the evolution of China's education system, to learn from the experiences of other countries, as well as to explore extensively based on the nation's unique conditions.

2016 became a year in which China's education legislation progressed to a new level. It was the first use of a "package" of special mechanism for law amendment. The revised "Non-state Education Promotion Law of People's Republic of China" established a basic policy framework of classification management, so that the policy environment for the development of non-state education in China has undergone significant changes. The adjustment of the pattern of non-state education industry was inevitable, local policy innovation was promising. Careful policy decisions needed to be made.

Large classteaching in primary and secondary schools has been a challenging and long-lasting problem in some areas. The governance faced various difficulties. Based on investigations of the phenomenon of large class teaching in eastern, central and western regions, the causes of large class teaching were analyzed and policy suggestions were put forward to solve the problem. Receiving too many documents from higher authorities has plagued management of primary and secondary schools in China, affecting the implementation of decentralization and school autonomy. The situation of receiving documents and characteristics of providing documents in sample schools in 2015 was analyzed. Some suggestions were made on how to reduce document issuance.

By analyzing the data of the two rounds of PISA tests in 2009 and 2012 and exploring the problem of educational equity of urban migrants in Shanghai, the results showed that the negative impact of first generation migration status on learning performances had increased in three years. For the whole goal of poverty elimination by 2020, taking Gansu Province as an example, the ideas, measures, paths and methods of accurate poverty alleviation through education were studied, and references for the country to promote education and poverty alleviation were provided.

The 5th Local Education System Innovation Awards sponsored by the 21st Century Education Research Institute provided fresh examples of "bottom-up" education innovations and reforms. The winning cases reflected the main features of the current local innovations of education systems. High school entrance exam reform played an important role in its connected education. Beijing made various explorations, including assigning admission quota of prestige high schools to junior secondary schools, adjusting exam contents, reducing the difficulty of the exam, and carrying out comprehensive student evaluations. Such measures aimed to promote

educational equity and student individual development.

The origin and basis of the information disclosure of colleges and universities were systematically reviewed, the current situation of financial information disclosure in colleges and universities were analyzed, and the suggestions to increase the work from the management side were put forward. The regional equity of independent recruitment in colleges and universities was a focal point of contradiction of fairness. The main reasons were as follows. First, universities that were authorized to recruit students independently were not distributed evenly geographically. Second, some independent recruitment policies put students from central and western China at disadvantaged positions. Third, the admission criteria were also unfavorable to these students. Thus, strategies were put forward in time.

Based on the practical explorations by education departments at all levels, rural small-scale schools, social organizations and other subjects, some "bottom-up" experiences on village teachers supplement, stability and growth, rural small-scale school education teaching forms, content and means were introduced and action suggestions were proposed for stakeholders. A follow-up survey of the students from schools for children of migrant workers showed the cruel reality of being sent back to their hometowns or dropping out of school. It initially revealed their difficulties in continuing education and finding high-end jobs and implied the inter-generation inheritance of marginalized living conditions.

To study school bullying in 12 primary and secondary schools of Beijing, it was found that pupils, boys, foreign students, students in ordinary schools and students with low family economic level were more vulnerable to bullying and effective strategies needed to be taken. The first generation of college students' experiences gained before going to college, college-based learning experiences, their evaluation of colleges and educational outcomes were analyzed using the CCSS data from the "Follow-up Study of Chinese College Students' Learning and Development" conducted by Tsinghua University.

The introduction of the "Support Program for Rural Teachers" at all levels has provided a good opportunity for a comprehensive and systematic solution to the problem of rural teachers' development. A survey found that rural teachers still faced certain difficulties in life treatment and job title preparation and needed to be improved in the future. The characteristics, present situation and development of a total of 1715 music, P. E. and art teachers with special posts in rural areas of China were surveyed. Multiple problems concerning music, P. E. and art teachers with special posts were found, and the causes and policy suggestions were discussed.

A survey on "School Education in Parents' Eyes" conducted by 21st Century Education Research Institute revealed that parents' satisfaction toward school education was not promising. More than half of investigated parents thought schools in which their children attended were highly exam-oriented. Parents were most concerned with and expected school reforms that encouraged students' all-round development.

Contents

I   General Report

Abstract: In the process of rapid urbanization, the rural areas were carrying out the tough battle of poverty alleviation in education, which aimed for integrated developments of urban and rural compulsory education at the county level. At the same time, as the Ministry of Education introduced the concept of "Core Literacy" and reforms in the high school entrance exam to promote "quality-oriented education", students still suffered from a system that is highly exam-oriented. It was an era in which we saw the educational gap between urban and rural areas, the tensions between educational equity and quality, and the entanglement between exam-oriented education and education innovations. The contrast between education visions and realities highlighted the challenges of educational reform in a system of diverse stakeholders and interests. The challenges also called for further modernization of educational governance.

Keywords: Educational Reform; Rural Education; Exam-oriented Education; Educational Governance

II   Topics of Special Concern

Abstract: Since the 80s of last century, the developed countries had put forward the concept of core literacy. With the continuous fermentation of related research and the involvement of more and more international organizations, countries and regions, core literacy had become an important cornerstone of international education reform. In this study, frameworks of core literacy for the 21st century from five representative international organizations and twenty-four economies were analyzed. And three categories a total of ten driving forces and two dimensions a total of 18 elements of the core literacy for the 21st century were drawn out. Comparisons on the degree of concerns of the different driving forces and elements, and on the differences among economies of different income levels were made. This study also presented the experience of education practice of core literacy for the 21st century from three aspects: curriculum, learning and teaching, and evaluation. The supporting system of the core literacy education for the 21st century including support of government policy, reinforcement of autonomy, and utilization of social resources and strengthening of teachers' training was analyzed.

Keywords: Core Literacy for the 21st Century; Driving Force; Educational Practice; Support System

B. 3 The Reform of the Basic Education System under

Multi-context *Yang Mingquan, Gong Pengfei /* 029

Abstract: China's education system in terms of the division and durations of primary, lower-secondary and upper secondary education respectively was discussed. Such division was a product of the development of modern schooling. In recent years, as China's education reform advanced, the issue of education system reform had been raised. 1951 school system was not suitable for the current status of China's social modernization and education development, development and promulgation of new academic system became theoretical consensus on the reform of the school system. It was necessary to clarify the historical background of the development of the academic system and draw lessons from the basic experience of the reform of the foreign school system, and it was needed to diversify the experiment based on the national unique conditions.

Keywords: Basic Education System Reform; 633 Education System; International Vision

B. 4　Non-state Education Promotion Law Amendment and
　　　Its Impacts and Forward-looking

Wu Hua , Zhang Luhong / 039

Abstract: The Amendment to the Non-state Education Promotion Law of People's Republic of China established a major framework for school management policies, which had greatly changed the policy environment for private education in China. The amendment aimed to strengthen the organization of the CCP in private schools, to establish a legal framework of managing schools by classification (for-profit or non-profit), to optimize private schools' governance structure, to improve social security benefits for private school teachers, and to clarify policies for current private schools' transformation. It brought systematic changes in terms of clarifying private schools' identities and property rights, relaxing restrictions of establishing for-profit private schools, and easing price regulation for private schools. Under the framework of "managing by school classification", the private education industry would be greatly impacted. It took innovations and prudence to adjust to the new policies; regardless, striving to improve education quality would always help private schools to cope with any external changes.

Keywords: "Non-state Education Promotion Law"; Managing Private Schools by Classification; Private School Tuition; Compensation Scheme

B. 5　Towards the Modernization of Education Legislation: Progresses
　　　on China's Education Legislation in 2016

Zhou Xiang , Liu Zhimeng / 053

Abstract: With the implementation of "the rule of law as a fundamental principle", China's educational legal system continued to develop, which contributed to deepen China's education reform. The three major education laws of China are Education Law, Higher Education Law and Non-state Education Promotion Law.

The amendment of the three laws became a milestone of China's education legislation, which also constitutes a solid foundation for the modernization of education governance and educational developments. The three laws were amended together to meet the need of rapid social developments; such an integrated approach was also an innovation in China's legislation. 2016 became a year in which China's education legislation progressed to a new level.

Keywords: Education Law; Higher Education Law; Non-state Education Promotion Law; Modernization of the Rule by Law in Education

B. 6　The Problem of Large-size Class in Primary and Secondary

　　　Schools: Solutions and Suggestions　　　*Wang Xiong* / 066

Abstract: Large-size class in primary and secondary schools had been a challenging and long-lasting problem in some areas of China. Under the impetus of the Ministry of Education, local governments started to address this problem since 2015. Yiyang County of Jiangxi Province was successful in solving the problem by promoting rural education quality and regulating urban school enrollments. Based on the investigations of large size class in eastern, central and western China, the causes of large size class were analyzed and policy suggestions to solve the problem were put forward.

Keywords: Large-size Class; Urban and Rural Education; Integration; Governance Dilemma

B. 7　A Study of Receiving "Documents" in Primary and

　　　Secondary Schools　　　*Chai Chunqing* / 079

Abstract: Receiving too many documents from higher authorities had plagued primary and secondary schools in China, affecting the implementation of decentralization and school autonomy. In this study, E-school and W-school were

selected as samples. The situation of receiving documents and characteristics of providing documents in those schools in 2015 was analyzed. Some suggestions were made on how to reduce document issuance.

Keywords: Document; Primary and Secondary Schools; Document Upload and Release

Ⅲ New Observations

B. 8   Research on Educational Equity of Urban Migration

based on PISA Results   *Huang Xiaoting* / 098

Abstract: In addition to student achievement rankings, the OECD PISA tests assessed countries' education quality based on students' career developments and lifelong learning capabilities, as well as educational equity in terms of fairness and inclusion. The test results could serve as grounds to refine relevant education policies. The situation of educational equity for urban migrants of Shanghai based on PISA results of 2009 and 2012 was analyzed. The results showed that the negative impact of first generation migration status on learning performances had increased in three years. One possible explanation was that the composition of first-generation migrants had changed over the three years: more migrants that did not have access to quality education had taken PISA tests. Further analysis and rational thinking of PISA by more scholars and policymakers were looked forward to.

Keywords: PISA (Programme for International Student Assessment); Educational Equity; Urban Migration; Hierarchical Linear Model (HLM)

B. 9   Practical Path, Method and Thinking of Accurate

Poverty Alleviation through Education

Zhang Zhaoqin, Feng Qingyun and Wang Chengde / 110

Abstract: The basic means of poverty alleviation in poor areas was to develop education. The comprehensive quality of laborers could be improved through education, and the intergenerational transmission of poverty could be prevented through promoting the poverty-stricken people to master the ability to get rid of poverty. In this study, Gansu Province as an example, the ideas, measures, paths and effectiveness of accurate poverty alleviation through education were introduced to provide reference for nationwide practice.

Keywords: Accurate Poverty Alleviation; Poverty Alleviation Through Education; Rural Education; Gansu Province

B. 10　New Development of Local Education System Innovation

Xiao Dan, Yang Min / 123

Abstract: The basic characteristics of current local education system innovation could be understood through analyzing the cases of Fifth Local Education System Innovation Awards. The most active local educational administrative system reform focused on promoting the development of rural education. The administrative level of education innovation had increased and the differences between eastern and western regions were still obvious but the gap reduced. The motives of educational innovation became more diverse and active innovation increased. The separation of administration, operation and assessment became the main innovation. The long-term mechanism of pre-school resources was gradually established, and multiple social forces were involved in education improvement.

Keywords: System Innovation; Separation of Administration; Rural Education System Innovation; Social Participation

B. 11　The High School Entrance Exam Reform in Beijing:

An Analysis of Trajectory　*Su Shangfeng, Wang Weiwei* / 135

Abstract: In 2016, China issued its new reform plan for the high school entrance exam. The goal was to establish an admission scheme based on academic

achievement tests and comprehensive student evaluations. As a pilot site of this reform, Beijing made various explorations in the high school admissions. Its measures included assigning admission quota of prestige high schools to junior secondary schools, adjusting exam contents, reducing the difficulty of the exams, and carrying out comprehensive student evaluations. Such measures aimed to promote educational equity, individual developments, practical skills and comprehensive competences. The explorations had achieved positive results, during which new situations and challenges also arose.

Keywords: High School Entrance Exam Reform; Comprehensive Student Evaluation; Admission Quota Assignment

B. 12   An Analysis of Open Financial Information Status of Chinese Higher Education Institutions   *Lin Xunduo* / 146

Abstract: An overview of the open information status of Chinese higher education institutions since 2010 was provided, and the current situation of open financial information of various universities was specifically analyzed. Since the beginning of the information disclosure in colleges and universities in 2012, progress had been slow. In sample 985 and 211 universities, the disclosure rate of budget information was less than 70%, but in some university directly under the supervision of the Ministry of Education the disclosure rate of financial information was more than 97%. Locally supervised universities had a much lower rate of disclosure rate, as many local education administrative departments did not have clear requirements for university financial information disclosure, nor did they evaluate universities according to this criterion or hold universities accountable. The issue of financial information disclosure in universities had not yet drawn enough public attention. Some advices from the perspective of management to promote financial information disclosure specifically for local universities were put forward.

Keywords: Higher Education Management; Financial Information Disclosure

B. 13　An Analysis of the Regional Equity of College

Independent Recruitment　　　　*Li Xiongying*, *Cui Ping* / 156

Abstract: In recent years, the regional equity of higher education had drawn great public concerns. The main form of regional equity issues of college independent recruitment is the regional differences in enrollment opportunities. Three causes were forward: (1) universities that were authorized to recruit students independently were not distributed evenly geographically; (2) some independent recruitment policies put students from central and western China at disadvantaged positions; (3) the admission criteria were also unfavorable to these students. Based on the findings, some strategies to improve the regional equity issue of college independent recruitments were proposed.

Keywords: College Independent Recruitments; College Admissions; Regional Equity

B. 14　Practices to Improve Education Quality of Rural

Small-scale Schools　　　　　　　*Wang Liwei* / 169

Abstract: The educational value and position of rural small-scale schools were examined. An overview of practices by local governments, schools and NGOs to improve education quality of rural small schools in terms of teacher developments, curriculum developments and instructional methods was provided. Some advices for stakeholders based on such "bottom-up" experiences were put forward.

Keywords: Rural Education; Rural Small-scale Schools; Education Quality; Rural Teachers

B. 15　A Summary of the Present Situation of the Survival
　　　 and Development of Urban Schools for Children
　　　 of Migrant Workers　　　　*Wei Jiayu*, *Qin Hongyu* / 181

Abstract：The policy context, historical development and overall survival conditions of schools for children of migrant workers in Beijing, Shanghai and Guangzhou from 2010 to 2015 were reviewed. Based on relevant researches on studying, transferring, continuing studies and employment of students in schools for children of migrant workers, it was indicated that students of schools for children of migrant workers in big cities were faced with the cruel reality of being sent back to their hometowns or dropping out of school in junior high school stage. It revealed their difficulties in continuing studies and finding high-end jobs and implied the inter-generation inheritance of marginalized living conditions.

Keywords：Population Movement；Urbanization；Migrant Children；Schools for Children of Migrant Workers

Ⅳ　Investigations

B. 16　An Investigation Report on "School Education
　　　 in the Eyes of Parents"　　　　　　*Qin Hongyu* / 196

Abstract：Parents' satisfaction toward school education, their evaluation of exam-oriented education and appeals for improving school education were analyzed. The results showed that parents' satisfaction toward school education was not promising, which was between "average" and "relatively satisfied." Parents' satisfaction toward school education in many provinces was below the average level. Parents were more satisfied with non-governmental schools than public schools. More than half of parents thought schools where their children attended were highly exam-oriented. Parents were most concerned with and expect school reforms that encourage students' all-round development.

Keywords：Parents；Satisfaction toward Education；Exam-oriented Education

B. 17　An Investigation and Analysis of School Bullying in Beijing

Zhou Jinyan, *Feng Siche* / 215

Abstract: An investigation on school bullying in 12 primary and secondary schools of Beijing was conducted. The research questions were as follows: what are the characteristics of bully victims? what are the results of bullying? what measures can be taken to reduce school bullying? The main findings were: (1) Primary school students, boys, non-native students, students of average schools and students with lower economic status were more vulnerable to bullying; (2) Bullied had negative impacts on students' non-cognitive abilities, school engagements and learning performances; and (3) Positive teacher-student communications, peer relationships, student-parent communications and more parental emotional support could effectively reduce the probability of being bullied.

Keywords: School Bullying; Non-cognitive Ability; Child Development; Investigation

B. 18　A Report on the Learning and Development of the First

Generation of College Students in Chinese Families

Zhang Huafeng, *Guo Fei and Shi Jinghuan* / 230

Abstract: With the popularization of higher education in China more and more families had the first generation of college students. Promoting the learning and development of the first generation of college students required a comprehensive understanding of the characteristics and problems faced by this group. In this study, the first generation of college students' experiences gained before going to college, college-based learning experiences, their evaluation of colleges and educational outcomes were analyzed using the CCSS data from the "Follow-up Study of Chinese College Students' Learning and Development" made by Tsinghua University. The results showed that the first generation of college students had lower

family economic status and cultural capital, and rarely enjoyed high quality educational resources when in high school, seldom got the chance to be recommended for admission to be a college student. Most of them went to local colleges and universities. In the colleges and universities, those students lacked of active learning and social interpersonal interaction; they were less involved in extracurricular activities and research-related high-impact educational activities. In terms of college evaluation and educational outcomes, the first generation of college students had low ratings on perceived social support and perceived communication and leadership gains. For the first generation of college students, the unfavorable factors were difficult to change, and they lacked of academic guidance and financial support when in colleges and universities. Some measures should be taken by the colleges and universities to promote their good development through better allocation of resources and supportive means.

Keywords: First Generation of College Students in Family; Learning and Development; Pre-university Characteristics; Learning Experience; Education Outcomes

B. 19 Survival Difficulties and Breakthrough of Rural Teachers under the Background of "Support Program for Rural Teachers"

—*Based on the Survey of 208 Principals in Rural Schools and 2888 Rural Teachers*

Liu Huquan, Zhang Xu, Zhang Xiaowen and Yang Liu / 246

Abstract: The key of developing rural education lied on the rural teachers. Due to social, economic, cultural and other factors, the building of rural teacher team was facing difficulties. The introduction of the "Support Program for Rural Teachers" at all levels had provided a good opportunity for a comprehensive and systematic solution to the problem of rural teachers' development. The survey found that rural teachers still faced certain difficulties in life treatment and job title preparation. In the future efforts should be made to improve the development dilemma of rural teachers.

Keywords: Rural Teachers; Support Program for Rural Teachers; Survival Status

B. 20　The Investigation and Research on the Present Situation
　　　　of the Music, P. E. and Art Teachers with Special Posts
　　　　in Rural Areas of China　　　　　　*Lei Yaqi, Yan Yufeng* / 260

Abstract: Using survey data on 1715 music, PE, and art teachers with special posts in rural China, we analyzed their group characteristics, current life situations and development and found: (1) teachers in these subjects with special posts are mostly from socioeconomically disadvantaged families in rural areas; (2) gender distribution is unequal, with marriage and long-distance relationships being two serious problems for female teachers; (3) the teachers' career choices are localized, with most teachers working in township-level schools in their hometowns; (4) the teachers' education level and teaching capabilities are yet to be improved, and many teachers are not teaching subjects they studied; (5) the teachers exhibit high levels of subjective well-being and low levels of job dissatisfaction; (6) large differences exist between expected and real incomes, leading to only 40 percent of the respondents planning to continue on the job. Many reasons cause these problems, including local governments' low incentive to recruit teachers in these subjects, special posts' lesser appeals to art and sport students, and the constraints of gender differences on teachers' career development. Therefore, local governments' recruitment methods need to be improved and recruitment channels broadened. Schools need to explore the training of all-subject teachers, establish mechanisms to promote teachers' incentives, and transform the supplementary positions of music, PE and art.

Keywords: Music; P. E. and Art Teachers with Special Posts; Rural Education

345

教育蓝皮书

V   Appendices

社会科学文献出版社　　　　　　　　**皮书系列**

❖ 皮书起源 ❖

"皮书"起源于十七、十八世纪的英国，主要指官方或社会组织正式发表的重要文件或报告，多以"白皮书"命名。在中国，"皮书"这一概念被社会广泛接受，并被成功运作、发展成为一种全新的出版形态，则源于中国社会科学院社会科学文献出版社。

❖ 皮书定义 ❖

皮书是对中国与世界发展状况和热点问题进行年度监测，以专业的角度、专家的视野和实证研究方法，针对某一领域或区域现状与发展态势展开分析和预测，具备原创性、实证性、专业性、连续性、前沿性、时效性等特点的公开出版物，由一系列权威研究报告组成。

❖ 皮书作者 ❖

皮书系列的作者以中国社会科学院、著名高校、地方社会科学院的研究人员为主，多为国内一流研究机构的权威专家学者，他们的看法和观点代表了学界对中国与世界的现实和未来最高水平的解读与分析。

❖ 皮书荣誉 ❖

皮书系列已成为社会科学文献出版社的著名图书品牌和中国社会科学院的知名学术品牌。2016年，皮书系列正式列入"十三五"国家重点出版规划项目；2012~2016年，重点皮书列入中国社会科学院承担的国家哲学社会科学创新工程项目；2017年，55种院外皮书使用"中国社会科学院创新工程学术出版项目"标识。

权威报告·热点资讯·特色资源

皮书数据库
ANNUAL REPORT(YEARBOOK)
DATABASE

当代中国与世界发展高端智库平台

所获荣誉

- 2016年，入选"国家'十三五'电子出版物出版规划骨干工程"
- 2015年，荣获"搜索中国正能量 点赞2015""创新中国科技创新奖"
- 2013年，荣获"中国出版政府奖·网络出版物奖"提名奖
- 连续多年荣获中国数字出版博览会"数字出版·优秀品牌"奖

成为会员

通过网址www.pishu.com.cn或使用手机扫描二维码进入皮书数据库网站，进行手机号码验证或邮箱验证即可成为皮书数据库会员（建议通过手机号码快速验证注册）。

会员福利

- 使用手机号码首次注册会员可直接获得100元体验金，不需充值即可购买和查看数据库内容（仅限使用手机号码快速注册）。
- 已注册用户购书后可免费获赠100元皮书数据库充值卡。刮开充值卡涂层获取充值密码，登录并进入"会员中心"—"在线充值"—"充值卡充值"，充值成功后即可购买和查看数据库内容。

社会科学文献出版社 皮书系列
SOCIAL SCIENCES ACADEMIC PRESS (CHINA)

卡号：693262479631
密码：

数据库服务热线：400-008-6695
数据库服务QQ：2475522410
数据库服务邮箱：database@ssap.cn
图书销售热线：010-59367070/7028
图书服务QQ：1265056568
图书服务邮箱：duzhe@ssap.cn

S 子库介绍
ub-Database Introduction

中国经济发展数据库

涵盖宏观经济、农业经济、工业经济、产业经济、财政金融、交通旅游、商业贸易、劳动经济、企业经济、房地产经济、城市经济、区域经济等领域，为用户实时了解经济运行态势、把握经济发展规律、洞察经济形势、做出经济决策提供参考和依据。

中国社会发展数据库

全面整合国内外有关中国社会发展的统计数据、深度分析报告、专家解读和热点资讯构建而成的专业学术数据库。涉及宗教、社会、人口、政治、外交、法律、文化、教育、体育、文学艺术、医药卫生、资源环境等多个领域。

中国行业发展数据库

以中国国民经济行业分类为依据，跟踪分析国民经济各行业市场运行状况和政策导向，提供行业发展最前沿的资讯，为用户投资、从业及各种经济决策提供理论基础和实践指导。内容涵盖农业，能源与矿产业，交通运输业，制造业，金融业，房地产业，租赁和商务服务业，科学研究，环境和公共设施管理，居民服务业，教育，卫生和社会保障，文化、体育和娱乐业等100余个行业。

中国区域发展数据库

对特定区域内的经济、社会、文化、法治、资源环境等领域的现状与发展情况进行分析和预测。涵盖中部、西部、东北、西北等地区，长三角、珠三角、黄三角、京津冀、环渤海、合肥经济圈、长株潭城市群、关中—天水经济区、海峡经济区等区域经济体和城市圈，北京、上海、浙江、河南、陕西等34个省份及中国台湾地区。

中国文化传媒数据库

包括文化事业、文化产业、宗教、群众文化、图书馆事业、博物馆事业、档案事业、语言文字、文学、历史地理、新闻传播、广播电视、出版事业、艺术、电影、娱乐等多个子库。

世界经济与国际关系数据库

以皮书系列中涉及世界经济与国际关系的研究成果为基础，全面整合国内外有关世界经济与国际关系的统计数据、深度分析报告、专家解读和热点资讯构建而成的专业学术数据库。包括世界经济、国际政治、世界文化与科技、全球性问题、国际组织与国际法、区域研究等多个子库。

法 律 声 明

　　“皮书系列”（含蓝皮书、绿皮书、黄皮书）之品牌由社会科学文献出版社最早使用并持续至今，现已被中国图书市场所熟知。“皮书系列”的LOGO（　）与“经济蓝皮书”“社会蓝皮书”均已在中华人民共和国国家工商行政管理总局商标局登记注册。“皮书系列”图书的注册商标专用权及封面设计、版式设计的著作权均为社会科学文献出版社所有。未经社会科学文献出版社书面授权许可，任何使用与“皮书系列”图书注册商标、封面设计、版式设计相同或者近似的文字、图形或其组合的行为均系侵权行为。

　　经作者授权，本书的专有出版权及信息网络传播权为社会科学文献出版社享有。未经社会科学文献出版社书面授权许可，任何就本书内容的复制、发行或以数字形式进行网络传播的行为均系侵权行为。

　　社会科学文献出版社将通过法律途径追究上述侵权行为的法律责任，维护自身合法权益。

　　欢迎社会各界人士对侵犯社会科学文献出版社上述权利的侵权行为进行举报。电话：010－59367121，电子邮箱：fawubu@ssap.cn。

社会科学文献出版社